Tres tragedias

Letras Hispánicas

María Rosa de Gálvez

Tres tragedias

Safo

Blanca de Rossi

Zinda

Edición de Fernando Doménech Rico

CÁTEDRA
LETRAS HISPÁNICAS

1.ª edición, 2024

Ilustración de cubierta: Charles Mengin, *Safo* (1877), detalle

PAPEL DE FIBRA
CERTIFICADA

Valentín Beato, 21. 28037 Madrid
Depósito legal: M. 31.094-2023
ISBN: 978-84-376-4703-6
Printed in Spain

Índice

Introducción

Vida de María Rosa de Gálvez

Una escritora bajo sospecha

Hasta hace muy poco tiempo, los estudios sobre la vida de María Rosa de Gálvez se reducían a unos pocos datos, siempre repetidos, algunas maliciosas suposiciones y no pocas habladurías provincianas. Valga como ejemplo lo que escribía el cronista de Málaga Francisco Guillén Robles en 1874:

> A fines del pasado siglo y principios del presente vivió la poetisa malagueña D.ª Rosa Gálvez de Cabrera, perteneciente a la familia del célebre ministro Gálvez; corrió vida azarosa y libertina, viniendo a parar a Madrid a vivir a expensas de Godoy, a quien tenía por costumbre presentar un soneto liviano a la hora de tomar el chocolate; en los cuatro tomos de poesías que escribió, hay algunas aceptables, entre ellas un buen monólogo a Safo; contiene además varias tragedias bastante malas (Guillén, 1874, pág. 681n.).

Los documentos aportados por Serrano y Sanz (Serrano, 1903) abrieron nuevas perspectivas que permitían entrever una realidad más compleja. Pero hay que esperar hasta 2003, con el estudio definitivo de la hispanista norteamericana Julia Bordiga Grinstein y su acopio de documentos originales, para descubrir la personalidad fascinante de María Rosa de Gálvez, una mujer que tuvo que enfrentarse en la vida a numerosos sinsabores —no sin razón titula su libro la profesora Bordiga *La rosa trágica de Mála-*

ga— y que mantuvo con voluntad de hierro sus derechos y su aspiración de ser reconocida como escritora. Las nuevas aportaciones de Elisa Martín-Valdepeñas (2017) no hacen sino completar y ofrecer una sorprendente perspectiva sobre la azarosa vida de María Rosa de Gálvez.

Una familia poderosa

Se desconoce la fecha exacta del nacimiento de María Rosa. El 20 de junio de 1787, con ocasión de su adopción, declaraba tener dieciocho años, por lo que debió de nacer en los últimos meses de 1768 o primeros de 1769. En el certificado de adopción[1], documento clave para conocer —y sobre todo para intuir— los primeros años de su vida, aparece el nombre completo de la muchacha: María Antonia Rosalía de Gálvez Ramírez de Velasco. Sus padres adoptivos eran el matrimonio formado por don Antonio de Gálvez y Mariana Ramírez de Velasco, ambos naturales de Macharaviaya, pequeña población de la comarca de la Axarquía, cercana a la ciudad de Málaga. Antonio de Gálvez (1728-1792) pertenecía a un linaje de hidalgos instalados en Macharaviaya desde que Felipe II concediera a la familia esta villa después de la Guerra de las Alpujarras, en donde había participado Alonso de Gálvez, «el Rubio»[2].

En el siglo XVIII la familia formaba parte de la baja nobleza empobrecida que vivía de las pobres rentas de la tierra, pero su fortuna cambió gracias a la capacidad y ambición de un hermano de Antonio, José de Gálvez (1720-1787). José fue el segundo hijo del matrimonio formado por Antonio de Gálvez y Ana Gallardo. Su inteligencia llamó la atención del obispo de Málaga, que se llevó al muchacho a

[1] Véase el certificado en el Apéndice I.

[2] Un detallado análisis de la historia de la familia Gálvez se encuentra en el estudio de Julia Bordiga (2003, págs. 11-22).

estudiar al seminario de la ciudad. Posteriormente estudió Leyes en Salamanca y se doctoró en Alcalá de Henares, lo que le permitió iniciar una exitosa carrera política: abogado de los Reales Consejos durante el reinado de Fernando VI, con la llegada al poder de Carlos III fue sucesivamente secretario particular de Grimaldi, abogado de cámara del Príncipe de Asturias y Alcalde de Casa y Corte. En 1765 fue comisionado como Visitador General del Virreinato de Nueva España, en donde estuvo hasta 1772 y donde desarrolló una activa política de reforma y consolidación de la administración en aquellos territorios. En 1767 le correspondió asegurar en Nueva España la expulsión de los jesuitas: lo hizo con extremo rigor y eficacia, lo que le valió un gran prestigio en la Corte. A su vuelta a España, fue nombrado Ministro de Indias, cargo desde el que fue responsable de la política americana de Carlos III. Su influencia y su eficacia le valieron multitud de honores (en 1785 se le concedió el marquesado de Sonora) y una inmensa riqueza, pero a la vez numerosas envidias, como evidencian las sátiras recogidas por sus biógrafos. Se casó con María de la Concepción Valenzuela de Fuentes, de quien tuvo una hija, María Josefa de Gálvez y Valenzuela, prima de María Rosa de Gálvez, con quien esta tuvo una intensa relación. Tras la muerte de José de Gálvez, la viuda, marquesa de Sonora, compró el gran palacio que había construido el marqués de Grimaldo en la calle Ancha de San Bernardo. Este edificio, conocido hoy como Palacio de la marquesa de Sonora, lo heredó su hija y, andando el tiempo, sería sede del Ministerio de Justicia.

José de Gálvez favoreció especialmente a su familia: promovió la carrera militar de su hermano mayor, Matías (1717-1784), que culminó cuando fue nombrado Gobernador y Capitán General de Guatemala en 1779 y poco después Virrey de Nueva España en 1783. En este cargo le sucedió su hijo Bernardo de Gálvez (1746-1786), que se había distinguido como militar en el cargo de Gobernador de Luisiana desde 1777. En 1775 se había producido la rebelión de las Trece Colonias británicas contra la metrópoli que acabaría con la independencia de los Estados Unidos en 1783 por el Tratado de París. Bernardo de Gálvez (Quintero Saravia, 2020) contribuyó poderosamente a la victoria de los colonos, primero ayudando a los rebeldes en secreto y posteriormente, cuando España declara la guerra a Inglaterra, atacando las bases inglesas en el Golfo de México. La toma de Pensacola (1781), en donde se distinguió personalmente, fue su victoria más importante. A consecuencia de la ayuda prestada, el presidente Washington lo nombró ciudadano honorífico de los Estados Unidos de América. En la actualidad, su retrato figura en la sala de padres fundadores de los Estados Unidos en el Congreso de Washington. Miguel de Gálvez (1725-1792) fue el hermano más cercano a José, que lo apoyó en su brillante carrera como jurista y diplomático en las cortes de Prusia, donde mantuvo una excelente relación con Federico II, y de Rusia, con Catalina II.

Antonio de Gálvez (1728-1792), el menor de los hermanos, era el menos dotado y, a lo que parece, el más corrupto. Siguió la carrera militar, en la que no pasó de Capitán de Milicias, pues, aunque tenía el título de Coronel, lo ostentaba a título honorífico. A pesar de ello, tuvo distintos nombramientos, entre ellos el que le resultaría más lucrativo, el de Administrador del Puerto de Cádiz, aunque no dejó de residir en Málaga, en unas casas localizadas en la Plaza de la Merced. Era un hombre, según declara su misma esposa, violento y «duro de genio». A su muerte, que ocurrió repentinamente en Madrid en 1792, dejó una enorme fortuna, pero a la vez una gran cantidad de deudas y conflictos con su familia que acarrearon varios procesos. Se había casado el 4 de octubre de 1751 con Mariana Ramírez de Velasco (m. 1793), natural de Macharaviaya, en donde su padre era el Alférez Mayor. Como declara en el certificado de adopción de María Rosa, Mariana no sabía escribir, y todos los documentos la presentan como una mujer de poco carácter, dominada por un marido autorita-

María Josefa de Gálvez y Valenzuela,
prima de María Rosa de Gálvez.

rio y violento. El matrimonio no tuvo hijos. Es muy probable que esta mujer apocada y simple volcara «sus frustradas aspiraciones maternales en la crianza y educación de varios sobrinos pobres y de una niña que adoptó años más tarde, la futura María Rosa de Gálvez» (Bordiga, 2003, pág. 18).

La Casa de Niños Expósitos

El nacimiento y los primeros años de María Rosa de Gálvez están envueltos en el misterio: en el certificado de adopción de 1787 se afirma que el matrimonio de Antonio y Mariana se habían «hecho cargo de la crianza y educación de doña María Antonia Rosalía de Gálvez desde su infancia por constarnos ser hija de padres ilustres de distinguida nobleza, cuyo nombre no podemos manifestar por los motivos que lo impiden», afirmación que ha dado lugar a novelescas conjeturas. Sin embargo, en el primer testamento de Antonio de Gálvez, dictado en 1784 en el Puerto de Santa María, aparecen tachadas varias líneas que, no obstante, se pueden leer. Allí Antonio declara que María Rosa es «mi hija», y que ha pasado sus primeros años en la Casa de Niños Expósitos de Ronda (Bordiga, 2003, págs. 19-20).

A la luz de estos hechos, resultan reveladoras las referencias a las míseras condiciones de los niños expósitos que María Rosa de Gálvez escribe en su poema «La Beneficencia, Oda a la Excelentísima Señora condesa de Castroterreño, con motivo del discurso que pronunció en la Real Junta de Damas en elogio de la reina, Nuestra Señora»:

> Amira[3] es el modelo venturoso
> que elegiste en la tierra
> para animar la humanidad doliente:
> su noble pecho la ternura encierra

---

[3] Amira, anagrama de María, es el seudónimo que utilizó María Rosa de Gálvez en sus poemas.

que necesita el mísero inocente;
y hallan su amparo en él, y su disculpa
los infelices hijos de la culpa.
[...]
Penetras la mansión adonde gimen
los desvalidos niños desgraciados;
allí con la miseria los oprimen
de la orfandad los males horrorosos.
[...]
Mirad cómo era entonces el asilo
de tantos inocentes,
asilo del dolor y la fiereza;
ved los desnudos niños, que impacientes
claman por el sustento, y la dureza
con que una vil nodriza los castiga
y los deja expirar de hambre y fatiga.
¡Ay! ellos perecieron; su memoria
me horroriza, me aterra,
no más correr mis lágrimas en vano.

(Gálvez, 1804, I, págs. 9-13)

La elevada retórica de la composición no puede ocultar la implicación personal de la autora, que muchos años después recuerda horrorizada, aterrada, la vida de aquellos niños que fue durante algunos años la suya. Tampoco se debe pasar por alto el que, en su primer testamento, dictado en 1799, María Rosa de Gálvez dejaba un legado de doce mil reales a los niños de la Inclusa de Málaga «a fin de que los destinen en el decente ornato de sus Personas y demás necesario a la conservación de estas y que se considere más preciso y urgente».

No parece caber duda de que María Rosa era hija natural del mismo Antonio de Gálvez, que inicialmente la depositó en la Casa de Niños Expósitos de Ronda, lejos de su residencia en Málaga y más tarde, de acuerdo con su bondadosa mujer, la recibió en su casa, la crio y por fin la adoptó como hija del matrimonio. Lo que resulta hoy por hoy imposible de dilucidar es cuántos años pasó la niña en la Casa de Niños Expósitos de Ronda, en qué momento fue sacada de allí para llevarla a Málaga y cómo fue su vida en una casa con un padre de genio recio, a menudo ausente, y una mujer que, sin duda, la quiso como a una hija.

Un matrimonio frustrado

Poco después de la adopción de María Rosa, el 13 de julio del mismo año de 1787, Antonio de Gálvez firmó una licencia para que su «hija adoptiva, María Rosa Antonia de Gálvez Martínez de Velasco, de estado honesto, natural y vecina de esta ciudad» pudiera casarse con el Teniente de Navío don José de Irisarri y Sarti (en el documento se le llama equivocadamente Irizarry y Sista). El padre indicaba que esta licencia la concedía «con gusto» y daba su bendición a los futuros contrayentes (Bordiga, 2003, pág. 122).

El matrimonio, que Julia Bordiga considera que «se trataba de un enlace por amor», no se llegó a realizar, sin que se sepan las razones. Este episodio, uno de los más enigmáticos de la vida de María Rosa de Gálvez, ha sido en gran parte dilucidado por Elisa Martín-Valdepeñas en un documentado estudio que revela nuevas y sorprendentes facetas de nuestra autora (Martín-Valdepeñas, 2017).

El 21 de septiembre de 1799 María Rosa de Gálvez, que a la sazón estaba casada con José Cabrera y se encontraba en Madrid, dictó testamento ante el notario Lorenzo Menéndez García a causa de una enfermedad que no se aclara en el documento. En él la autora revela que tiene una hija:

> También declara tiene por hija natural a doña María Josefa de la Pastora Irisarri y Gálvez, habida con don Josef Irisarri, Capitán de Fragata de la Real Armada, hallándose ambos solteros y sin impedimento canónico a poder contraer matrimonio, que no verificaron por otros motivos

> que lo impidieron; la cual se halla en la edad de diez años poco más o menos, sin que [de] su matrimonio con el don Josef Cabrera tenga alguno (Martínez-Valdepeñas, 2017, pág. 20).

El testamento revela, por tanto, que las relaciones entre María Rosa y José de Irisarri continuaron durante al menos dos años, y que la niña debió de nacer en 1789, dos años después de que Antonio de Gálvez diese su licencia para el matrimonio. José de Irisarri reconoció a su hija, ya que le dio su apellido, y no debió de cortar la comunicación con María Rosa después de que esta se casara con José Cabrera, ya que ella sabía en 1799 que el Teniente de Navío era ya Capitán de Fragata.

En el testamento se declara a María Josefa heredera de todos los bienes de María Rosa de Gálvez, y se nombra como tutor a Fray Domingo Benito Quintana, hermano de poeta Manuel José Quintana, abogado de los Reales Consejos, encargándole que al fallecimiento de María Rosa recoja a la menor y se encargue «de su mejor educación y crianza». Además, la recomienda a su prima, María Josefa de Gálvez, la hija de José, con quien María Rosa estaba pleiteando en aquellos momentos:

> Y en atención a la corta edad de la enunciada doña María Josefa de la Pastora Irisarri y Gálvez y su sexo recomienda muy de veras esta a la Excelentísima Señora Marquesa de Sonora, esperando de su benevolencia la atenderá en cuanto la sea posible, y que en su favor y amparo halle la doña María Josefa Irisarri y Gálvez toda la protección necesaria (Martín-Valdepeñas, 2017, pág. 20).

Además, entre las mandas que se establecen, lega «seis mil reales de vellón a doña María Robles, vecina de dicha ciudad de Málaga en atención a los particulares servicios que la ha hecho y singulares favores que la reconoce su gratitud», lo que puede ser un indicio de que la dicha María Robles había sido la nodriza que se encargó de criar a la niña.

María Rosa de Gálvez no murió en 1799, y el testamento quedó sin efecto. María Josefa de la Pastora, en cambio, debió de morir poco después, ya que en 1801, al solicitar una ayuda a la Junta de Dirección de Teatros, María Rosa declaraba que no tenía herederos. Ese mismo año murió en Cartagena José de Irisarri, después de una carrera militar en que recibió varios ascensos. Había nacido el 15 de julio de 1761 en la propia ciudad de Cartagena, por lo que era siete años mayor de María Rosa. Su historia, de la que en estos momentos se conocen tantas luces como sombras, tiene todo el aspecto de un amor juvenil intenso y desgraciado, frustrado por motivos desconocidos (no es insensato pensar que la familia de Irisarri se negara a emparentar con una inclusera), y que debió de marcar a la escritora durante el resto de su vida.

Malcasada

Muy poco después del nacimiento de su hija, casaron a María Rosa con un primo lejano. La boda, con toda probabilidad, se concertó dentro de la familia para ocultar la vergüenza de la maternidad de la joven, para lo que los padres, especialmente Antonio de Gálvez, tomaron bastantes precauciones. El 2 de julio de 1789 se firmó la escritura de dote y arras en que María Rosa aportaba bienes por valor de 1251509 reales frente a la modesta suma de 11000 reales del novio.

La boda se celebró ese mismo mes de julio. El marido de María Rosa era José Cabrera y Ramírez, vinculado a la familia tanto por parte de padre como de madre. «Jose era hijo de Clemente Fernando de Cabrera —primo segundo de los hermanos Gálvez por el lado materno—, [...] y de Ana Ramírez del Pino —prima hermana de Mariana por el lado paterno—» (Bordiga, 2003, pág. 23). Había nacido en 1771, por lo que era algunos años más joven que María Rosa y había iniciado, como todos sus hermanos (era el menor de seis) la carrera militar, en la que no dejó un currículo muy lucido. Culto, elegante, refinado, a lo que parece de buena planta, mujeriego y aficionado al juego, era un regalo envenenado para la joven María Rosa.

En la escritura de dote y arras José Cabrera se comprometía con respecto a los bienes que pasaban a ser patrimonio de su mujer, a «conservarlos, sin venderlos, ni obligarlos a mis deudas y crímenes[4] y a devolverlos, pagarlos y restituirlos a la dicha María, sus herederos y a quien su causa hubiere, siempre que nuestro matrimonio se dirima o separe por muerte, divorcio u otro de los casos prevenidos por derecho» (Bordiga, 2003, pág. 123). Igualmente, se incluía una cláusula extraña en estos casos y que solamente puede deberse a la desconfianza de los padres de María Rosa:

> Y en atención a que celebrado nuestro matrimonio, hemos de permanecer ambos habitando en las casas y compañía de los dichos señores padres adoptivos de la dicha María Rosa de Gálvez, queda reservado para cuando pongamos casa aparte hacer nuestro instrumento por vía de agregación o adición a este de otros bienes raíces, joyas, alhajas, ropas y demás muebles que han ofrecido dichos señores a la referida su hija por vía de aumento, cuya entrega formal deberá verificarse al tiempo de nuestra mudanza (Bordiga, 2003, pág. 123).

Los malos presagios se cumplieron con creces: el matrimonio fue un completo desastre. José Cabrera dilapidó el

---

[4] *Deudas y crímenes.* Aunque se trate de terminología notarial, no deja de ser sorprendente, conociendo la posterior carrera delictiva de José Cabrera, el empleo de estas palabras para referirse a sus posibles actividades futuras.

patrimonio de su esposa, se vio constantemente metido en juicios contra otros miembros de la familia Gálvez y acabó en una separación tras varios intentos de arreglo. Estas desavenencias conyugales han sido interpretadas por algunos estudiosos como una prueba del carácter inmoral y libertino de María Rosa. Incluso el normalmente ponderado Manuel Serrano y Sanz se hace eco de estas suposiciones:

> Cuando aún residía en Málaga contrajo matrimonio con D. José Cabrera y Ramírez, capitán que fue de milicias, y luego Agregado en la Legación de España en los Estados Unidos. Por causa que la tradición conserva, ambos fueron desgraciados, pues se atribuía a D.ª Rosa una amistad demasiado estrecha con el potente favorito Godoy, si bien nos parece que en este punto la maledicencia ha exagerado notablemente los hechos, hasta afirmar que la poetisa recreaba al Ministro, no solo con sus caricias, sino que, prostituyendo la poesía, le distraía de graves ocupaciones con la lectura de versos en extremo lozanos y verdes [...]. Alterada la paz del matrimonio por los celos, D. José Cabrera se divorció, pidiendo el traslado a los Estados Unidos, y molestó con pleitos cuanto pudo a D.ª Rosa, quien atribuía todo esto a los manejos de unos Sres. Escorza, Rute y Arias, que tenían sugestionado a su marido (Serrano, 1903, pág. 445).

Todas las investigaciones posteriores han mostrado que esta visión de digno marido engañado no responde a la realidad. José Cabrera fue un hombre que en todos los ámbitos en donde se movió dejó fama de falso, pendenciero, incumplidor de sus deberes y en ocasiones delincuente. Pasó varias veces por la cárcel, dilapidó la fortuna de su mujer, la engañó constantemente y fue causa de numerosos conflictos con sus parientes.

Con todo, los primeros años, en que el matrimonio estuvo bajo la tutela de los padres, debieron de ser de cierta tranquilidad, si no de armonía. María Rosa tuvo una hija, de la que queda constancia por el testamento de Mariana Ramírez, dictado el 3 de octubre de 1793. En él la madre de María Rosa deja una manda para su nieta:

> Deseando dar una prueba señalada a mi hija doña María Rosa y a mi sobrino don José Cabrera, su marido, del entrañable amor que me merecen, y considerando que el mejor modo de acreditarlo es el de facilitar a su hija, mi ahijada, doña María Cabrera y Gálvez, de medios de conseguir una cristiana educación y colocarse decentemente en aquel estado a que la destinase la providencia, he destinado mandarle 150 000 reales de vellón que se le entregue[n] cuando tome estado de casada, religiosa o salga de la patria potestad (Bordiga, 2003, pág. 130).

La niña, según calcula Julia Bordiga, debió de nacer en los primeros meses de 1793 y seguramente murió durante la infancia, ya que en 1801 declaraba María Rosa que no tenía herederos. Considera la investigadora norteamericana que esta pérdida la afectó en profundidad: «María Rosa de Gálvez nunca mencionó a su hija en sus obras y cartas, pero es indudable que la pérdida de la pequeña María debe haberle afectado profundamente» (Bordiga, 2003, pág. 24). No cabe duda de que fue así, pero no fue una hija la que perdió, sino dos, María Josefa de la Pastora Irisarri y Gálvez, que murió poco después de cumplir los diez años, y María Cabrera y Gálvez, que no llegó a cumplir los ocho. Ver morir en poco tiempo a sus dos hijas, niñas aún, tuvo que ser un golpe terrible para la joven escritora.

Muerte de los padres

El 29 de diciembre de 1793 Antonio de Gálvez, que se encontraba en Madrid, murió repentinamente, sin que en ningún documento se acredite la causa de su muerte. Curiosamente se le enterró en la iglesia de San Martín, en

Madrid, en lugar de llevarlo al panteón familiar de la iglesia de San Jacinto, de Macharaviaya, donde estaban sepultados sus hermanos. Esta circunstancia ha dado lugar a distintas suposiciones acerca del distanciamiento de Antonio de Gálvez y el resto de la familia.

En su testamento, dictado en 1787 en mancomún con Mariana Ramírez, se establecía que la herencia se dividiera a partes iguales entre María Rosa y su prima María Josefa de Gálvez, la hija de José de Gálvez:

> Nombramos por herederos a María Antonia de Gálvez y a nuestra sobrina María Josefa Gálvez y Valenzuela, con facultad que le concedemos de que cada una de las dos pueda nombrar por sí un sustituto y que lo sean sus maridos, si estuvieren casadas entonces, para que todos ellos [los bienes] los lleven, gocen y hereden de por mitad por partes iguales.
>
> Prevenimos que el motivo que tenemos para dejar a nuestra heredera en la respectiva mitad que dejamos señalada a la dicha María Josefa de Gálvez y Valenzuela, nuestra sobrina, prefiriéndola a los demás nuestros parientes, es por atención y consideración a los respectos de dicho su padre, nuestro hermano, el Excmo. Sr. don José de Gálvez, marqués de Sonora, por cuya autoridad y protección he obtenido, yo el dicho don Antonio, los empleos que gozo y he gozado (Bordiga, 2003, pág. 120).

En 1793 tanto María Rosa como María Josefa estaban ya casadas, la primera, como hemos dicho, con José Cabrera, y la segunda con Prudencio de Guadalfajara, conde de Castroterreño. Hecha la partición de bienes el 23 de mayo,

> el total de bienes ascendía a 5 089 406 reales de vellón y 8 monedas, siendo adjudicados de la siguiente manera: a la viuda, 1 197 680 reales de vellón y 23 m.; a la sobrina, 1 962 112 reales de vellón y 22 m.; y a la hjja adoptiva 1 929 612 reales de vellón y 30 m. (Bordiga, 2003, pág. 127).

Los problemas comenzaron de inmediato. En marzo se había firmado una concordia entre todos los herederos, pero debió de durar muy poco: El 3 de octubre de ese mismo año Mariana Ramírez, madre de María Rosa y tía de José Cabrera, dicta un extraordinario testamento que es una auténtica declaración de las humillaciones vividas en su vida matrimonial. El propósito del documento es anular el mancomunado de 1787 y desheredar, por tanto, a los condes de Castroterreño argumentando que se había hecho un uso fraudulento de sus bienes gananciales:

> Considerando al mismo tiempo que por mi adelantada edad y achaques habituales, igualmente que por la malignidad y poderosa influencia de mis enemigos, puedan tal vez presentarse obstáculos y ofrecerse dificultades que no permitan durante mis días el litigio o reclamación conducente a dicho objeto, o diferirse inevitablemente su decisión hasta después de mi fallecimiento, es mi voluntad disponer ahora de los expresados bienes en la forma posible y precaver que mi silencio o indecisión del juicio no aseguren ni indiquen a favor de mi sobrina política la marquesa de Sonora y su marido o sus sucesores un derecho que nunca tuvieron, ni han podido adquirir por los cautelosos e injustos medios que los han procurado, en perjuicio de la justicia y la humanidad, y sobre cuyas ruinas han pretendido edificar hasta ahora unas gentes que no tenían necesidad de aumentar su riqueza y notoria opulencia con la usurpación y despojo de lo que es mío (Bordiga, 2003, pág. 129).

Mariana murió diez días después de dictar testamento. Fue el comienzo de una serie de litigios que enfrentaron al matrimonio formado por José Cabrera y María Rosa de Gálvez con el de los condes de Castroterreño y marqueses de Sonora, Prudencio Guadalfajara y María Josefa de Gálvez. La primera consecuencia fue que todos los bienes en litigio quedaron embargados en tanto no se resolvieran las demandas de una y otra parte. Así, María Rosa se vio heredera de una fortuna de la que no podía disponer, atrapada por las deudas heredadas de sus padres y por las que constantemente contraía su manirroto marido.

Para colmo de males, en 1794 Prudencio Guadalfajara denunció a José Cabrera por haberlo atacado una noche «con armas prohibidas»: Cabrera fue encarcelado y María Rosa tuvo que hacerse cargo de la casa familiar, de sus hijas y de seguir actuando, con poder otorgado por su marido, en los continuos juicios contra los poderosos condes de Castroterreño. En esta época, imposibilitada de recibir su herencia, fue ella la que tuvo que endeudarse, pidiendo préstamos y desprendiéndose de parte de sus bienes. Finalmente, los cargos contra Cabrera fueron desestimados por falta de pruebas y este pudo salir de cárcel, pero no volvió a su casa. María Rosa, entonces, tomó una decisión arriesgada: pidió la separación matrimonial.

> No poco valor debió de mostrar, siendo mujer, para pedir la separación matrimonial, si recordamos el aislamiento, y a veces los disgustos, de los que se atrevían entonces a propugnar abiertamente la ruptura del vínculo conyugal, y la solución legal que, tanto en la vida social como en la literatura, se daba a ese problema, esto es: la reconciliación, o el convento; este, para la consorte, naturalmente (Andioc, 2001, págs. 11-12).

La ruptura, con todo, no fue definitiva: el 2 de diciembre de 1796 firmó con su marido un acta de conciliación matrimonial (véase Apéndice I).

Los pleitos entre los Cabrera y los condes de Castroterreño se prolongaron durante años, entre otras razones porque se trasladó todo el atestado a los tribunales de Madrid, en los que se dilató aún más. Durante todo este tiempo María Rosa mantuvo buenas relaciones con su prima María Josefa, a la que encargó en 1799 la atención de su hija María Josefa de la Pastora, y a la que dedicó su oda *La beneficiencia* al publicar sus *Obras poéticas* en 1804. La oda está escrita con motivo del discurso pronunciado por su prima el 7 de febrero de 1801 en la Real Sociedad Económica de Madrid. En esas fechas los litigios de ambas familias estaban en su momento álgido, lo que da a entender que los conflictos se debían a los dos varones, Prudencio Guadalfajara y José Cabrera. El pleito finalmente se resolvió por acuerdo en septiembre de 1804, cuando José Cabrera se hallaba fuera de España y no podía interferir en las decisiones de su esposa.

Andanzas y desventuras de José Cabrera

En 1804 José Cabrera se hallaba en Estados Unidos como agregado de la embajada española en aquel país. En agosto de 1803, en vista de la desesperada situación económica, había pedido al rey que se le nombrase como «joven de lenguas» (nombre que se daba a los agregados de embajada) en cualquier país, argumentado que conocía varios idiomas, que era joven y robusto y que había abandonado su carrera militar por causa de su matrimonio. Godoy le respondió concediéndole la plaza de agregado en los Estados Unidos, quizás recordando la labor del primo de María Rosa, Bernardo de Gálvez, en favor de la independencia. Se le asignó un sueldo de 12 000 reales y todos los gastos del viaje pagados. Partió en noviembre de 1803 y en enero de 1804 se presentó en Washington al embajador español, marqués de Casa-Irujo. Si bien la primera impresión que causó Cabrera en el embajador español fue positiva, muy pronto comenzaron las desavenencias: Cabrera faltaba a su despacho, intrigaba con el resto de empleados de la embajada, abría la correspondencia reservada al embajador y la que este enviaba a Madrid... El colmo llegó cuando el Banco de Filadelfia informó a Casa-Irujo de que Cabrera había falsificado su firma en tres cheques por valor de 1900 dólares.

José Cabrera fue encarcelado. Su proceso fue seguido con pasión por la prensa de Filadelfia, a través de la cual se conoce su arrogancia, su buena planta y su capacidad de mentir. Escribió al presidente Jefferson contando que era víctima de una persecución del gobernador del Estado, se comprometió a devolver el dinero con los bienes de su mujer, de los que afirmaba que era administrador (en octubre de 1803 había otorgado una escritura por la que reconocía a María Rosa como apoderada general de todos sus bienes). Fue condenado a dos años de trabajos forzados. Tras muchas presiones, se le conmutó la pena por la expulsión del territorio de los Estados Unidos. Se le envió al presidio del castillo del Morro de La Habana, ciudad a la que llegó acompañado de una mujer que fue inmediatamente expulsada. En agosto de 1806, tras nuevos escándalos, el gobernador lo envió a la Península. No volvió a ver a María Rosa de Gálvez, que murió el 2 de octubre de ese mismo año.

Para Julia Bordiga, a quien se debe el haber sacado a la luz este episodio y que ofrece en su estudio sobre María Rosa de Gálvez un detallado relato de las peripecias de Cabrera en Estados Unidos (Bordiga, 2003, págs. 28-31), «resulta incomprensible que un escándalo de tamañas proporciones no haya sido comentado en los periódicos españoles», así como que algunos investigadores «sigan retratando a José Cabrera como el marido de brillante e impecable carrera que fue traicionado por su mujer». En cambio, como ella señala, el caso Cabrera sigue siendo famoso en el derecho estadounidense «como el Caso Federal n.º 2.278 que sentó la jurisprudencia para los casos de delitos comunes cometidos por miembros de una legación extranjera» (Bordiga, 2003, pág. 31).

Nuevas investigaciones debidas a Elisa Martín-Valdepeñas no hacen sino confirmar el retrato de Cabrera que hace la estudiosa norteamericana. En 1808 fue incorporado al ejército ante la falta de oficiales, a pesar de que había perdido su condición de Capitán de Milicias a consecuencia de

Prudencio Guadalfajara, conde de Castroterreño
y marido de María Josefa de Gálvez.

su condena. Su participación en la Guerra de la Independencia está llena también de incidentes «poco respetables». Participó en la batalla de Bailén, pero tras ella su compañía se amotinó por su carácter violento. En enero de 1809 fue arrestado bajo sospecha de haber desertado. Se le desterró a Algeciras, con la advertencia al comandante del Campo de Gibraltar de que vigilara su conducta (Martín-Valdepeñas, 2017, pág. 16n). Tras estos y otros incidentes del mismo estilo se pierde el rastro de este consumado pícaro, aunque se sabe que vivía todavía en 1816.

Madrid. Entrada en el mundo literario

Mientras era víctima de esta turbia relación, a la que fue empujada por sus padres y que amargó gran parte de su vida, María Rosa de Gálvez encontró en la literatura una actividad que le permitía evadirse de las miserias de la vida conyugal. No hay datos seguros acerca de su formación, pero se puede suponer que recibió una educación acorde con el nivel social que ocupaba su familia. De hecho, su obra revela abundantes lecturas, así como las numerosas traducciones de obras francesas que estrenó muestran que manejaba con bastante facilidad este idioma. No hay rastro de que se dedicara a la actividad literaria antes de los últimos años del siglo XVIII, pero la intensidad con que escribió y estrenó en los primeros años del XIX indican que debió de tener un periodo de aprendizaje antes de sus primeras obras conocidas.

Si sus años de Málaga fueron años de formación, el empuje definitivo para abordar la empresa literaria tuvo que ser su estancia en Madrid y las relaciones con el mundo intelectual de la Corte. La primera estancia documentada de María Rosa de Gálvez en Madrid es la de diciembre de 1792, cuando toda la familia se trasladó a la capital para asistir a la boda de María Josefa de Gálvez con Prudencio Guadalfajara, conde de Castroterreño, que tuvo lugar en la iglesia de San

Martín el 1 de diciembre. Durante todo ese mes tanto Maria Rosa como su marido y su padre permanecieron en la Corte, como reflejan las actas notariales en que se establecen las condiciones de la dote de María Rosa. La inesperada muerte de Antonio de Gálvez el 29 de diciembre puso punto final a esta estancia, ya que, tras el entierro, la familia volvió a Málaga (Martín-Valdepeñas, 2017, pág. 15).

Durante los años siguientes fueron constantes las visitas a Madrid para atender a los pleitos derivados de los testamentos de Antonio y Mariana, pero en ellas María Rosa no se limitó a resolver problemas judiciales. Los poemas publicados en 1804 dan cuenta de una intensa vida social: las constantes referencias a los jardines de Aranjuez y La Granja de San Ildefonso revelan que seguía a la Corte en sus desplazamientos por los Reales Sitios; asistía al teatro en Madrid: el 9 de diciembre de 1801 vio en el coliseo del Príncipe la opereta *El delirio, o las consecuencias de un vicio,* de Reveroni Saynt-Cyr, traducida por Dionisio Solís, a la que dedicó una oda; también asistía a las sesiones de la Junta de Damas de la Sociedad Económica de Amigos del País, como prueba *La beneficencia,* la oda que dedicó a su prima María Josefa con motivo del discurso que había pronunciado en dicha institución.

Pero es sobre todo de los contactos y relaciones que había establecido en los años anteriores, especialmente en el mundo literario, de lo que dan noticias los poemas de María Rosa de Gálvez. La oda *La noche* lleva expresivo el subtítulo de «Canto en verso suelto a la memoria de la señora condesa del Carpio». María Rita Barrenechea, marquesa de la Solana y Condesa del Carpio, dramaturga en ciernes, fue una de las figuras más destacadas del mundillo intelectual madrileño y una de las fundadoras de la Junta de Damas de la Sociedad Económica Matritense de Amigos del País, a la que también pertenecía María Josefa de Gálvez. Los términos en que la recuerda María Rosa de Gálvez son índice del grado de amistad a que habían llegado las dos escritoras:

Y tú, alma bella de mi dulce amiga,
tú, que existías para ser amparo
de la infelicidad, ¡con cuánta gloria
habrá premiado tu piedad el cielo!
[...]
Y yo ¿qué diré en tanto? Yo, que tuve
en ti una amiga fiel, una defensa
contra mi adversidad. ¿Pintaré acaso
tu admirable talento, el noble fuego
de tu imaginación, las gracias todas
que en tus acciones sin cesar brillaban,
aquel carácter franco y generoso
que arrastraba hacia ti los corazones,
o tu genio inmortal, que de las artes
protegió noblemente las tareas?
[...] Ya en la tumba
en paz descansas, y mi llanto inútil
no puedes ver, ni escuchas mis sollozos.
¡Ah! Ya no existes, pero el premio gozas
de tu beneficencia. Si las almas
en la inmortalidad a unirse vuelven,
¡oh dulce amiga! cesan mis lamentos.

(Gálvez, 1804, I, págs. 45-46.)

María Rita Barrenechea se había instalado en Madrid, procedente de Barcelona, en 1789, y murió en la capital el 23 de noviembre de 1795. Si María Rosa de Gálvez la conoció en Madrid en 1792, fueron tres años los que disfrutó de la dulce amistad de la condesa y su protección en medio de sus (reales y no retóricas) adversidades.

No uno, sino dos poemas, están dedicados al poeta que se podía considerar el más brillante de su generación, Manuel José Quintana. En la oda *A don Manuel Quintana, en elogio de su Oda al Océano,* se presenta ella misma como una torpe discípula de su admirado amigo. El propio Apolo, cuando ella intenta «del sonoro Pindo / hollar la falda», la reprende por su ambición y le señala el modelo:

En vano, Amira, con tu lira quieres
en el Parnaso colocar tu nombre;
busca modelo que tu genio guíe,
oye a Quintana, que en su canto pinta
del ancho ponto las bullentes ondas.
[...]
Amira, deja tu orgulloso intento:
con nuevo estudio mejorar procura
el canto antiguo de tu humilde lira
y elogia entonces de Quintana el numen,
honor y gloria de la musa hispana.

(Gálvez, 1804, I, págs. 47-48.)

Más personal, incluso íntima, es la *Descripción filosófica del Real Sitio de San Ildefonso. Oda a don Manuel de Quintana.* El tradicional «menosprecio de corte y alabanza de aldea» se une en el poema de María Rosa de Gálvez con el elogio de la soledad y la evocación de momentos felices del pasado, entre los que están los vividos junto a Quintana:

Quintana, vuela; solo tú pudieras
animar mis ideas confundidas,
llenarme de contento;
las horas placenteras
de tu agradable genio ya perdidas
a mi vida prestaran nuevo aliento:
tú con sublime acento
volvieras el verdor al mustio prado;
sensible y sabio, de amistad movido,
mi placer renovaras con tu agrado;
mi ser fortalecido
con tu amistoso trato viviría
y mi voz contra el vicio elevaría.

(Gálvez, 1804, I, pág. 29.)

No falta una referencia a Nicasio Álvarez de Cienfuegos, que tan cercano se encuentra en sensibilidad e ideas a María Rosa de Gálvez. En su oda *Las campañas de Bonaparte en Italia* cita un poema muy semejante del poeta madrileño a las glorias del general de la República:

¿Cómo podría
celebrar este rasgo de tu genio,
que de Cienfuegos el sublime canto
eligió para asunto de su ingenio?

(Gálvez, 1804, I, pág. 18.)

Otros personajes se ocultan tras los seudónimos clásicos que son típicos de la poesía de su tiempo: el anciano Licio, a quien dedica su *Silva moral,* y el misterioso amigo Sabino, protagonista de la oda *En los días de un amigo de la autora.* En ella, con la retórica propia de la poesía bucólica, Amira se retrata con una sensualidad que no es corriente en ella:

Yo volví con Sabino
gozosa a mi morada,
y del licor de Baco prevenida,
rebosando la taza colorada,
le dije enternecida:
«El resto de este día
a tu amistad consagre mi alegría».

(Gálvez, 1804, I, pág. 38.)

Literatura y política

En los años finales del siglo XVIII y primeros del XIX la literatura tenía una estrecha relación con la política. En el fondo, toda literatura es política en sentido amplio, pero en aquel momento lo era de una forma más urgente, más cercana a una actualidad cambiante que no se podía obviar. En 1789 había estallado la Revolución francesa, que había afectado de forma inmediata a la política española: al cierre de fronteras y censura de todas las publicaciones decretados por Floridablanca, siguió a partir de 1792 una relajación de estas medidas con los ministerios de Aranda (febrero de 1792) y de Godoy (noviembre de 1792). La desastrosa intervención de España contra la República francesa en las guerras de la Primera Coalición tuvo su punto final con la Paz de Basilea (1795), que le valió a Godoy el título de Príncipe de la Paz. A partir de aquel año la política española se orientó hacia la alianza con Francia en contra del tradicional enemigo inglés hasta que los acontecimientos de 1808 (abdicación de Bayona y subida al trono de José Bonaparte) dieron lugar a la Guerra de la Independencia.

Los intelectuales españoles siguieron con pasión todos estos acontecimientos. Muchos de ellos, que simpatizaban con las ideas enciclopedistas que estaban en la base de la Revolución, quedaron espantados con los excesos revolucionarios, tal como le sucedió a Leandro Fernández de Moratín, que estaba en París cuando se produjo el asalto del Louvre y la matanza de los Guardias Suizos (Fernández de Moratín, 1967). La Paz de Basilea coincidía con el final de la Convención y el comienzo de una etapa burguesa, encarnada en el Directorio y en una nueva constitución, aprobada el 22 de agosto de 1795, que consagraba el sufragio censitario. Todo ello permitía que algunos ilustrados españoles que habían visto con horror los excesos revolucionarios de la época de la Convención, siguieran con profunda simpatía el nuevo rumbo que estaba tomando Francia y lo contemplasen como un modelo de las reformas que se podrían hacer en España. El hecho es que esta nueva etapa abría la posibilidad de expresar larvados sentimientos de admiración y simpatía por la Revolución que habían estado severamente reprimidos en los anteriores gobiernos, muy especialmente por el de Floridablanca.

María Rosa de Gálvez participó activamente en este entusiasmo por las victorias de los ejércitos revolucionarios, especialmente con las que cosechó el entonces general de la República Napoleón Bonaparte en las campañas italianas del Directorio de 1796 y 1797. Tanto ella como Nicasio Álvarez de Cienfuegos escribieron y publicaron poemas de exaltación de sus hazañas guerreras, hazañas que, paradójicamente, suponían el triunfo de la paz (Doménech, 2011).

Cienfuegos publicó en el *Diario de Madrid* el 10 de junio de 1797 su oda *En elogio del general Buonaparte, con motivo de haber respetado la patria de Virgilio,* que se editaría al año siguiente en la primera edición de sus *Poesías* (Álvarez de Cienfuegos, 1980, págs. 95-97). El motivo enunciado en el título responde a un episodio de la campaña de Italia en enero de 1797. Después de la batalla de Arcole, Mantua era la plaza más importante de las que los austriacos conservaban en el norte de Italia. Sitiada por las tropas francesas, los austriacos enviaron un poderoso ejército para levantar el cerco. La victoria de Napoleón y Joubert sobre los austriacos en Rivoli supuso la mayor derrota de los imperiales durante la campaña de Italia, la capitulación de Mantua y la caída de todo el norte de Italia en manos de las tropas republicanas que se consagraría con el Tratado de Campo Formio, en donde Austria reconoció a la República Cisalpina y la República de Liguria. Durante el cerco, las tropas francesas respetaron la pequeña aldea de Pietole, cercana a Mantua, donde era fama que había nacido Virgilio. Esta anécdota le sirve a Cienfuegos para considerar las hazañas bélicas de Bonaparte como el triunfo de la paz. El mismo Virgilio habla en la composición:

> Mira entre tanto a Bonaparte y clama:
> «No habéis muerto; vivís, héroes gloriosos,
> todos, todos vivís. Joven valiente,
> *tú Marcelo serás*». Dijo, y el héroe,

el bastón empuñando
va al enemigo rápido marchando.
Le acomete, venció; combate, triunfa;
batalla, y un ejército enemigo
fue, y otro y otros; vuela, es la victoria;
y a una sola campaña un siglo entero
de heroísmo cargando
gana la paz, la guerra esclavizando.

(vv. 31-42)

Esta misma idea la desarrolla María Rosa de Gálvez en la oda *Las campañas de Buonaparte en Italia* (Gálvez, 1804, I, págs. 14-20), en donde no falta la mención del poema de Cienfuegos. Pero la autora va mucho más allá: traza un largo itinerario de las victorias del ejército de la República desde el paso de los Alpes, pasando por las victorias de Lodi y el Adige, la toma de Mantua y Milán, la fundación de la República Cisalpina, hasta llegar al tratado de Campo-Formio. Con algunas inexactitudes, María Rosa de Gálvez ofrece una ajustada visión histórica de la campaña de Italia. Pero no es la exactitud histórica lo que mueve a la autora, sino la plasmación de un programa iconográfico que tiene mucho que ver con el que estaba elaborando la pintura francesa en aquellos mismos años, y que tiende a fijar en auténticos cuadros con carácter emblemático las hazañas del héroe, resaltando lo que tiene la guerra de Italia de lucha entre el bien y el mal, entre la opresión y la libertad. El paso de los Alpes, por ejemplo, se relata con tintes épicos en unos versos que inevitablemente recuerdan el famoso cuadro de Jean-Louis David sobre el mismo asunto:

Por ella [la patria], cual Aníbal, de los Alpes
hollar te veo la elevada cima
donde yacen cansados los guerreros;
sus corazones fieros
marcial ardor con tu presencia anima;

suena tu voz, y sienten en su pecho
renacer el coraje y el despecho.
«¡Oh, ciudadanos!, dice, ¿así desnudos,
hambrientos, indefensos,
la dura muerte sufriréis en vano?
Mirad el enemigo; en sus inmensos
batallones habita la abundancia.
Para salir de males tan atroces
pelear y vencer manda el destino;
si os faltan armas, mutilad los troncos
del alto fresno y la robusta encina:
ved la Italia vecina,
que en su seno abundoso
despojos mil ofrece al valeroso».

(Gálvez, 1804, I, págs. 15-16.)

El cierre del poema nos ofrece el más claro ejemplo de esta concepción moral. Frente al torrente de furia y violencia, de sangre y muerte que se derrama por las estrofas anteriores, efectos todos de la ambición y soberbia de los imperios, la oda termina en un remanso de paz, un auténtico idilio en donde la naturaleza, el trabajo honesto y la felicidad del hogar pintan un cuadrito digno de las mejores utopías ilustradas:

El labrador cansado,
alzando al cielo la abatida frente,
estrecha entre sus brazos cariñoso
la amada esposa y a sus tiernos hijos,
bendiciendo la paz, que en dulce calma
a su antiguo afanar torna el reposo;
y los bueyes unciendo,
de sudor baña la fecunda tierra,
que dejó estéril la sangrienta guerra.

(Gálvez, 1804, I, pág. 20.)

No es la única ocasión en que María Rosa de Gálvez exaltó las conquistas napoleónicas. En 1801, en su tragedia *Ali-Bek,* en que recrea la rebelión del Bey de Egipto, Ali-Bey, hace una transparente alusión a la expedición egipcia de Napoleón:

> Quizá, corriendo el tiempo... en estos climas
> serán los Mamelucos maldecidos...
> Quizá de Europa... una nación guerrera
> a exterminar vendrá su poderío...
>
> (Acto Quinto, Escena última.)

Estos entusiasmos revolucionarios, que pronto quedarían olvidados (Cienfuegos se negó a colaborar con los franceses en 1808, fue apresado y enviado al exilio, donde murió) eran en aquellos años una ratificación de la política del gobierno español, y, en último término, una alabanza del poderoso Príncipe de la Paz, don Manuel Godoy.

El Príncipe de la Paz

El poema que abre las *Obras poéticas* de María Rosa de Gálvez, es una oda al Excelentísimo Señor Príncipe de la Paz, *La campaña de Portugal,* en donde Godoy, caracterizado como «héroe español» frente al «Luso belicoso», se presenta como el garante de la paz:

> El furor destierra
> del campo vencedor; ve los guerreros
> aclamar sus augustos soberanos,
> que llegan placenteros
> a celebrar la paz, de gozo ufanos.
> Salve una y veces mil, paz deseada;
> salve una y veces mil, héroe dichoso

que vuelves el descanso a los humanos.
Tú logras animoso
que den fin a la guerra y sus horrores
la paz y tus monarcas vencedores.

(Gálvez, 1804, I, pág. 8.)

Además de ser un campeón de la paz, Godoy es un protector de las artes: «proteges de las artes las tareas». De ahí que el «amante de las artes de imitación» a quien está dedicada la oda *La poesía,* sea con toda seguridad el propio Príncipe de la Paz. En esta composición la implicación de la autora es muy grande: agradece constantemente al amante de las artes su protección, y se ve colocada en el glorioso templo de la fama gracias a su «sabio amparo». No es difícil ver en estos retóricos versos el agradecimiento de María Rosa de Gálvez por el apoyo del ministro a la edición de sus *Obras poéticas.*

La relación con Godoy ha perseguido desde aquella época a María Rosa de Gálvez, y sin duda ha contribuido al desprecio de su obra por parte de numerosos críticos. Hoy día incluso estudiosos tan ponderados como Emilio y Elena Palacios, en la biografía de la autora para el *Diccionario biográfico español* de la Real Academia de la Historia, despachan este asunto de forma tan categórica como difícil de entender: «Participó en las tertulias de los círculos cortesanos, fue protegida por Godoy, del que, sin razones [sic], se hizo amante» (Palacios, en línea).

Otros investigadores han salido en defensa de María Rosa de Gálvez, rechazando las acusaciones contra ella, y especialmente el famoso episodio de los sonetos eróticos a la hora del chocolate. René Andioc, en su estudio sobre *La familia a la moda,* con su acostumbrada erudición, plantea que la Gálvez de vida libertina era una sobrina de María Rosa, Matilde de Gálvez Saint-Maxent, hija de Bernardo de Gálvez, de quien un panfleto anónimo aseguraba que

> era doncella, y el Príncipe de la Paz determinó por buena providencia que no lo fuese. No solo hizo este favor, sino que la dejó embarazada y, por ocultarlo, la casó con un tal Minutulo, a quien hicieron coronel de la Farnesio (Andioc, 2001, págs. 12-16).

Julia Bordiga es más terminante: rechaza con indignación las habladurías sobre Godoy y María Rosa de Gálvez y señala, con mucho acierto, que no se ha localizado ninguno de los pretendidos sonetos eróticos, ni hay constancia de la conducta escandalosa de la autora (Bordiga, 2003, págs. 55-57).

¿Fue María Rosa de Gálvez amante de Godoy? ¿Mantuvo una relación amorosa con Quintana o con algún otro escritor? En este espinoso asunto, la actitud más honesta intelectualmente debería ser la prudencia de que hace gala Julia Bordiga. Mientras no haya pruebas que demuestren las maliciosas acusaciones, no se puede seguir dando pábulo a una historia que tiene todos los visos de ser pura invención. Sin embargo, si algún día apareciesen los famosos sonetos, o algún documento que corroborase estas hablillas, la obra literaria de María Rosa de Gálvez no perdería un ápice de su valor, mientras que, en mi opinión, su figura sería más rica, más compleja y atractiva a los ojos del lector actual. Hay mucho prejuicio machista en esta historia: Samaniego escribió unas divertidas fábulas eróticas que no le han supuesto ningún desdoro; el diario de Nicolás y Leandro Fernández de Moratín nos ha permitido descubrir una actividad sexual muy variada y poco ajustada a la norma social; al mismo Antonio Alcalá Galiano, que tanto hizo por difundir las habladurías acerca de la autora, se le atribuye un diálogo en verso en extremo jovial y muy poco edificante con el duque de Rivas. Ninguno de ellos ha sufrido un descenso en la estimación crítica. María Rosa de Gálvez, obligada a abandonar a un hombre al que amaba, casada a la fuerza con un petimetre petardista, tenía muchas razones para buscar en nuevos amores la felicidad que constantemente le fue negada.

La aventura teatral

El 3 de agosto de 1801 María Rosa de Gálvez estrenaba sus primeras obras en el coliseo del Príncipe, de Madrid. Se trataba de la tragedia *Ali-Bek* y el fin de fiesta *Un loco hace ciento.* Las dos obras se mantuvieron durante ocho días en cartel, con entradas muy aceptables, teniendo en cuenta que se dieron en plena temporada de verano, desde los 6125 reales el lunes 3 a los 607 del sábado 8 (Andioc y Coulon, 2008, págs. 486-487). Con ello comenzaba la breve carrera teatral de la escritora, que, en los años siguientes, hasta su fallecimiento en octubre de 1806, estrenó siete obras más, entre originales y traducciones, además de publicar varias de las estrenadas y otras ocho que no llegaron a estrenarse.

Aun considerando que alguna de estas obras estuviera escrita antes de los estrenos de 1801, si la comparamos con las cinco comedias originales y las dos traducciones que realizó Leandro Fernández de Moratín a lo largo de toda su vida, o con las nueve comedias de Iriarte, la de María Rosa de Gálvez es una producción considerable, que convierte a la autora en uno de los escritores, sin distinción de género, más prolíficos de su tiempo y que muestran la pasión con que se dedicó a la escritura en sus últimos años. Esta fecundidad era una falta para Leandro Fernández de Moratín, que achacaba este mismo defecto a Goldoni, a quien por otra parte admiraba. Lo mismo le echó en cara a María Rosa su amigo Manuel José Quintana: «Su facilidad en componer induciéndola a producir mayor número de obras, ha perjudicado a la perfección particular de cada una» (Quintana, 1805. Transcrito por Bordiga, 2003, página 161). Escribir para la escena sin tasa era para estos ingenios signo de poco cuidado al componer y de sujetarse solamente a los dictados del público, convirtiendo lo que debía ser un arte en mercadería vendible, como hacían los poetas «populares». Sin duda María Rosa de Gálvez tenía un alto concepto de su arte, pero no por ello desdeñaba ganar dinero con él; al contrario, es muy probable que uno de sus principales objetivos a la hora de dedicarse a la escritura teatral era la posibilidad de solucionar su apurada situación económica (Bordiga, 2003, pág. 27).

Con el estreno de *Ali-Bek* y *Un loco hace ciento* empezaron también para María Rosa de Gálvez sus problemas con la censura y con la crítica. *Ali-Bek* pasó sin problemas la censura eclesiástica y la civil, pero *Un loco hace ciento,* comedia en donde se critica el exagerado galicismo de algunos españoles que adoran todo lo que llega de Francia y desprecian lo de su propio país, tuvo la aprobación de la censura civil, pero se topó con la eclesiástica, que utilizó para recomendar su prohibición un argumento de dudoso carácter religioso:

> Me parece que su representación puede acarrear inconvenientes en las actuales circunstancias, por ridiculizarse en ella las cosas de Francia, y no me parece conveniente en una época en que Madrid está lleno de oficiales franceses, que se les dé motivo de quejarse de que los ridiculizan, lo cual pudiera tener muy malas consecuencias (Transcrito por Bordiga, 2003, pág. 152).

La autora apeló al Juez Protector de Teatros, que finalmente permitió la representación. Esta escaramuza no es sino la primera de la autora con la censura eclesiástica, que, si bien en la mayor parte de las ocasiones dio el permiso para estrenar o imprimir sus obras, en ocasiones manifestó una fuerte oposición a las mismas, al contrario de lo que hizo la censura civil, tanto mientras fue censor Santos Díez González como cuando lo sustituyó Casiano Pellicer. En 1805 la compañía de Isidoro Máiquez ensayaba en el coliseo de los Caños del Peral la comedia *La familia a la moda,* que contaba con la aprobación del censor civil, cuando les llegó la prohibición de la Vicaría. Los términos de la prohibición los conocemos por la reclamación de María Rosa de Gálvez al Juez Protector de Teatros: según esta, la comedia se prohibía por «inmoral y ser escuela de la corrupción y el libertinaje». La respuesta de la autora es un ejemplo de cómo era capaz de desenvolverse en estas polémicas:

> Si solo se hubiese negado la licencia, acaso habría tolerado este acaecimiento la autora por no mover contestaciones dilatadas y molestas; pero el motivo que expresa la relacionada nota, sobre ser en cierto modo denigrativo, denota claramente que no ha sido la comedia bien comprendida. Para prueba de esta verdad basta la misma composición, cuyo asunto y objeto es, como debe ser, poner en ridículo ciertos vicios. No cansará la exponente la atención de V.E. con hacer la apología de su comedia, puesto que ella misma es su mejor defensa; si fuese este un asunto digno de una controversia formal, no dudaría la autora sostener públicamente que se padeció equivocación en la censura de la Vicaría; pero tampoco es justo que se la defraude del premio de su trabajo y se la tache de inmoral en sus composiciones, sin darla más razón. Tiene la suplicante el ejemplar en su comedia intitulada *Un loco hace ciento,* de que no siempre son justas las censuras de la Vicaría, pues fue reprobada por dicho tribunal, y después, examinada por el Excmo. Señor antecesor de V. E., fue aprobada y se ha representado e impreso con general aceptación.

La carta surtió efecto: el marqués de Fuerte Híjar, subdelegado del Consejo de Castilla en la Junta de Dirección de Teatros, autorizó la representación de la obra.

La autora no tuvo problemas con la censura en sus siguientes estrenos de 1801. El 18 de septiembre de ese año estrenó en el coliseo de la Cruz *Catalina, o la bella labradora,* traducción en prosa de la comedia francesa de Amélie J.

Candeille. Estuvo solamente tres días, con entradas medianas, entre los 2565 y 3761 reales. La comedia francesa se había estrenado en 1792 y tuvo un éxito extraordinario entre ese año y 1799. Perteneciente al género de la comedia lacrimosa, planteaba una típica historia de separación y reencuentro familiar con una leve crítica a la nobleza improductiva y una defensa de las clases trabajadoras. Aunque no se trataba de una comedia revolucionaria, sino de una comedia estrenada durante la Revolución, llamó la atención de la censura cuando se intentó representar de nuevo en 1817 y 1819, años después de la muerte de María Rosa de Gálvez, en plena restauración absolutista. En 1819 el doctor don Nicolás Martínez de Tejada y el presbítero Domingo Medina consideraban que se debía prohibir la obra porque en toda ella «no se lee un diálogo que no excite la pasión del amor con más o menos viveza, sin que la moral de dicha composición se dirija a otro fin» (Bordiga, 2003, págs. 150-152).

El siguiente estreno de María Rosa de Gálvez se produjo en el mismo coliseo de la Cruz el 4 de noviembre: era su drama trágico *Safo* (anunciada como *La Safo),* que, a pesar de ser una de las obras más taquilleras de la temporada, con 9214 reales de recaudación, estuvo en cartel solamente dos días.

El año 1801 supuso, por tanto, un comienzo prometedor para María Rosa de Gálvez en el difícil mundo teatral madrileño. Estrenó cuatro obras, tres de las cuales se publicarían ese mismo año en la colección Nuevo Teatro Español, con bastante éxito de público. Consiguió, además, que la Junta de Reforma le pagase un adelanto, según lo estipulado anteriormente, renunciando a los derechos de autor que se habían establecido con la reforma. También fue el comienzo de sus constantes choques con la crítica. En el número de enero de 1801 el *Memorial literario o Biblioteca periódica de ciencias, literatura y artes,* editado por Joaquín Ezquerra y Pedro María Olive, publicaba una demoledora crítica de *Ali-Bek,* dedicada en su mayor parte a dudar de la capacidad de las mujeres para las letras y las ciencias. María Rosa de Gálvez no respondió a esta crítica, que ha sido repetida en ocasiones por críticos modernos para desdeñar la tragedia (Alborg, 1980, pág. 659). Sí lo hizo con la que publicó el mismo medio a *Las esclavas amazonas,* dando lugar a una breve polémica en la prensa. Las críticas negativas no afectaron a la decisión de María Rosa de Gálvez de seguir escribiendo para la escena. En 1802 estrenó *La intriga epistolar,* traducción de una comedia de Fabre d'Eglantine, que estuvo solamente tres días con entradas muy medianas, pero en 1803 consigue uno de sus mayores éxitos: estrena la opereta en un acto *Bión,* traducción de la obra del mismo título de François-Benoit Hoffmann, con música de Étienne-Nicolas Méhul, estrenada en París en 1800. La versión de María Rosa de Gálvez, que introdujo numerosos cambios en el original para adecuar el texto a la música, se estrenó el 24 de mayo en el coliseo de los Caños del Peral y se repitió en catorce ocasiones, siempre como fin de fiesta; el papel de Bión estuvo a cargo del famoso tenor Manuel García. María Rosa de Gálvez debía de sentirse muy orgullosa de su traducción, ya que la incluyó entre sus obras originales cuando publicó en 1804 sus *Obras poéticas,* con esta advertencia:

> La siguiente traducción se incluye en este tomo por pertenecer al género lírico, y haberla juzgado preferible a otras infinitas poesías sueltas, cuyo mérito más bien depende de las circunstancias en que se escriben que de su dificultad, invención o contexto (Gálvez, 1804, I, pág. 57).

El año 1804 no tuvo ningún estreno porque, como veremos, estuvo dedicada a la publicación de sus *Obras poéticas.* Pero, una vez editadas, volvió a estrenar, lo que revela su propósito de hacer de la escritura dramática una profesión, ya que a partir de 1804 estaba libre de los conflictos legales para hacerse cargo de su herencia. 1805 es el año en que estrena dos comedias originales, *La familia a la moda* y *Las esclavas amazonas.* La primera de ellas la estrenó en el coliseo de los Caños del Peral Isidoro Máiquez, que la eligió para abrir la temporada 1805-1806, lo que da idea del prestigio que había alcanzado la autora. Estuvo solamente cuatro días, del 14 al 17 de abril, a los que hay que sumar los dos días de reposición el 2 y 3 de mayo, pero el día de su estreno alcanzó una de las mayores recaudaciones de la temporada, 8013 reales.

Más éxito obtuvo con *Las esclavas amazonas,* obra que presentó como traducción del francés, pero que probablemente sea obra original. «La noche del estreno se cobraron más de 12000 reales, cantidad que solo alcanzó otra función durante toda aquella temporada, y esta obra fue la que se repuso más veces, incluso después del fallecimiento de la autora» (Andioc, 2001, pág. 55). Algo semejante sucedió con el que sería el último estreno de María Rosa Gálvez, *La dama colérica o la novia impaciente,* traducción de la comedia en un acto de Ch. Étienne, que se estrenó el 30 de mayo de 1806 en el coliseo de los Caños del Peral. Estuvo en esta ocasión solamente dos días en cartel, aunque con magníficas entradas (11868) reales, pero se fue reponiendo a lo largo de 1806 y 1807. Por una macabra casualidad el 2 de octubre de 1806, día de la muerte de María Rosa Gálvez, se puso *La dama colérica* en el teatro de los Caños.

Publicación de las «Obras poéticas»

En 1803, a través de un procurador, María Rosa de Gálvez inició los trámites para pedir la licencia de impresión de «varias piezas o dramas trágicos, como son la titulada *Blanca de Rossi* en cinco actos, *Florinda* en tres actos, *La negra Zinda* drama heroico en tres, *Amnón* tragedia original en cinco actos, *Saúl* escena trágica unipersonal, *Safo* drama en un acto, y *La delirante* tragedia original en cinco actos» (Bordiga, 2003, pág. 157). Poco después, el 30 de agosto de ese año, emitía su dictamen el censor civil, el catedrático de los Reales Estudios don Santos Díez González, que autorizaba la impresión «porque son fruto no despreciable del ingenio de una mujer», si bien remitía algunas de ellas a la censura religiosa por ser de asunto sagrado o por contener «algunas cosas que no son impropias del Vicario eclesiástico».

La censura eclesiástica, firmada por el capellán Juan Bautista de Ezpeleta y por don Bartolomé Muñoz de Torres, se emitió el 27 de octubre y era, sorprendentemente, mucho más elogiosa. El censor remitió a «personas de mi confianza» y estas le transmitieron

> que son originales, que algunas se han representado en nuestros teatros, con aceptación del público[5], que son recomendables por su invención, lenguaje, decoro y majestad, que la autora ha sabido escoger los asuntos que ha puesto en escena y ha conseguido manifestar su numen poética (Bordiga, 2003, pág. 157).

Con la licencia concedida, María Rosa de Gálvez podía encargar a su costa la publicación de sus obras a alguno de los impresores de Madrid. Pero no lo hizo, sino que tomó un camino extraordinario que muestra su habilidad y (¿por qué no decirlo?) su influencia en los círculos de poder. El 21 de noviembre de 1803 escribió directamente al rey Carlos IV pidiendo que fuese la Imprenta Real la que se encargara de la edición de las *Obras poéticas,* argumentando

---

[5] O bien los censores y sus informantes se equivocaban, porque de las tragedias que había presentado María Rosa de Gálvez solamente se había representado *Safo,* o bien se había incluido ya *Bión,* que se publicó en el primer tomo, en el paquete presentado a la censura eclesiástica.

que su situación económica se lo impedía y enfatizando el valor de un trabajo «que en ninguna otra mujer, ni en nación alguna tiene ejemplar»[6].

El rey accedió a la petición y la obra fue publicada por la Imprenta Real. Con ella en las manos, María Rosa de Gálvez hizo una nueva petición. Tras enviar tres ejemplares a los reyes y a Godoy, envió una nueva carta a Carlos IV en que le exponía su situación de escasez económica y solicitaba

> se sirva perdonar a la exponente el coste de dicha impresión, suplido por la Real Imprenta, mandando dar la correspondiente orden para que todos los ejemplares se pongan a disposición de la autora, y se la entregue el total importe de las vendidas o que se vendieren, para alivio de su escasa situación (Bordiga, 2003, pág. 158).

De nuevo el rey concedió su gracia, por la que la autora se vio dueña de la edición de sus obras sin haber gastado un real en ellas.

La obra recibió una reseña en *Variedades de Ciencias, Literatura y Artes,* revista dirigida por Manuel José Quintana, amigo de la autora y figura descollante de la nueva generación de poetas que se habían revelado en los años finales del siglo. Se trata de una crítica ambigua, donde defiende a las mujeres escritoras a la vez que no las considera capaces de compararse con los hombres. Al hablar de su obra, la considera imperfecta, pero «diremos que las obras dramáticas de nuestra poetisa manifiestan en ella una osadía poco común, una actividad incansable, ingenio para inventar y concebir, y facilidad para ejecutar» (Bordiga, 2003, pág. 161).

Las *Obras poéticas* de María Rosa de Gálvez son un hito en la historia de la literatura escrita por mujeres. Nunca

---

[6] Ver el texto completo en el Apéndice.

antes se habían publicado, como ella señala con legítimo orgullo, tres tomos de obras teatrales escritas por una mujer, y tardaría muchos años en volver a aparecer una obra semejante. Están espléndidamente editadas por la Imprenta Real, y en el cuidado con que están publicados los textos (hay al final de cada tomo una Fe de erratas) se nota la mano y corrección de la autora.

El primer tomo incluye sus poesías líricas junto con *Bión,* ópera lírica en un acto, *El egoísta,* comedia original en tres actos, y *Los figurones literarios,* comedia original en tres actos. En el segundo tomo se editan *Saúl,* escena trágica unipersonal, *Safo,* drama trágico en un acto, *Florinda,* tragedia en tres actos, y *Blanca de Rossi,* tragedia en cinco actos. El tercero incluye *Amnón,* tragedia en cinco actos, *Zinda,* drama trágico en tres actos, y *La delirante,* tragedia en cinco actos.

En la portada aparece la autora como «María Rosa Gálvez de Cabrera». Es la primera vez, en sus obras publicadas o manuscritas, en que aparece su nombre unido al de su marido José Cabrera.

Final

Una de las últimas composiciones publicadas por María Rosa de Gálvez es el poema *En elogio de las fumigaciones de Morvó, establecidas en España, a beneficio de la humanidad, de orden del Excelentísimo Señor Príncipe de la Paz,* que apareció en la revista *Minerva* en 1806. Es una obra típicamente ilustrada, dedicada a los avances de la ciencia frente al fanatismo y la ignorancia. Las mencionadas fumigaciones son un método impulsado por el químico francés Louis Bernard Guyton de Morveau, uno de los creadores del sistema de nomenclatura de los elementos químicos junto con Lavoisier, Berthollet y Fourcroy. Morveau propuso la fumigación de terrenos pantanosos con el recién descubierto «ácido muriático oxigenado», es decir, ácido clorhídrico, para acabar con epidemias como la fiebre amarilla, extendidísima en toda Europa. El gobierno español, a cuyo frente estaba el Príncipe de la Paz, ordenó estas fumigaciones, y recibió por ello el elogio de María Rosa de Gálvez, que comenzaba su obra con una imagen apocalíptica:

No a la implacable muerte
sacia del fiero Marte sanguinoso
la universal desolación; en tanto
que de su carro el giro pavoroso
los pueblos llena de dolor y espanto,
ella por las regiones
de la tierra, a su aspecto estremecida,
vuela feroz, seguida
de dolencias sin fin, altos blasones,
soberbios tronos, militares lauros,
vagando encarnizada,
arrebata, derroca, hunde en la nada.

(Bordiga, 2003, pág. 172.)

La ciencia no pudo salvar a María Rosa de Gálvez. La muerte la rondaba. Quizás ella lo supiera. Aunque no tenemos noticia cierta del estado de su salud, es muy probable que fuera frágil y sufriera alguna enfermedad crónica. En 1799 estuvo tan cerca de la muerte que dictó testamento. El 30 de septiembre de 1806 volvió a testar ante el escribano de Madrid Simón Ruiz. En este testamento, que sería definitivo, declara que no tiene herederos y por tanto todos sus bienes, de acuerdo con lo estipulado en el testamento de sus padres, corresponden a su prima María Josefa de Gálvez, marquesa de Sonora y condesa de Castroterreño. Entre estos bienes estaban los manuscritos de sus obras, que, al menos en parte, quedaron en la biblioteca del palacio de la calle Ancha de San Bernardo, conocido como el palacio de la marquesa de Sonora.

Las quejas contra los señores Escorza, Arias y Rute, por parte de los que, según su declaración, «ha sufrido crueles persecuciones, que la han afligido mucho en su persona, honor e intereses» se resuelven en una velada acusación contra José Cabrera, ya que, si estos tienen de su mano algún pagaré, «será supuesto, nulo, figurado y cuando más, firmado contra su voluntad, solo por obedecer a dicho su marido don José Cabrera, a quien aquellos tenían enteramente dominado y engañado, y de consiguiente otorgado con violencia». Por lo demás, aparte de las mandas a los hospitales de Madrid, deja una renta de por vida a sus dos criadas:

> Manda a doña Francisca de Casas y doña María Joanico y Casa, su hija, en atención a la buena asistencia y servicios que la han hecho y espera los continúen, seis reales de vellón a cada una, diarios, durante los días de su vida, que se les suministrará por partes iguales por el señor heredero que nombrará, y pide la encomienden a Dios. Y así mismo, las manda también por las mismas razones todas las ropas del uso de la otorgante y muebles y menaje de su casa, excepto las alhajas de plata, oro y pedrería, y los libros y papeles (Bordiga, 2003, pág. 143).

Frente al testamento anterior, donde especificaba con detalle dónde y cómo debía ser enterrada, en este dejaba todo en mano de sus testamentarios.

Murió dos días más tarde, el 2 de octubre de 1806. Vivía en la calle de Francos, por lo que fue enterrada «de secreto» en la iglesia de San Sebastián, donde estaba la capilla de la virgen de la Novena, patrona de los cómicos, y donde antes habían sido enterrados Lope de Vega, Luis Vélez de Guevara, Juan Ruiz de Alarcón, Ramón de la Cruz y tantas otras gentes de teatro.

El 14 de octubre apareció en el *Diario de Madrid* una redondilla anónima «a la muerte de doña Rosa Gálvez, insigne y sola española, poeta del tiempo presente»:

A llanto y dolor nos mueve
la muerte de aquella sola
discreta musa española
que valía por las nueve.

Un mes después volvió a publicarse el mismo epitafio, calificado de «chistoso», en la revista *Minerva o El revisor general,* dirigida por Pedro María de Olive, uno de los editores del *Memorial literario,* con una críptica indicación de quién puede ser el autor del mismo:

> Hasta el 14 [de octubre] no se abrió el curso diario de literatura y lo hizo el señor Y. T. hablándonos de las reglas del epigrama para tener ocasión de festejarnos con cuatro o cinco del Señor S** que son chistosos. Copiaremos aquí el primero por ser en elogio de Doña Rosa de Gálvez, cuya temprana muerte lloran los aficionados a la poesía *(Minerva,* 1806, IV, págs. 90-91).

Después fue cayendo sobre la autora el manto del olvido. Durante 1807 todavía se repusieron varias de sus obras, pero la guerra y las vicisitudes españolas de los años siguientes contribuyeron a su lenta pero definitiva desaparición de la escena y de la memoria colectiva.

María Rosa de Gálvez y el teatro de su tiempo

Escribir siendo mujer

Entre las múltiples paradojas en que se movió el pensamiento ilustrado, una de las más llamativas desde el punto de vista actual es el papel que se les adjudicaba a las mujeres en el mundo del pensamiento y la creación artística. Si por un lado se dieron los primeros —y tímidos— pasos en favor de la educación de la mujer, por otro cualquier intento de incorporación de la mujer a las tareas intelectuales se vio siempre acompañado de largas polémicas entre un rechazo radical y una tibia aceptación con condiciones.

Un caso paradigmático es el de la admisión de mujeres en la Sociedad Económica Matritense de Amigos del País. Constituida en 1775, en 1785 se planteó la posibilidad de que entre sus miembros hubiera mujeres. La polémica entre los miembros de la Matritense se prolongó durante dos años. Entre los partidarios de la aceptación de las damas estaba el director de la Sociedad, Gaspar Melchor de Jovellanos; en la postura contraria se destacó el financiero Francisco Cabarrús. Los argumentos de unos y otros ya fueron analizados por Carmen Martín Gaite en su estudio pionero de 1972 *Usos amorosos del dieciocho en España* (Martín Gaite, 1981, págs. 257 y ss.), y han sido objeto de nuevos y penetrantes análisis por parte de Mónica Bolufer.

El debate fue muy intenso, y tuvo un eco inusitado en la prensa española y francesa (Bolufer, 2003, págs. 156-157). Los argumentos de la exclusión se basaban en última instancia en Rousseau, y apelaban a la «naturaleza femenina», que destinaba a la mujer al ámbito doméstico:

> ¿Acaso la moda y sus partidarios prevalecerán contra la voz de la naturaleza, que sujetó las mujeres a la modestia y al pudor, o contra las relaciones inmutables de todas las sociedades, que impusieron como una obligación civil la fidelidad a sus maridos, el cuidado de sus hijos, y una vida doméstica y retirada? (Bolufer, 2003, pág. 159).

En su contra, los partidarios de la admisión de las mujeres, entre los que se encontraban Jovellanos, Ignacio López de Ayala y la única mujer, Josefa de Amar Borbón, que participó en el debate por ser miembro de la Sociedad Aragonesa, utilizaron todo tipo de argumentos. López de Ayala, en particular, arguyó que la igualdad entre ambos sexos se basaba en la razón como atributo esencial de los humanos, por lo que la admisión de las mujeres en el seno de la Sociedad

Matritense era una exigencia del siglo ilustrado. Josefa de Amar Borbón, como corresponde a su posición, defendió que la exclusión era una forma de tiranía o despotismo sutil por parte de los «hombres instruidos» que no se atrevían a «oprimir tan a las claras a la otra mitad del género humano» (Bolufer, 2003, pág. 163). Pero la más interesante es la argumentación de Jovellanos, que, desde un punto de vista utilitarista, considera que la inclusión de mujeres en la Sociedad Matritense sería una forma de atraer a las mujeres instruidas a las labores de reformismo social apartándolas del lujo y la corrupción:

> Ved la tendencia general con que se camina a la corrupción. Ved por todas partes abandonadas las obligaciones domésticas, menospreciado el decoro, olvidado el pudor, desenfrenado el lujo y canceradas enteramente las costumbres. Y nosotros, que nos llamamos Amigos del País, que nos preciamos de trabajar continuamente por su bien, ¿no opondremos a este desorden el único freno que está en nuestra mano? Llamemos a esta morada del patriotismo a aquellas ilustres almas que han sabido preservarse del contagio... hagámosla un objeto de emulación y competencia en medio de su sexo, abramos estas puertas a las que vengan a imitarlas, inspiremos en todas el amor a las virtudes sociales, el aprecio de las obligaciones domésticas, y hagámoslas conocer que no hay placer ni verdadera gloria fuera de la virtud (Martín Gaite, 1981, pág. 260).

La solución a estos encendidos encuentros vino por parte del rey. Por Real Cédula de 27 de agosto de 1787 se creó una Junta de Damas separada y subordinada a la Sociedad para que tomaran a su cargo las tareas «propias de su sexo». Estas se concretaron en los años siguientes: se encargaron de gestionar las Escuelas Patrióticas para niñas pobres, prestar materiales a las obreras textiles, asistir a las encarceladas, y gestionar la inclusa (Bolufer, 2003, pág. 164). La solución, por tanto, estaba en línea con lo propuesto por Jovellanos, y venía a ser un compromiso entre la plena aceptación y la adjudicación de tareas «propias de la mujer».

En este ambiente viciado, en donde se daban la mano los viejos prejuicios con nuevas concepciones utilitaristas (recordemos que la polémica se daba entre la élite intelectual progresista del país) la aceptación de una mujer en la república de las letras, como pretendía María Rosa de Gálvez, era una tarea casi imposible. Bien conocida es la sentencia con que condena Moratín, a través del ilustrado don Pedro, los intentos de la pobre doña Agustina por ayudar a su marido en sus proyectos literarios en *La comedia nueva:*

> Esta señora deberá contribuir, por su parte, a hacer feliz el nuevo destino que a usted le propongo. Si cuida de su casa, si cría bien a sus hijos, si desempeña como debe los oficios de esposa y madre, conocerá que sabe cuanto hay que saber, y cuanto conviene a una mujer de su estado y sus obligaciones (Fernández de Moratín, 1970, pág. 159).

Como ocurría con Cabarrús, detrás de estas declaraciones, estaba la opinión de Rousseau, que en su famosa *Carta a D'Alembert* de 1758 rechazaba la posibilidad de que las producciones literarias de las mujeres pudieran alcanzar el mismo nivel que el de los hombres:

> A las mujeres, por lo general, no les gusta ningún arte, no son entendidas en ninguno y carecen de ingenio. Pueden tener éxito en obritas que no exigen más que finura, gusto, gracia, a veces incluso filosofía y razonamiento. Pueden adquirir ciencia, erudición, capacidad y todo lo que se consigue a fuerza de trabajo; pero ese fuego celestial que calienta y abrasa el alma, ese genio que consume y devora, esa ardiente elocuencia, esos transportes sublimes que llevan su arrobo hasta el fondo del corazón faltarán siempre en los escritos femeninos: son todos fríos y bonitos como ellas. Tendrán toda la inteligencia que usted quiera, pero no espíritu; serían antes mil veces sensatos que apasionados. Ellas no saben escribir ni

> sentir siquiera el amor. Únicamente Safo, que yo sepa, y otra merecen exceptuarse (Rousseau, 1994, pág. 129n.).

María Rosa de Gálvez sufrió en sus propias carnes este desprecio por la mujer escritora, por la «bachillera», como todavía se llamaba a la que intentaba ocupar un puesto en el reducido mundo de la creación literaria reservado a los varones. Cuando estrenó su primera obra, la tragedia *Ali-Bek,* en 1801, la única crítica que recibió el estreno era una auténtica diatriba contra las escritoras:

> Muchas veces se ha tratado la cuestión de si las mujeres son o no aptas para las ciencias, la cual viene a ser la misma que la de si nos igualan o nos son inferiores en talentos.
>
> Como de este y otros puntos no menos interesantes se ha hablado largamente desde que se cultivan las letras, y desde que hay mujeres que se dan a ellas, el lector nos agradecerá que le evitemos el fastidio de repetir las varias opiniones que en pro y en contra ha producido semejante disputa; sin entrar, pues, en ella, y dejando al bello sexo el lugar que se merece, solo diremos que hay algunos hombres que creen que que la naturaleza les ha destinado para ocupaciones, si no incompatibles, a lo menos poco conformes con el cultivo de las letras, y así, aunque respetan como es debido a las mujeres sabias, solo estiman y prefieren a las que, contentándose con cumplir con sus obligaciones, buscan en el estudio la parte necesaria para realzar sus gracias naturales, sin hacer de él su única y principal ocupación.
>
> Se quejan algunas señoras de que en general está muy descuidada la educación literaria de su sexo, y añaden que si tuviesen los mismos medios de instruirse que los hombres, se verían entre ellas Homeros y Platones. También hay personas que dudan de esto, fundándose en que de tantas mujeres como han cultivado las ciencias, son muy raras las que han llegado a sobresalir, quedándose las más en una modesta medianía.
>
> En efecto, parece que han adelantado muy poco o nada en las ciencias abstractas, y en aquellas que piden talentos

superiores, estudios profundos y trabajos consumados; y que solo se han distinguido en las que requieren viveza, sensibilidad, imaginación y gracia, como son la epístola, las novelas, los cuentos y las poesías de género ligero.

Bien sabido es que algunas señoras, sobre todo francesas, han cultivado la poesía dramática; pero también es cierto que sus composiciones ni aun han llegado a la clase de medianas. Madama de Grafigny, autora de las *Cartas peruanas,* ha dado a luz dos dramas intitulados *Cenia* y *La hija de Arístides,* pero de estos dos dramas que pertenecen al género lacrimoso dice un célebre crítico que el primero vale muy poco, y el segundo no vale nada. También parece que la señora Riccoboni, actora del Teatro Italiano de París (actualmente ópera cómica), que ha publicado muchas y muy excelentes novelas, se ha ejercitado en el drama, aunque no con igual suceso. En el día se conoce una célebre actriz trágica, Mlle. Raucourt, la cual ha compuesto un drama en tres actos y en prosa, intitulado *Henriqueta,* pero se puede decir muy bien que esta señora se ha mostrado tan débil en la clase de autora como superior en la de actriz.

No hablaré aquí de Madama Favart, pues se cree que las operetas que se la atribuyen solo tienen de ella el nombre, debiéndose lo demás a la generosidad de su esposo, Mr. Favart, uno de los más fecundos y excelentes autores de la dramática-lírica.

El interés que nos inspiran las mujeres instruidas nos mueve a aconsejarlas que no tengan intimidad en el trato con los hombres sabios, principalmente si son hermosas, pues la malignidad que siempre es astuta y suspicaz, atribuye al instante a la pasión del galán lo que puede ser muy bien parto feliz el ingenio de la dama; habiendo de este modo algunos críticos mordaces tirado a obscurecer la gloria de Madama Riccoboni, y aun de la Señora Condesa de Genlis, fecundísima e infatigable autora de mil novelas *sentimentales.* Pero sea lo que fuere, todas estas damas y otras varias se habían contentado con componer en prosa lisa y llana sencillos dramas, género al parecer no difícil, como lo prueba la multitud de los que se publican todos los días; mas no conocemos alguna que haya tenido ánimo para calzarse el coturno trágico, gloria que parece estaba

> reservada a nuestra nación. Así pues, podemos alabar el ingenio natural, el entusiasmo y, sobre todo, la noble arrogancia de la autora de *Ali-Bek*, pues todo esto es necesario para componer una tragedia completamente original, en cinco actos, en versos corrientes, y en donde están guardadas las tres unidades (*Memorial literario*, 10, 1802. Las cursivas pertenecen al texto original).

Incluso dejando aparte la venenosa recomendación de que las mujeres instruidas no tengan intimidad con hombres sabios, con que se da a entender que son los hombres quienes escriben las obras de las mujeres, el texto es un modelo de doblez. El mismo hecho de que, para criticar una obra —crítica inmisericorde, por otra parte— se haga un extenso prólogo para desdeñar la capacidad de una mujer a la hora de escribir algo serio, que requiera talentos superiores, muestra bien a las claras la misoginia que se esconde debajo de las continuas protestas acerca del aprecio que al redactor merecen las escritoras.

El *Memorial literario* se destacó siempre por ser enemigo de María Rosa de Gálvez, seguramente por ser este medio un defensor acérrimo de la estética clasicista, que la autora no siguió con el rigor que pretendían los puristas. Lo que resulta asombroso es que argumentos semejantes a los de Ezcurra y Olive aparezcan, también como un prólogo, en la reseña —presuntamente elogiosa— de las *Obras poéticas* de María Rosa que hizo su amigo, Manuel José Quintana, en el periódico liberal y anticlásico *Variedades de Ciencias, Literatura y Artes:*

> La cuestión de si las mujeres deben o no dedicarse a las letras nos ha parecido siempre, demás de maliciosa, en algún modo superflua. Los ejemplos son tan raros, y *tienen ellas tantas otras ocupaciones a que atender más agradables y más análogas a su naturalez y sus costumbres que no es de temer que el contagio cunda nunca hasta el punto de que falten a las atenciones domésticas a que se hallan destinadas,* y de que los hombres tengan que partir con ellas el imperio de la reputación literaria. No se ha manifestado bien hasta ahora qué tenga de

perjudicial ni de ridículo el que algunas pocas den al cultivo de su razón y de su espíritu las horas que otras muchas gastan en disipaciones frívolas; y por último, la lista numerosa de las mujeres ilustres que se han distinguido, no solo en las artes y las letras, sino también en las ciencias, responde victoriosamente a los que les niegan abiertamente la posibilidad de sobresalir, y les cierran el camino de la gloria. (Transcrito por Julia Bordiga, 2003, págs. 160-161. La cursiva es mía.)

En la época en que escribió María Rosa de Gálvez las polémicas literarias eran terriblemente mordaces. Bajo la capa de salvaguardar la razón y las reglas que la propia naturaleza impone a la creación literaria se pasaba continuamente del debate a la descalificación, a la sátira y a la caricatura. En este mundo sin piedad María Rosa de Gálvez tuvo, además, el inconveniente de ser mujer. De su carácter indomable es muestra el que no solamente decidiera contra viento y marea dedicarse a la labor literaria, sino que desarrollara una poética cuyo eje es la mujer y su mundo.

¿Una poética feminista?

La cuestión acerca de si se puede hablar de feminismo en las obras literarias del pasado, antes de que existiera la palabra y el mismo concepto, resulta siempre polémica. En cualquier caso, de lo que no cabe duda es de que la obra teatral de María Rosa de Gálvez aporta siempre una visión distinta a la de sus contemporáneos varones, una visión en la que se plantean los problemas de la mujer o se aporta a la historia conocida un punto de vista femenino.

En sus comedias las mujeres tienen siempre un papel fundamental, cuando no son directamente las protagonistas. En *La familia a la moda,* donde se retrata a toda una familia, la del capitán don Canuto de Pimpleas, toda la trama se centra en la lucha entre Madama de Pimpleas, la esposa del presunto cabeza de familia, y la anciana y rica tía Guiomar, que acaba triunfando e imponiendo su buen sentido a la deriva ruinosa de la familia. Como analiza Helena Establier:

> Sorprende, también, en *La familia a la moda,* que sea la tía Guiomar el personaje más sensato de la comedia, y que su buen criterio y su defensa de las inclinaciones naturales brillen por encima de la estupidez de su hermano, el cabeza de familia, y sean los que consigan llevar a la sobrina, absolutamente plegada a los deseos maternos, a no arruinar su vida con un matrimonio absurdo.
>
> Parece evidente que María Rosa Gálvez traza en sus comedias unos personajes femeninos que, sin complejidad psicológica ninguna, consiguen poner su inteligencia y su bien sentido al servicio de la felicidad propia, y por ende, de la general. Es el hecho de que las mujeres se conviertan en exponentes de la razón y no solo en modelos de virtud y sumisión, el que se perfila como novedad dentro del modelo de la comedia ilustrada, ceñida por lo general al concepto masculino de autoridad y poco proclive a ir más allá de la «escuela de esposas» para mostrar personajes femeninos inteligentes y sensatos (Establier, 2006, pág. 191).

Con más claridad se ve esto en las tragedias de María Rosa de Gálvez, en las que la autora despliega un elenco muy superior de personajes femeninos de complejidad psicológica y todo un repertorio de problemas que afectaban —y afectan— a la mujer. Las tragedias de María Rosa de Gálvez suelen tener como protagonista a una mujer, y cuando no es así, los personajes femeninos tienen una extraordinaria relevancia, como sucede con *Amnón,* recreación de la historia bíblica de los hijos de David, en que Thamar tiene al menos tanta importancia como el que da nombre a la obra. *Zinda* y *Blanca de Rossi* están protagonizadas por mujeres fuertes, heroínas guerreras que combaten en defensa de la libertad de sus pueblos contra la tiranía y la esclavitud. Safo, en la tragedia homónima, es un ejemplo de mujer respetada y venerada por su sabiduría y su obra poética. De todas formas, si estas mujeres pueden servir emplo para la reivindicación de la capacidad de las mujeres para estar al mismo nivel que los hombres, la figura femenina por excelencia en las tragedias es la del personaje que sufre la violencia masculina en todos sus aspectos.

Ya Daniel S. Whitaker, en un artículo temprano (1992), analizó la importancia que tiene en la dramaturgia de María Rosa de Gálvez la figura de la mujer violada, centrándose en *Amnón, Florinda* y *Blanca de Rossi.* «Taken as a whole, these plays form one of the most thorough literary inquiries of the Spanish Enlightenment into the topic of the sexual abuse of women by men» (Whitaker, 1992b). Más radical es el análisis de Julia Bordiga, que considera el estupro, «ya sea este real o figurado», la clave de toda la producción trágica de la autora (Bordiga, 2003, páginas 84-100). Lo cierto es que María Rosa de Gálvez no trata el tema de la violencia sexual solamente en las tres obras estudiadas por Whitaker. Thamar es violada y más tarde repudiada por su hermano Amnón, Amelia, en *Ali-Bek,* es vendida por su propio padre para ser esclava en un harén, Ángela, en *Zinda,* acepta casarse con Vinter «porque no atropelle mi decoro», Nancy, la protagonista de *El egoísta,* está a punto de morir envenenada por su marido, Blanca de Rossi está siempre en peligro de ser violada por el tirano Acciolino:

> Blanca será mi esposa, y si opusieres
> a mi amor tu fiereza, como esclava
> sufrirá los rigores de la suerte.
> Ley será mi placer; la resistencia
> el rayo del poder la desvanece,
> y yo, para abatir a quien me insulta,
> tengo a mi arbitrio deshonor y muerte.
>
> (vv. 670-676)

Pero, en este sentido, el personaje más significativo es Florinda, la protagonista de la tragedia de su mismo nombre. El tema de la pérdida de España, con la violación de Florinda por parte del rey Rodrigo y la traición del conde don Julián, era un tema ampliamente tratado en el romancero viejo. Como tema secundario aparece constantemente en el teatro neoclásico del XVIII formando parte de la leyenda de Pelayo y el comienzo de la Reconquista. *Hormesinda,* de Nicolás Fernández de Moratín, *La muerte de Munuza,* de Jovellanos, y *Pelayo,* de Quintana, son los tres hitos que marcan la ruta de esta leyenda que se convierte en signo distintivo del nuevo patriotismo fomentado por la Ilustración española. Sin embargo, ninguna otra tragedia anterior se había hecho eco del suceso que está en el origen de todo el ciclo trágico: la violación de Florinda. En *Hormesinda,* Moratín hace que la protagonista evoque con nostalgia los tiempos en que las dos fueron damas de la reina en la corte del rey Rodrigo:

> ¡Ay, cómo yo me acuerdo del pasado
> tiempo feliz en que hasta el rey Rodrigo
> se vio por mi desdén martirizado!
> ¡Cuántas veces de envidia fue tocada
> con desesperación la hermosa y linda,
> aunque infeliz, bellísima Florinda!
> ¡Cuántas veces de mí fue reputada
> por infeliz!

(Fernández de Moratín, 2007, pág. 387.)

Ninguna mención a las razones de esa infelicidad de la linda Florinda. Ni siquiera en la relación que hace Pelayo de la destrucción del ejército godo y la muerte de Rodrigo en la batalla de Guadalete se la menciona. A punto de morir, el rey confiesa a Pelayo:

Mas Dios de mi lascivia por castigo
contra mí levantó cuantas naciones
la media luna en África y en Asia
tremolan en sus bárbaros pendones.

(Fernández de Moratín, 2007, pág. 405.)

María Rosa de Gálvez cambia radicalmente el punto de vista. Como en las piezas de Moratín, Jovellanos y Quintana, su tragedia es un drama en donde se debate acerca de la traición y la lealtad, la pérdida y restauración de España como mito fundacional de la nación. El personaje de Pelayo, el godo sin tacha, enamorado de Florinda y fiel, sin embargo, al rey que ha causado su desgracia, es una figura heroica al mismo nivel que las de las otras tragedias. Sin embargo, lo que distingue a esta de todas las demás es que todo gira alrededor de una mujer, Florinda, seducida, violada y abandonada por el rey, que al volverla a ver trata de renovar su acoso. Víctima de un intento de asesinato por mano de su tío Tulga, acusada por todos de ser la culpable de la pérdida de España, desesperada y abandonada por todos, acaba suicidándose. El personaje sufre una interesante evolución, que refleja con mucha precisión los sentimientos de la mujer violada, que pasa de la afirmación de su inocencia al sentimiento de culpa para acabar dando la razón a todos los hombres que la rodean y que la hacen responsable de la pérdida de España:

> In *Florinda,* the daughter of Count Julián similarly commences with a spirited defense of her innocence, but as the tragedy progresses, she more and more censures her own conduct both in her relation with Rodrigo and in the loss of Gothic Spain to the Moors. In Act II, Florinda firmly and unequivocally asserts that she is not the cause of the unfolding disaster around her, upholding her blamelessness to the respected warrior Tugla: «Lo soy [inocente]; Dios es testigo» (89). Nevertheless, by Act III, Florinda begins to feel that she is the cause of the war between Rodrigo and the

> Arab invaders, confessing that «[...] por mi causa sufren sin remedio / millares de inocentes» (119). The weight of her perceived wrongdoing increases a few moments before her death. The daughter of Count Julián now blames herself instead of her assailant for all that has happened and calls on God to punish her (Whitaker, 1992b)[7].

Varias de las protagonistas de estas tragedias pertenecían a una larga tradición textual y teatral. Thamar había sido objeto ya de la comedia de Tirso de Molina *La violación de Tamar* y de la de Calderón *Los cabellos de Absalón,* pero hay algo en las tragedias de María Rosa de Gálvez que las hace muy de su tiempo. Daniel S. Whitaker, que es quien ha analizado con más detenimiento las tres tragedias de violación, relaciona la frecuencia de la violación en el teatro de nuestra autora con uno de los personajes centrales de la sensibilidad dieciochesca, la protagonista de la novela de Richardson *Clarissa Harlowe* (1748), raptada y violada por el seductor Lovelace.

¿Basta todo esto para considerar feminista a María Rosa de Gálvez? No es la opinión de René Andioc, que valora muy positivamente la obra de la autora «como parto a un tiempo del ingenio de una mujer que tuvo el atrevimiento —plenamente consciente— de hacerse con un nombre en

---

[7] Trad.: «En *Florinda,* la hija del Conde Julián comienza de manera parecida con una encendida defensa de su inocencia, pero conforme avanza la tragedia va censurando su propia conducta más y más, tanto por lo que respecta a su relación con Rodrigo como por lo relativo a la pérdida frente a los moros de la España visigoda. En el Acto III, Florinda afirma decidida e inequívocamente que ella no es la causa del desastre que se está produciendo a su alrededor, defendiendo su inocencia ante Tugla, respetado guerrero: «Lo soy [inocente]; Dios es testigo» (89). Sin embargo, en el Acto III Florinda empieza a percibirse a sí misma como la causa de la guerra entre Rodrigo y los invasores árabes, llegando a confesar que «[...] por mi causa sufren sin remedio / millares de inocentes» (119). El peso de lo que ella percibe como mala conducta aumenta instantes antes de su muerte. Finalmente, la hija del Conde Julián se culpa a sí misma en lugar de a su agresor por todo lo sucedido y ruega el castigo de Dios».

un mundillo literario dominado por el otro sexo, y de una escritora original no desprovista de talento», pero que considera que Guiomar, la protagonista de *La familia a la moda,* está creada para conseguir «un término medio entre la costumbre favorable al sexo fuerte y su propia reivindicación femenil —aún no feminista— tantas veces, si bien prudentemente, formulada» (Andioc, 2001, págs. 98-100).

Evidentemente, la postura de María Rosa de Gálvez no está libre de contradicciones, y se podría, si no fuera sobre todo un problema terminológico, considerarla «femenil, y aún no feminista» pero es necesario atender al análisis más lúcido sobre el feminismo de María Rosa de Gálvez, el de Helena Establier en su artículo titulado precisamente «Una dramaturgia feminista para el siglo XVIII: las obras de María Rosa Gálvez de Cabrera en la comedia de costumbres ilustrada» (Establier, 2006). La argumentación de la profesora Establier parte de la idea de que

> el feminismo es una creación ilustrada, tanto desde el punto de vista teórico, con sus primeras reivindicaciones en nombre de la universalidad de la razón, como práctico, a través de los movimientos pioneros de mujeres en la Revolución Francesa (Establier, 2006, págs. 179-180).

De acuerdo con este planteamiento, la obra de María Rosa de Gálvez no es una simple exposición de figuras femeninas vistas con mayor o menor empatía, sino que

> la interpretación de lo femenino que veremos en las obras de María Rosa Gálvez tiene mucho de feminista, como voz de la conciencia de las propuestas emancipatorias de una Ilustración que, al mismo tiempo, quería ver en la mujer una representación clónica de la Sofía de Rousseau. A esta postura, a veces subversiva de la autora, contribuyen los primeros indicios de una nueva mentalidad que, sin renunciar a sus raíces ilustradas, apuntaba ya en otras direcciones (Establier, 2006, pág 180).

No hay que olvidar que no mucho antes, en 1791 y en la Francia revolucionaria, Olympe de Gouges había publicado la *Declaración de los derechos de la mujer y de la ciudadana,* cuyo primer artículo declaraba: «La mujer nace libre y permanece igual al hombre en derechos» (Biblioteca de Derecho de la UAM). Y en 1792 Mary Wollstonecraft editaba su *Vindicación de los derechos de la mujer,* en donde reclamaba para las mujeres una educación racional que las igualara a los hombres (Wollstonecraft, 2020). Es difícil saber hasta qué punto María Rosa de Gálvez pudiera conocer estos textos, pero no puede caber duda de que conocía el de María Josefa Amar y Borbón que había servido en la polémica sobre la incorporación de la mujer a la Sociedad Matritense citado líneas más arriba.

En todos los casos estamos ante documentos de trascendental importancia para la creación de un feminismo moderno basado en las ideas de la Ilustración. Las obras de María Rosa de Gálvez, con todas sus contradicciones y sus servidumbres a los tópicos literarios y teatrales de su época, se deben encuadrar en este feminismo de raíz ilustrada al que hace referencia Helena Establier.

Una generación rota

El 19 de mayo de 1801 se estrenó en el coliseo del Príncipe la tragedia de un autor joven que alcanzó un extraordinario éxito: se mantuvo once días en cartel con buenas entradas, especialmente el día del estreno, cuando alcanzó los 8593 reales de recaudación. Se trataba de *El duque de Viseo,* de Manuel José Quintana, que ya era conocido como poeta y como periodista. La obra se repuso en el teatro de la Cruz en 1803 y en 1804, con éxito mediano (Andioc y Coulon, 2008). En enero de 1805 Quintana estrenó en el teatro de los Caños otra tragedia, *Pelayo,* que se mantuvo cuatro días en cartel, pero que consiguió entradas altísimas (el domingo 20 de enero recaudó 12 141 reales, la mayor recaudación de la temporada). En enero de 1806 se eligió precisamente esta tragedia para volver a representar en el teatro del Príncipe, reedificado tras el incendio que lo había destruido en 1803. Estuvo siete días en cartel con muy buenas entradas (Andioc y Coulon, 2008).

También estrenó en aquellos años Nicasio Álvarez de Cienfuegos, a quien Quintana recordaba en sus *Poesías* en 1821, dedicándolas «A la buena memoria del virtuoso patriota y eminente poeta D. Nicasio Cienfuegos», y firmaba «Su amigo amantísimo Manuel Josef Quintana». En 1798 había presentado su primera obra, la tragedia *Zorayda,* en el teatro de los Caños del Peral. Se estrenó el 26 de junio y tuvo solamente dos días y una reposición en agosto, lo que suponía una recepción normal en ese teatro, el mayor de Madrid[8]. Más éxito tuvo Cienfuegos con su siguiente tragedia, *La condesa de Castilla,* estrenada en el teatro de los Caños el 23 de abril de 1803 con una entrada de 8150 reales, lo que la convierte en uno de los éxitos de la temporada. Se mantuvo tres días en abril y dos en mayo, con entradas aceptables.

Los dos escritores, los más relevantes de la generación de poetas que habían empezado a descollar en los últimos años del siglo XVIII y principios del XIX, eran bien conocidos de María Rosa de Gálvez, que, como hemos visto, les dedicó varias de sus poesías. También ella, por esos mismos años, empezó a estrenar y a publicar con algún éxito. Podemos, por tanto, considerar a la escritora como partícipe de un grupo generacional (nacidos alrededor de 1770) que vivió en los comienzos de su carrera literaria las perspectivas más halagüeñas y que las vio muy pronto frustra-

[8] No existen datos sobre la recaudación en el teatro de los Caños hasta septiembre de 1802.

das. María Rosa murió en 1806, en plena etapa creativa y cuando ya era una firma habitual en los teatros de la corte. Cienfuegos, que había escrito una oda al general Bonaparte en los momentos de entusiasmo revolucionario, se negó en 1808 a colaborar con los franceses, por lo que fue detenido y deportado a Francia, donde murió de tuberculosis en 1809. Solamente Quintana siguió escribiendo, y lo hizo durante toda su larga vida, hasta ser coronado como poeta áulico en época de Isabel II, pero nunca volvió a estrenar. En 1821, al publicar sus obras dramáticas, Quintana recordaba sus comienzos en el mundo del teatro y cómo estos se habían frustrado por las circunstancias políticas:

> Esta indulgente acogida [a su tragedia *Pelayo*] le obligaba a redoblar sus esfuerzos[9] para hacerse más acreedor a la estimación pública, y justificar con nuevas producciones la consideración que se le dispensaba. Con esta mira, y arrastrado también de su afición a este género de poesía, tenía ya bastante adelantadas tres tragedias, *Roger de Flor, El Príncipe de Viana,* y *Blanca de Borbón;* asuntos en que a catástrofes interesantes y patéticas se reunía la ventaja de poder retratar en grande costumbres y caracteres de pueblos, de tiempos y de personajes muy señalados. La agresión francesa vino, y la revolución estalló. Desde entonces la obligación de atender exclusivamente a trabajos harto diferentes, la necesidad de trasladarse de una parte a otra, y el torbellino bien notorio de infortunios, persecuciones y encierros que el autor ha sufrido, dieron al traste con sus papeles, con los mejores años de su vida, y con todos sus proyectos literarios, que las circunstancias en que hoy día se ve la patria no le consienten renovar. Otros escritores gozarán tiempos más serenos, y serán sin duda más felices (Quintana, 1821, págs. V-VI).

[9] Quintana habla de sí mismo en tercera persona, como «el autor».

Este grupo al que la muerte y la guerra destruyeron, había comenzado a transformar el teatro español de su tiempo. Si bien escriben dentro de las formas neoclásicas, su espíritu está muy lejos de la contención propia de este movimiento y muestran ya un desasosiego existencial que será la marca del Romanticismo. *El duque de Viseo,* que Quintana estrenó con notable éxito en 1801, se puede considerar el primer ejemplo de la estética «gótica» en España. La obra es una «adaptación bastante libre de *The Castle Specter,* de Matthew Lewis, obra popular en los escenarios ingleses a finales del siglo XVIII» (Ríos, 1995, pág. 537). El mismo Quintana lo reconocía en 1821: «Sedujeron al autor unos cuantos pasajes llenos de novedad y de energía que hay en el drama inglés, de donde tomó el asunto de su poema» (Quintana, 1821, pág. III). Matthew Lewis era entonces un novelista de enorme éxito gracias a su novela *El monje,* denuncia de la Inquisición española, lo que le confería un aura liberal muy apropiada para el joven Quintana. La novela gótica, nacida, como muchas novedades del siglo XVIII, en Inglaterra con *El castillo de Otranto* (1764), de Horace Walpole, utilizaba una ambientación terrorífica que pasó también al teatro.

> La abundancia de escenas sangrientas, horrorosas y truculentas, el aparato escénico —sombras, noche, calabozo—, así como un sentimiento excesivo, cautivaron la atención de unos sorprendidos espectadores que estaban ante un auténtico «drama de miedo» (Ríos, 1995, págs. 537-538).

El comienzo del Acto III es una buena muestra de la ambientación gótica que inaugura la tragedia de Quintana:

> *La escena representa un subterráneo obscuro compuesto de varios ramales de bóvedas. Un banco de piedra cubierto de pajas sirve de lecho a Eduardo: junto al banco habrá un poste de donde estarán colgadas las cadenas que le han sujetado: se supone que Eduardo acaba de despertar* (Quintana, 1821, pág. 61).

En cuanto a Cienfuegos, sus tragedias *Zorayda* y *La condesa de Castilla* aúnan una ambientación medieval con una exaltación amorosa que acaba en finales «truculentos y desmesurados» en palabras de Juan Antonio Ríos. Todos estos elementos están igualmente presentes en la obra de María Rosa de Gálvez. En esta edición podrá el lector comprobarlo en el truculento y desmesurado final de *Blanca de Rossi,* así como en el amor desesperado que lleva al suicidio en *Safo.*

Son todos elementos que muy pocos años después serán señas de identidad del Romanticismo. El grupo de Cienfuegos, Quintana y María Rosa de Gálvez, al que habría que sumar algunos otros autores, como Francisco Sánchez Barbero, estaban ya dando los pasos hacia esa nueva estética, que no llegaron a culminar por la muerte o el apartamiento del teatro. En referencia a María Rosa de Gálvez lo afirmaba Daniel S. Whitaker en 1992:

> Gálvez es dramaturga neoclásica de mucho talento que no solo encarna los preceptos de la Ilustración en sus tragedias y comedias, sino que empieza a desarrollar los temas favoritos del teatro romántico, el cual llegará a España después de 1833. Como se ha visto en *La delirante* y otros dramas, su teatro serio lleva las semillas de las constantes más preferidas por el duque de Rivas, García Gutiérrez y Zorrilla: el amor imposible, el destino hostil, el suicidio por un amor fracasado y cierta preferencia por un argumento histórico. No cabe duda [de] que Gálvez es puente entre el Siglo de las Luces y el romanticismo en las tablas españolas (Whitaker, 1992a, pág. 1558).

La Junta de Reforma de Teatros

El estreno de las primeras obras de María Rosa de Gálvez y la publicación de las mismas se enmarca dentro de la reforma teatral que se puso en marcha en toda España —aunque sus efectos se notaron especialmente en Madrid— entre 1799 y 1803. La creación de la Junta de Reforma de Teatros representa el intento más importante de renovar la estructura teatral que se venía arrastrando en España desde los comienzos de la actividad escénica en el siglo XVI, y abría el camino hacia una modernización que terminaría imponiéndose a lo largo del XIX. A pesar de ello, la visión que se ha mantenido sobre esta iniciativa ha sido en gran parte negativa, debido a que «siguen utilizando los estudiosos, con razón, desde luego, pero exclusivamente, el trabajo de Emilio Cotarelo —el cual dedica al tema parte de tres capítulos de su *Isidoro Máiquez,* con documentación de primera mano, pero fluctuante serenidad, digamos» (Andioc, 2005, pág. 570). Esta «fluctuante serenidad» de que habla el erudito francés hace referencia a la obsesión de Cotarelo por analizar todo el teatro del siglo XVIII desde la perspectiva de una supuesta lucha entre el auténtico y castizo teatro español, adorado por el público, y los intentos por parte de una élite clasicista de imponer el gusto francés en nuestra escena. Estudios posteriores, mucho más ponderados, entre ellos el de René Andioc, han mostrado una realidad mucho más compleja que permite valorar lo que tuvo la reforma de positivo.

La idea de reformar el teatro fue constante a lo largo de toda la centuria. Son muy numerosos los planes en este sentido, como aplicación al teatro de todo «un proyecto general de reforma de la sociedad española» (Álvarez Barrientos, 2019, *passim).* Algunos eran iniciativa de gentes de letras apasionados del teatro o simplemente debates que se producían en la naciente prensa, pero en varias ocasiones estuvieron promovidos por las autoridades. La reforma de 1799 fue la más importante de estas y la única que se puso en práctica. El proyecto original era del censor y catedrático de Poética de los Reales Estudios de San Isidro don Santos Díez González, que ya había presentado en 1787 al corregidor de Madrid don José Antonio de Armona un plan de reforma que no llegó a realizarse. En 1799 la situación se presentaba más favorable: desde 1798 ocupaba el cargo de secretario de Estado el reformista Mariano Luis de Urquijo, que en 1791 había publicado un famoso «Discurso sobre el estado actual de nuestros teatros y necesidad de su reforma» en su traducción de *La muerte de César,* de Voltaire, lo que aseguraba el apoyo del gobierno al nuevo plan, redactado por don Santos en 1797. Este contó además con informes favorables de Leandro Fernández de Moratín, a la sazón Secretario de Interpretación de Lenguas, y del corregidor don Juan de Morales, que tenía como secretario a otro partidario de la reforma, el abogado y escritor Francisco Rodríguez de Ledesma, que en 1800 publicaría uno de los primeros manuales para la formación de los cómicos bajo el seudónimo de Fermín Eduardo Zeglirscosac (Doménech, Soria y Conte, 2011).

El nuevo plan se aprobó por Real Orden del 23 de noviembre de 1799, y en ella se nombraba como director a Leandro Fernández de Moratín. Este, no obstante, dimitió el día 25, quedando simplemente como vocal de la Junta de Reforma encargado de la corrección de comedias antiguas. Era la primera de una serie de dimisiones, destituciones, zancadillas y luchas por el poder que acabaron rompiendo la Junta, en la que quedó como figura principal hasta su disolución, el 1 de marzo de 1803, Santos Díez González en el puesto de censor (Andioc, 2005).

Una de las principales preocupaciones de Junta, común a todos los proyectos ilustrados de reforma del teatro, era la desaparición de la escena de las comedias «monstruosas» que formaban el repertorio de los teatros y sustituirlos por dramas arreglados que sirvieran para la educación de público. Jovellanos, en su famosa *Memoria sobre espectáculos y diversiones públicas,* leída ante la Real Academia de la Historia en 1796, lo expresaba con toda crudeza:

> La reforma de nuestro teatro debe empezar por el destierro de casi todos los dramas que están sobre la escena. No hablo solamente de aquellos a que en nuestros días se da una necia y bárbara preferencia. [...] Hablo también de aquellos justamente celebrados por nosotros, que algún día sirvieron de modelo a otras naciones y que la porción más cuerda e ilustrada de la nuestra ha visto siempre y ve todavía con entusiasmo y delicia. [...]
>
> Es por lo mismo necesario sustituir a estos dramas otros capaces de deleitar e instruir, presentando ejemplos y documentos que perfeccionen el espíritu y el corazón de aquella clase de personas que más frecuentará el teatro (Jovellanos, 1998, págs. 200-201).

El problema que tenían los reformistas era la falta de un nutrido grupo de obras «capaces de deleitar e instruir» que pudieran sustituir al repertorio de los coliseos madrileños, formado en parte por obras de ingenios del Siglo de Oro, en parte por comedias de gran espectáculo, como las de magia y las comedias militares, y en otra parte comedias de dramaturgos «populares» odiados por los rígidos neoclásicos entre los que se encontraba Díez González. Proponía este en su reforma fomentar la escritura de obras originales mediante premios y derechos de autor, así como una escrupulosa selección y censura de las obras que se iban a poner en escena por parte de la Junta de Reforma:

> El modo, pues, de gratificar a los poetas según el mérito de sus composiciones, o conforme a los intereses que rinda su representación, será el asignarles un tanto por ciento del producto de las entradas, con lo cual se logra que el poeta quede remunerado con proporción a la mayor o menor utilidad que se hubiere sacado de su obra. De manera que si la representación de ella dura ocho días, tendrá más premio que la que dure dos; y la que fuere gritada y reclamada por el pueblo no logrará premio ni gratificación alguna. Y de este modo se consigue premiar a los poetas con honor, liberalidad, equidad y justicia, siendo el mismo concurso de

espectadores el juez que distribuye los premios, ya que es el que los paga con sus contribución a la entrada. [...]

Y por cuanto el premio destinado a los poetas no debe consistir en un interés árido y estéril, sino en que sirva de estimulo para otros y de avivarles el deseo del honor y celebridad que merecen por sus escritos, soy de parecer que a todo compositor dramático se le conserve por diez años el derecho y propiedad de sus obras en cuanto a su uso en los teatros, de suerte que todas cuantas veces se repitan en la escena perciban el tanto por ciento del producto de entradas, y que tengan el mismo derecho de exigir estos intereses en los demás teatros fijos del Reino, donde no deberán representarse, durante el espacio de dichos diez años, sin permiso del poeta compositor. Este deberá ceder a los teatros el derecho de imprimir sus dramas y venderlos para utilidad de los mismos teatros, que por mando del mismo censor (a cuyo cargo debe pertenecer) se esmerarán en hacer buenas impresiones y formar poco a poco un número de volúmenes que merezcan titularse *Teatro español,* con el juicio crítico de cada pieza dramática y otras notas o advertencias que pareciesen oportunas al censor, quien para este fin oiría a los autores con quienes iría de acuerdo (Díez González, 1797).

Era un proyecto del buen censor desde antiguo, ya que en febrero de 1789 le había comunicado al corregidor Armona su idea de cómo debía constituirse esta colección:

La colección debería ser de tres clases: la primera de *Tragedias Originales Españolas:* la 2.ª de *Tragedias* que los modernos llaman *Urbanas,* también *Originales Españolas:* y la tercera de *Comedias Originales Españolas*. Cada tomo en sus respectivas clases podría constar de cuatro o seis Piezas de las cuales cada una debería tener al principio una lámina decente en que estuviese estampado el pasaje o situación más principal, como es la *Catástrofe;* luego un Prólogo del Corrector, el Argumento del Drama, y en el cuerpo de este las Notas críticas que se tuviesen por convenientes, siguiendo en esto la hermosa Edición de París del teatro de

> *Cornelio*[10]. La antigua y célebre Tragedia Española titulada *La Celestina,* que ha sido traducida en todas las lenguas vivas de Europa, y aun en la Latina, y la primera que estimuló los Extranjero[s] a reformar sus teatros, debería ser la que diese principio al primer tomo de la clase de tragedias, no tanto por su mérito intrínseco como por haber sido la que despertó el buen gusto de los Extranjeros (Díez González, 1789).

De acuerdo con estos principios, la Junta de Reforma tuvo a su cargo la programación de los teatros durante tres temporadas, desde la de 1800-1801, y publicó una colección, *Nuevo Teatro Español,* de la que aparecieron seis volúmenes, en donde se editaban varias de las obras representadas en los coliseos madrileños. Entre ellas estaban las primeras obras estrenadas y publicadas por María Rosa de Gálvez. En 1801, durante la segunda temporada de la Junta de Reforma, estrenó *Ali-Bek, Un loco hace ciento, Catalina o la bella labradora* y *Safo,* y en 1802 *La intriga epistolar.* Tres de ellas, *Ali-Bek, Un loco hace ciento* y *Catalina o la bella labradora,* se publicaron en el tomo V del *Teatro Nuevo Español,* la publicación oficial de la Junta editada, según todos los indicios, por Santos Díez González. ¿Fue, por tanto, una escritora nacida a la sombra del poder y favorecida por el gobierno, detrás del que estaría su presunto amigo Godoy? Nada autoriza a pensarlo. La Junta necesitaba urgentemente nuevas obras para rellenar una programación que pretendía fuese un modelo de escritura clásica y a la vez incorporase los nuevos modelos que triunfaban en Europa. María Rosa de Gálvez, con su extraordinaria fecundidad creadora y su formación clásica, se ajustaba a lo que necesitaban los reformadores, entre los cuales la voz cantante era la del censor don Santos Díez González. En cuanto a Godoy, no era precisamente un entusiasta de la

---

[10] *Cornelio.* Pierre Corneille, con su apellido castellanizado.

Junta, que debió su creación, fundamentalmente, a Mariano Luis de Urquijo. Esto no supone que la reforma fuese un hecho indiferente en la carrera teatral de María Rosa de Gálvez.

Es muy probable que la formación de la Junta y la perspectiva de una reforma de los teatros esté detrás de la decisión de María Rosa de Gálvez de estrenar, y con toda seguridad aceleró la producción de dramas originales y de traducciones de obras francesas. Parte de estos dramas debían de estar ya escritos, pero posiblemente para un ámbito doméstico, como había sucedido con otras escritoras de su entorno. La creación de la Junta, la posibilidad de estrenar sus obras en los coliseos madrileños dentro de una programación muy coherente con sus postulados estéticos y políticos fueron los acicates que decidieron a María Rosa de Gálvez a dar el paso que la llevaría a ser la autora más estrenada de su tiempo.

Una vez dado el primer paso, la desaparición de la Junta en 1803 no impidió que María Rosa de Gálvez siguiera estrenando en los teatros madrileños. Nada más acabar el mandato de aquella, estrenó *Bión,* y siguió escribiendo para la escena en los años siguientes. En 1805 Isidoro Máiquez, notorio enemigo de la Junta de Reforma (aunque muy cercano ideológica y estéticamente a ella), eligió su comedia *La familia a la moda* para abrir la temporada en los Caños del Peral, el teatro que más se había resistido a las presiones de la Junta.

Entre los miembros de esta, y uno de sus promotores, estaba Leandro Fernández de Moratín. Varios estudiosos se han preguntado cuál fue la relación de *Inarco Celenio* con María Rosa de Gálvez, toda vez que coincidieron durante años en los mismos ambientes en Madrid (Moratín perteneció sin duda al círculo de Godoy) y tuvieron que conocerse al menos durante los años de la Junta de Reforma. Sin embargo, no hay ninguna constancia de posibles encuentros entre ambos escritores, ni siquiera una mención a María Rosa en el *Diario* de Moratín. La única relación que se ha encontrado, precisamente en ese *Diario,* es la asistencia de Leandro a algunos estrenos de la autora. Pero hay que tener en cuenta que durante esos años la asistencia de Moratín al teatro era casi diaria, y veía tanto las obras que le agradaban como aquellas que le «apestaban». Julia Bordiga afirma que asistió dos días seguidos a la representación de *Safo:* «Fue representada con bastante éxito en el coliseo de la Cruz los días 4, 5 y 6 de noviembre de dicho año [1801]— Moratín asistió a la función los días 4 y 5» (Bordiga, 2003, pág. 79). De ser así, el hecho revelaría un inusitado interés de Moratín por la obra de María Rosa, pero se trata de un error: en realidad, como señalan Andioc y Coulon (2008), la obra se representó solamente dos días, y el día 4 Moratín estuvo en el coliseo del Príncipe, no en el de la Cruz, donde se representaba *Safo* (Fernández de Moratín, 1967, pág. 264).

Es muy posible, por otra parte, que Moratín no tuviera ningún aprecio por la obra poética de María Rosa de Gálvez. De hecho, estaba enfrentado al círculo de Quintana (que a su vez odiaba a Moratín) y se burló de la altisonante poesía de los nuevos vates en su *Epístola a Andrés,* de la que él mismo explicó que

> Para manifestar los defectos de lenguaje y estilo en que han incurrido algunos poetas modernos, imaginó el autor que el medio más breve era componer un centón de muchas de sus frases y versos (Fernández de Moratín, 1995, pág. 384).

El resultado es un poema de incuestionable comicidad en donde Pérez Magallón, su moderno editor, ha encontrado, citados textualmente, versos y expresiones de Meléndez Valdés, Quintana y Cienfuegos:

El hombre es solo quien guarnece al hombre,
mi buen Andrés. No marques en oprobio
tu vivir breve: al sexual cariño
el brutal apetito rinda el cetro,
y cubre con tu mano tu deshonra.
Que en cuanto vieres navegar los astros,
verás, ¡ay! ¡ay! ¡ay! ¡ay! que es llanto el gozo,
que las pasiones para siempre yacen,
yacen, si, yacen, a la tumba lleva
el frío del no ser; entre orfandades
pasea en espectáculo profundo
la muerte el carro, y propicio no puede
más al mortal que suspirar deseos.

(Fernández de Moratín, 1995, pág. 383.)

El teatro trágico de María Rosa de Gálvez tampoco debía de ser del gusto del clasicista Moratín, a quien espeluznaban las escenas de horror, asesinatos, venenos, cárceles y panteones que aparecen en las obras de Quintana, Cienfuegos y María Rosa. En su *Viaje a Italia,* donde Leandro dejó constancia del que realizó entre los años 1793 y 1796 por la península italiana, apuntó y comentó todas las comedias que tuvo ocasión de ver. Entre ellas, un «drama lúgubre» al que asistió en el teatro San'Angelo, de Venecia:

> San'Angelo: *I sepolti vivi*[11]. Drama lúgubre, en cinco actos. El interés de la acción empieza a decaer al principio del tercero, y se dilata inútilmente el desenlace a fuerza de accidentes imposibles y de inconsecuencias. El estilo ni es trágico ni es cómico, es el que tenía el autor, no el que corresponde a los personajes; exclamaciones, sentencias, furor continuo, retazos pedantescos, situaciones de extremo dolor, que, cuando se repiten, se inutilizan. El principal actor lo hizo bastante bien: lloraron las tiernas damas, y el drama es pési-

[11] Probablemente se trata del drama publicado en Venecia en 1801, firmada por N.N.

mo. Desde que faltó, con Goldoni, la gracia cómica, se han llenado los teatros de Italia de comedias lloronas, que anuncian solo la decadencia del arte y la escasez de grandes talentos, y en vez de pintar las costumbres, los vicios, las ridiculeces nacionales, en alegres fábulas que instruyan y deleiten, se han apoderado del teatro los milores y miladys ingleses, los emperadores, viajeros incógnitos y los acampamentos prusianos; venganzas atroces, desafíos, venenos, cadáveres, consejos de guerra, arcabuceados, subterráneos espantosos, hambres, desolación, furores inauditos, pistoletazos, suicidios, terror, violencias, y la pobre Talía llora, que no tiene consuelo (Fernández de Moratín, 1991, págs. 423-424).

Algo más podría apreciar de las comedias de la autora, que siguen la línea neoclásica del propio Moratín y que han hecho que algunos críticos la consideren una imitadora suya. Pero, si hubo algún aprecio en ese sentido, nunca lo manifestó. María Rosa de Gálvez contó con el apoyo de la Junta de Reforma porque su teatro correspondía a lo que pedían los reformadores. Si tuvo algún valedor dentro de la Junta, este sin duda fue el censor Santos Díez González, que en sus censuras siempre manifestó, aunque sin entusiasmo, su aprobación por las obras de María Rosa, «fruto no despreciable del ingenio de una mujer».

Entre el rigor clasicista y la pasión romántica

En 1757 el filósofo y político Edmund Burke publicó un libro llamado a tener una larga influencia en la reflexión sobre estética de su tiempo, especialmente a raíz del comentario que en 1790 hizo Immanuel Kant en su *Crítica del juicio.* La obra de Burke se titulaba *Indagación filosófica sobre el origen de nuestras ideas acerca de lo sublime y de los bello.* Partiendo de una concepción empirista enraizada en la filosofía de Locke, Burke analizó las sensaciones que producen los objetos para descubrir en qué consiste realmente la belleza. Sus conclusiones eran demoledoras para la estética clásica, ya que negaba que la belleza se deba a la proporción o a la perfección, sino a ciertas características objetivas entre las que destaca la pequeñez, la lisura o la delicadeza.

Sin embargo, lo más importante en la obra de Burke es que estableció una diferencia radical entre lo bello y lo sublime. Lo sublime, que hasta entonces se había considerado la más alta cima de la perfección estética, para el escritor inglés era un concepto radicalmente distinto del concepto de belleza, y estaba basado en el temor, que a su vez procede de la oscuridad, el poder, la privación, la infinitud y, en general, todo aquello que suspende el ánimo por su grandeza:

> La pasión causada por lo grande y lo sublime en la naturaleza, cuando aquellas causas operan más poderosamente, es el asombro, y el asombro es aquel estado del alma en el que todos sus movimientos se suspenden con cierto grado de horror. En este caso, la mente está tan llena de su objeto que no pude reparar en ninguno más, ni, en consecuencia, razonar sobre el objeto que la absorbe. De ahí nace el gran poder de lo sublime, que, lejos de ser producido por nuestros razonamientos, los anticipa y nos arrebata mediante una fuerza irresistible. El asombro, como he dicho, es el efecto de lo sublime en su grado más alto; los efectos inferiores son admiración, reverencia y respeto (Burke, 2001, pág. 42).

Esta concepción, que daba un nuevo soporte filosófico y psicológico a la tragedia, el más noble de los géneros de la poética clásica, suponía un nuevo papel para el arte dramático: si se quería alcanzar lo sublime, era necesario conmover al espectador con emociones fuertes que suspendieran su razonamiento y lo embargaran con sentimientos de terror. De ahí la búsqueda de escenarios lóbregos, de la preferencia por la noche y lo terrorífico, y, sobre todo, como quería Burke, por la presencia de un poder omnímodo que podía aplastar a los personajes sin dar cuenta a nadie de su desmesura.

Burke no estaba solo en su nuevo concepto de la estética que se alejaba de lo racional para entrar en el mundo de lo imaginativo. Como ha estudiado María José Rodríguez Sánchez de León, el empirismo inglés y la filosofía de la sensación de Condillac fomentaron «posibilidades explicativas del hecho literario más allá de las fijadas por la lógica aristotélica», y concretamente, la de un nuevo concepto, el de lo «bello sensible», es decir, la «belleza percibida mediante el sentimiento» (Rodríguez Sánchez de León, 2014, págs. 56-57). Esta nueva estética rechaza la idea del arte como *imitación* propia de la doctrina aristotélica y prima nociones como *invención, entusiasmo* o *genio:*

> En el siglo XVIII se reconoce una relación de exigencia mutua entre belleza y genio de modo que la primera ya no es objeto de una *techné* ni tampoco de un conocimiento racional de la naturaleza. Como bien supieron explicar los empiristas, si conseguir la belleza depende de la genialidad del artista, esta es resultado de una invención (Rodríguez Sánchez de León, 2014, pag. 59).

Todas estas ideas se plasmaron muy pronto en un movimiento que nació en Alemania en pleno auge de las ideas ilustradas. En 1776 Friedrich Maximilian Klinger estrenó un drama titulado *Sturm und Drang (Tormenta e ímpetu).* Dos años antes el joven Johan Wolfgang Goethe había publicado *Las penas del joven Werther,* novela que se convirtió en un fenómeno editorial en toda Europa. Goethe, Herder, Lenz fueron los teóricos de este movimiento que influyó en una gran cantidad de artistas, especialmente en los campos de la literatura y la música: hoy en día se considera que pertenecen al *Sturm und Drang* obras de Mozart, Haydn y Carl Phillip Emmanuel Bach. El movimiento rechazaba las estrictas normas del neoclasicismo y ponía el interés en la exaltación del sentimiento, la libertad creativa y la valoración del genio como expresión genuina de la naturaleza. En 1773 escribía Lenz a propósito del teatro francés y sus estrictas reglas:

> La naturaleza es multiforme en todos sus efectos; la rutina en cambio es simple. Solo el aliento de la naturaleza y la chispa del genio son los que de vez en cuando nos reconfortan con pequeños cambios (Rohland y Vegga, 2004, pág. 295).

El *Sturm und Drang* ponía en primer plano las nuevas concepciones del arte que desde comienzo de siglo habían producido un intenso debate en el mundo filosófico acerca del papel que las emociones y las pasiones jugaban en la creación artística. Para los pensadores ilustrados,

> el creador debía aspirar a alcanzar la excelencia artística, constituida por lo sublime en el arte y la poesía, y también a conmover a sus semejantes por medio de la representación de afectos verdaderamente intensos, a menudo tan intensos como los que él mismo experimentaba durante el proceso de creación y el espectador a lo largo de la vida (Rodríguez Sánchez de León, 2013, pág. 106).

Las nuevas concepciones estéticas no se limitaron a Alemania e Inglaterra. En Venecia el abate Saverio Bettinelli publicó en 1780 un largo tratado sobre el *entusiasmo* considerado como la base de la creación artística:

> L'Entusiasmo per buona parte è la fantasia nel più forte di sua azione: che è dunque Fantasia? [...] Per noi sta nella facoltà di vedere, e trovar prestamente, e moltiplicare le sole relazioni sensibili e apparenti degli oggetti. Or s'è così, quanto più forte è tal facoltà, tanto più le relazioni, che trova, sarán chiare e spontanee, e tanto più evidente saranno le imagini d'esse composte: en in ciò fare l'anima pro-

> verà un piacere proporzionato allá forza e all effetto di sua fantasia (Bettinelli, 1780, pág. 384)[12].

Esta valoración del genio, del entusiasmo y de las pasiones, que el *Sturm und Drang* colocó en el centro de sus creaciones, puso las bases de la nueva estética que, difundida por toda Europa en los primeros años del siglo XIX, daría lugar al Romanticismo.

> La literatura de las pasiones digamos que genera un nuevo ideal del placer estético en el que se cede terreno a lo psicológico y lo antropológico frente a lo meramente poético. Frente al objeto irreal o imaginado el sujeto contemplativo siente el placer en la medida en que se siente afectado por el objeto artístico, siente un *placer sentimental,* que, para que sea artístico, ha de acompañarse del distanciamiento que le procura el hecho de enfrentarse a una obra artificial, falsa o fingida. En otras palabras, se produce una identificación simpatética que nos pone en el lugar del otro, que permite admirar o compadecerse del protagonista. Se inicia así un camino nuevo que conduce hacia la individuación de la experiencia estética que recorrerá la modernidad (Rodríguez Sánchez de León, 2013, pág. 113).

La relación entre el Romanticismo y la Ilustración ha dado lugar a dos corrientes bien definidas dentro de la tradición crítica española. La más difundida es la que considera que tanto la Ilustración como el Neoclasicismo son doctrinas basadas en la razón y que por lo tanto son prácticamente

---

[12] Trad.: «El Entusiasmo es en gran medida fantasía en su más sólida expresión, pero ¿qué es la Fantasía? [...] Para nosotros, reside en la facultad de advertir, aprehender rápidamente y multiplicar las relaciones sensibles y aparentes entre los objetos. Ahora bien, si esto es así, cuanto más poderosa sea dicha facultad, más limpias y espontáneas serán las relaciones que se encuentren, y más claras resultarán las imágenes que de ellas se componen: al hacer esto el alma experimentará un placer proporcional a la fuerza y efecto de su imaginación».

equivalentes y opuestas al desbordamiento de la pasión propio del Romanticismo. La otra corriente, promovida por Russell P. Sebold (1983), considera que existe un Romanticismo de la Ilustración, nacido hacia 1773, que sustituiría el culto a la razón por la exaltación del sentimiento. Una visión comprensiva de ambas tendencias es la que expone Joaquín Álvarez Barrientos en su ensayo *Ilustración y Neoclasicismo en las letras españolas.* Después de rechazar la idea de que Ilustración y Neoclasicismo sean equivalentes, y refiriéndose al caso español en los últimos años del siglo XVIII, argumenta:

> Es indudable que la presencia de la filosofía sensista y del sentimentalismo abrió una nueva vía de expresión, más emocional, y que en las décadas de entre siglos se gestaron dos grupos, el de Quintana, más innovador, y el de Moratín, más conservador, que, en cierto modo, se articularon respecto de su sensibilidad hacia el nuevo gusto que producía esa filosofía y la apertura del sistema clasicista, pero esto no parece suficiente para hacer pensar que nos hallamos ya ante la literatura romántica (Álvarez Barrientos, 2005, pág. 194).

María Rosa de Gálvez pertenecía al grupo innovador liderado por Quintana que cita Álvarez Barrientos. Era un grupo que estaba al tanto de las novedades europeas, que a menudo encontraron cabida en los periódicos españoles (Doménech, Soria y Conte, 2011, págs. 37-50). Formados en la escuela neoclásica, su escritura estaba marcada por las normas de esta rigurosa poética. Sin embargo, a la vez no podían dejar de conocer los debates sobre los nuevos géneros que se estaban dando en toda Europa.

Los nuevos géneros dramáticos. La tragedia urbana

En su *Discurso sobre la poesía dramática,* publicada en 1758 en Amsterdam junto con *El padre de familia,* Denis Diderot se atrevía a formular una nueva distinción de géneros que sustituyera a la antigua división entre tragedia y comedia que se remontaba a Aristóteles y que se había convertido en la base de todas las poéticas clasicistas, que por entonces dominaban la preceptiva teatral en Francia. Tras defender el punto en que se encontraban sus propias obras dramáticas, la citada *El padre de familia* y la anterior *El hijo natural,* establecía una nueva jerarquía de géneros teatrales:

> Este es, pues, el sistema dramático en toda su extensión. La comedia cómica que tiene por objeto las ridiculeces y los vicios. La comedia seria, cuyo objeto son las virtudes y los deberes del hombre. La tragedia que tiene por objeto nuestras desgracias domésticas. La tragedia que tiene por objeto las catástrofes públicas y las desgracias de los grandes (Diderot, 2009, pág. 149).

Un poco antes, había manifestado su intención de escribir alguna vez una tragedia de «desgracias domésticas»: «Y si alguna vez tengo tiempo y ánimo, no renuncio a componer un drama que se sitúe entre el género serio y la tragedia» (Diderot, 2009, pág. 149). Sin embargo, tal proyecto no llegó a realizarse, o al menos no ha llegado a nuestras manos. Dedicado como estaba a la defensa de su propia obra, se centró en la definición del «género serio», que viene a ser lo que hoy en día llamamos el «drama burgués». De ahí que las observaciones sobre este nuevo género sean escasas y extraordinariamente inconcretas:

> La tragedia doméstica tendría la dificultad de ambos géneros: producir el efecto de la tragedia heroica y formar el plan de arriba abajo, como en la comedia. A veces me he preguntado si la tragedia doméstica podía escribirse en verso, y sin saber muy bien por qué, me he contestado que no (Diderot, 2009, pág. 176).

Sin embargo, a pesar de esta vaguedad, había lanzado a la arena un nuevo género que no haría sino crecer en los años siguientes. Probablemente uno de los primeros en seguir y defender este nuevo género fue el alemán Gotthold Ephraim Lessing, quien creó una auténtica tragedia urbana en *Miss Sarah Sampson.* Estrenada esta obra en el Teatro Nacional de Hamburgo, el crítico la defendía con estas palabras en el capítulo XIV de su *Dramaturgia de Hamburgo,* con fecha del 16 de junio de 1767:

> Los nombres de príncipes y héroes pueden dar pompa y majestad a una pieza teatral; pero en nada contribuyen a la emoción. La adversidad de aquellos cuyas circunstancias tienen con las nuestras la mayor afinidad debe penetrar lógicamente en nuestras almas con la máxima profundidad; y si sentimos compasión por los reyes, la sentimos porque son seres humanos y no por el hecho de ser reyes. Si su condición confiere a menudo más importancia a sus contratiempos, no por ello los hace más interesantes. Es cierto que pueden involucrar a pueblos enteros; nuestra simpatía reclama, no obstante, un objeto único, y un Estado es un concepto excesivamente abstracto para nuestros sentimientos (Lessing, 1993, pág. 138).

Muy pronto se produjo una polémica en donde, frente a Diderot, Lessing y Beaumarchais, se colocó Voltaire como máximo defensor de la ortodoxia clasicista. Los ecos de la polémica llegaron sin duda a España e Italia, pero hasta unas décadas más tarde no hay aportaciones españolas en uno u otro sentido. La discusión sobre el nuevo género estaba en España contaminada por el debate sobre la tragicomedia, que venía dándose desde la defensa que hizo de ella Lope de Vega en el *Arte nuevo de hacer comedias,* en 1609. Luzán, que llegó a conocer la *comedie larmoyante* en París, no le dedicó una sola línea al género serio en su *Poética,* ni en la edición de 1737 (algo lógico, ya que Diderot no había publicado sus textos teóricos) ni en la de 1789, editada por Eugenio Llaguno con los añadidos y correcciones del propio Luzán.

Sería en 1782 cuando un autor español diese una opinión fundada sobre la tragedia urbana. Pero no sería en España, sino en Italia. El jesuita expulsado Juan Andrés, que se había establecido en Mantua, protegido por el marqués Bianchi, publicó en aquel año el primer tomo de su obra magna, *Dell'Origine, progressi e stato attuale d'ogni letteratura,* en Parma. En los años siguientes, hasta 1799, publicaría los siete tomos de esta obra, de la que saldría una nueva edición revisada por el autor, en ocho tomos, en Roma, de 1808 a 1817. La obra del abate Andrés suponía el primer intento de hacer una historia comparada de la literatura y las ciencias, creando las bases de lo que sería hoy día la Literatura universal.

Muy pronto se conoció en España la obra de Juan Andrés, y entre 1784 y 1806 Antonio de Sancha publicó la traducción de su hermano Carlos Andrés con el título de *Origen, progresos y estado actual de toda la literatura.* En el tomo IV, publicado en Madrid en 1787, en su capítulo IV, Juan Andrés abordaba el problema de la tragedia urbana aludiendo a la polémica que se había vivido en Francia unos años antes:

> La comedia seria y la tragedia urbana, que han tenido y tienen al presente tantos secuaces, han encontrado también muchos contrarios: Voltaire y otros muchos poetas y críticos de la Francia y de otras naciones han levantado el grito contra estos dramas y han hecho burla de ellos dándoles los sobrenombres de composiciones bastardas, de dramas hermafroditas y otros semejantes, y despreciándolos como una novedad malamente introducida en el teatro. Diderot y Beaumarchais se han dedicado a defender este nuevo género de poesía, que ellos con sus fatigas habían procurado ilustrar (Andrés, 1787, págs. 355-356).

La postura del erudito español es francamente favorable a esta nueva fórmula dramática.

> En efecto, yo no veo por qué se ha de despreciar una composición teatral que, bajo cualquier nombre que se le quiera poner, sabe muy bien herir el corazón con apasionados afectos e inspirar una útil moralidad, y que tal vez logra más cumplidamente el fin deseado del teatro de deleitar e instruir de lo que lo hacen la heroica tragedia y la burlesca comedia. El *Edipo,* la *Electra,* el *Hipólito,* la *Ifigenia,* y casi todas las más celebradas tragedias, tanto antiguas como modernas, hieren el corazón sin ilustrar el entendimiento ni mover la voluntad (Andrés, 1787, pág. 356).

La defensa del abate Andrés caló hondo en algunos de los estudiosos de la época. Concretamente, en uno de los más influyentes, dada su categoría de catedrático de Retórica y Poética de los Reales Estudios de San Isidro y su cargo de Censor de Teatros. Don Santos Díez González publicó en 1793 su tratado de poética titulado *Instituciones poéticas, con un discurso preliminar en defensa de la poesía y un compendio de la historia poética o mitológica, para inteligencia de los poetas.* El censor, que sería pocos años más tarde la figura principal del plan de reforma de los teatros que se llevó a cabo de 1799 a 1803, dedicó el capítulo II de su libro a «la Tragedia que llaman Urbana». En él hace un detenido análisis basado en las opiniones de Andrés, al que cita con elogio en su estudio:

> El Señor Abate Don Juan Andrés satisface a esta censura con que el mérito de una Poesía no debe medirse por su mayor o menor facilidad, sino por la instrucción, y mayor o menor placer que ella produce: añadiendo que la *Tragedia Urbana* no requiere poco fondo de ingenio, elocuencia y filosofía; porque hiere el corazón, e instruye en buena moral; y por tanto, no es tan fácil como les parece a estos críticos (Díez, 1793, pág. 112).

Críticos entre los que se encuentra el más ilustre de ellos, Voltaire. Sin embargo, le basta una simple ironía para desechar sus reparos: «Para que Voltaire hablase mal de cualquier descubrimiento literario, no era menester más que el que no fuese suyo» (Díez, 1793, pág. 111).

Como buen catedrático, don Santos incluye, en la Sección II de su estudio una definición de la tragedia urbana:

> Digo, pues, que la Tragedia Urbana es Imitación dramática en verso de una sola acción entera, verisímil, urbana y particular, que excitando en el ánimo la lástima de los males ajenos y estrechándolo entre el temor y la esperanza de un éxito feliz, lo recrea con la viva pintura de la variedad de peligros a que está expuesta la vida humana, instruyéndolo juntamente en alguna verdad importante (Díez, 1793, pág. 113).

La obra de Juan Andrés no solamente tuvo influencia en los estudios de Poética en España. Su influjo más inmediato se produjo en Italia, concretamente en la ciudad en donde se había establecido el jesuita expulso. En 1789 la Academia de Mantua, de la que era miembro el padre Andrés, convocó un concurso para el premio concedido por la misma con el siguiente programa:

> Qué ventajas y desventajas han aportado a la Tragedia y a la Comedia aquellas que se denominan Tragedias Ciudadanas, y cuáles son las leyes peculiares constitutivas de este género, más allá de las que son comunes a los otros, señalando su índole específica e íntima para demostrar qué grado de perfección puede alcanzar.

Ninguna de las obras presentadas fue galardonada con el premio de la Academia, pero uno de los concursantes, el abate veronés Pierantonio Meneghelli, miembro de la Academia de Ciencias, Letras y Artes de Padua y profesor de su Universidad (Froldi, 2004), recibió, según sus propias palabras, «tales expresiones de alabanza» que se animó a retocarla y publicarla en Padua en 1795.

El resultado es la *Dissertazione sopra la Tragedia Cittadinesca,* publicada en Padua en 1795. Es esta Disertación el más amplio estudio dedicado en aquellos años a la *tragedia cittadinesca,* ya que se extiende por setenta y dos páginas de texto principal y veinte más de *annotazioni.* El estilo del abate paduano corresponde al género elegido: la disertación académica. Está lleno, por tanto, de artificios retóricos, y en muchas ocasiones se explaya en largas divagaciones acerca del teatro antiguo y el moderno. Con todo, se trata de una obra de gran calado, que trata con agudeza los temas relacionados con la tragedia urbana y muestra un notable conocimiento del teatro de su tiempo.

Acaba la *Dissertazione* con el deseo de que algún poeta, tentado por el nuevo género, consiga llevar a este a la perfección:

> Si vorrebbe perciò un uomo di fama e di genio teatrale, che considerasse questo genere in tutte le sue viste, ed in tutti i suoi rapporte, e poi ne producesse. In che meglio impiegare si potrebbe che in lavoro si utile, si mirabile, si capace di dar fama, ed inmortalare quanto ogni altra produzione (Meneghelli, 1795, pág. 71)[13].

Uno de los grandes problemas que se les planteaba a los defensores de la tragedia urbana es que, por mucho que se argumentase a favor de ella, les faltaban obras concretas en que apoyarse, obras estrenadas y que hubieran conseguido el favor del público. Pedro Estala, en su «Discurso sobre la tragedia», colocado al frente de su traducción de Sófocles *Edipo tirano* (Estala, 1793), defiende la tragedia moderna con el argumento de que «vemos por experiencia que su representación nos hace más sensibles, más humanos, y

[13] Trad.: «Haría falta, por tanto, un hombre de fama y genio teatral, que considerara el género en toda su amplitud y desde todos los puntos de vista, y luego lo produjera. ¿Qué mejor manera de emplearse que en un trabajo tan útil, tan admirable, tan capaz de dar fama y de inmortalizar como lo es cualquier otra creación?».

más temerosos de los funestos efectos del vicio y de las pasiones desenfrenadas» (Estala, 1793, pág. 35). Pues bien, a la hora de buscar ejemplos, cita a los italianos del Renacimiento, a Lope de Vega y Calderón, y, muy especialmente, como modelos sin discusión de la tragedia moderna, a Corneille y Racine, pero ningún autor contemporáneo.

Más moderno se muestra Juan Andrés, que cita a Diderot y Beaumarchais, y utiliza como ejemplo la *Eugenia,* de este último, junto al *Bernevelt* y el *Beverley,* de Bernard-Joseph Saurin, obra esta última que se tradujo en España como *El jugador inglés.* Estamos, por tanto, más cerca del «género serio» que defendió Diderot que de una auténtica tragedia.

Algo semejante le sucede a Santos Díez González, que utiliza como ejemplos dos obras que están entre la comedia lacrimosa y el género serio, *El delincuente honrado,* de Jovellanos, y *El desertor,* de Mercier (Díez González, 1793, pág. 114). Ni uno ni otro parecen conocer los ejemplos de tragedia urbana que se habían escrito en Alemania, como la *Emilia Galotti,* de Lessing, o *Clavijo,* de Goethe, a pesar del tema español de esta última.

Más original, aunque excesivamente amplio, resulta Meneghelli, que retrotrae la *tragedina cittadinesca* nada menos que al año 1550, con la obra *Il soldato,* de Angelo Leonico. Sin embargo, el modelo más sorprendente es el que añade a continuación: «L'Inghilterra ne diede poi dei rozzi esempi, e forse Shakespear [sic] ne fu il primo con la sua Tragedia *Giulietta e Romeo* rappresentata in Londra nell an. 1596» (Meneghelli, 1795, pág. 79). Pero a continuación pone como la primera tragedia urbana moderna la obra de La Chausée, identificándola con ello con la comedia lacrimosa, introducida por el dramaturgo francés.

Los límites de la nueva tragedia urbana estaban, pues, bastante difusos incluso entre aquellos que la defendían. Lo mismo se acogían a la comedia sentimental que a tragedias antiguas que tratasen temas nacionales, y cuyos protagonistas no fuesen héroes o reyes de la antigüedad. Y con esta confusión se escribieron algunas obras con el claro propósito de aportar nuevos ejemplos de tragedia que se pudiesen acomodar a las condiciones que se pretendían para la *tragedia cittadinesca.* Entre los autores que exploraron este nuevo género está María Rosa de Gálvez, si no en todas sus obras, al menos en la mayor parte de sus dramas trágicos. En su estudio sobre *Blanca de Rossi,* Rinaldo Froldi ha identificado con precisión este tipo de teatro relacionándolo con las obras teóricas de su momento que buscaban nuevas formas teatrales acordes al espíritu de la Ilustración:

> Estamos en presencia de una nueva concepción dramática. En parte ya la había anunciado Pedro Estala en su *Discurso sobre la tragedia.* Negando la dependencia de la tragedia de reglas abstractas y ligándola a un equilibrado uso de la razón, Estala sostenía que en la tragedia moderna los personajes deben ser humanos y no presentarse como héroes, sino rendir «la virtud amada e interesante» y proponer «grandes modelos de fortaleza en las desgracias», provocando «nuestra sensibilidad». Y María Rosa Gálvez se mueve en esta atmósfera (Froldi, 2004, pág. 166).

Las tres obras editadas

«Safo». Drama trágico en un acto

En el segundo tomo de sus *Obras poéticas* publicaba María Rosa de Gálvez una de sus obras más originales, *Safo,* que calificó de «drama trágico en un acto», probablemente para no incurrir en la reprobación de que las auténticas tragedias deben escribirse en cinco actos, como marcaba la estricta escuela neoclásica.

Safo de Lesbos (h. 600 a.C.) fue la más importante de las poetas griegas y una de las figuras más destacadas de la lírica de la época arcaica. Son pocos los datos seguros acerca de ella, la mayor parte provenientes de interpretaciones de su obra poética, de la que fundamentalmente nos han llegado fragmentos debido a que en 1073 el papa Gregorio VII mandó quemar todas las copias de sus obras por su supuesta inmoralidad.

Nació en Mitilene, en la isla de Lesbos, en una fecha indeterminada del siglo VII a.C. Sin duda pertenecía a una familia aristocrática, ya que uno de sus hermanos fue elegido copero del Pritáneo, lo que solamente se reservaba a las familias nobles. En sus poemas cita a sus tres hermanos, Larico, Eurygio y Caraxo, especialmente a este último. En los últimos años del siglo tomó el poder en Mitilene el tirano Mirsilo, que, al igual que sucedió con otras *polis* griegas, desplazó del poder a la aristocracia apoyándose en el *demos*. Quizás por ello la familia de Safo fue desterrada a Sicilia entre los años 605 y 591.

Estuvo casada con un comerciante de Andros, del que tuvo una hija, Cleis, a la que dedicó varios poemas. Poco se sabe acerca de este matrimonio, así como de las relaciones con el poeta Alceo, contemporáneo suyo, que muy bien pudieron ser solamente literarias. En cambio, no parece haber ninguna duda de sus relaciones homoeróticas con las muchachas de la «casa de las servidoras de las Musas» de Lesbos: gran parte de los fragmentos de sus obras están dedicados a otras mujeres (Safo, 2010). Esta forma de vivir la sexualidad no parece haber supuesto ningún problema para la difusión de su obra en una sociedad como la griega, donde la homosexualidad masculina estaba ampliamente difundida. Sin embargo, ha sido causa de que la obra de Safo, muy valorada entre los griegos y romanos (poetas como Catulo se declaran admiradores de ella) cayera en desgracia con la llegada del cristianismo y acabara con la destrucción de sus poemas en la Edad Media.

En *Safo* María Rosa de Gálvez dramatizaba los últimos momentos de la poeta griega siguiendo la leyenda de su suicidio en la roca Leucadia a causa de su amor por el joven Faón. La historia, muy probablemente falsa, estaba muy difundida en la antigüedad: en ella se basó Ovidio para escribir la carta XV de sus *Heroidas,* en que la propia Safo escribe a Faón reprochándole su olvido y recordándole sus amores. El final de la epístola auguraba el triste final de la poeta:

> Pero si te agrada huir lejos de Safo, la pelásgide (y aun así no podrás explicar por qué merezco yo que tú huyas), dígamelo al menos una carta cruel a mí, desdichada, para buscar mi destino en el agua de Léucade (Ovidio, 1994, pág. 208).

Parece verosímil que el primer impulso para escribir su obra le haya venido a María Rosa de Gálvez del poeta romano y su epístola, donde se expresa el sufrimiento amoroso en versos de contenida melancolía que a veces se explaya en una desatada sensualidad. Sin embargo, la acción de la obra está simplemente aludida en el final de la elegía latina. María Rosa de Gálvez debió de beber en otras fuentes.

Como ha estudiado Óscar Barrero (2005), la figura de Safo, si bien no estaba tan presente en la literatura española de los últimos años del siglo como en la francesa, inglesa e italiana, no era en absoluto desconocida. Hubo varias traducciones de alguno de sus fragmentos más conocidos, debidas, entre otros, a Luzán y a Juan Antonio Conde, el amigo de Moratín. Tanto ella como Faón, su amante, aparecen también en la obra poética de María Gertrudis de Hore (1742-1801), la poeta gaditana que, a raíz de un episodio amoroso con un joven militar, decidió en 1778 abandonar el mundo y recluirse en el convento de las monjas Descalzas de la Purísima Concepción de Cádiz, desde donde siguió escribiendo poesía religiosa. En su poesía juvenil, marcada por la influencia de Anacreonte, sus amores se comparan con las figuras míticas de Safo y Faón, de Psiquis y Cupido:

> Zagal el más bello
> de cuantos zagales
> esparcen iguales

al aire el cabello:
en mi verso amante
aún más celebrado
que el barquero amado
de Safo constante.
Por benigna estrella
de mí tan querido
cual lo fue Cupido
de su Psiquis bella.

(Morand, 2006, pág. 264.)

En la obra escrita en el convento, trufada de desengaño, vuelve a referirse a la mítica pareja, pero esta vez no es la primaveral alegría del amor correspondido, sino la desesperación del amor traicionado, la que aparece en sus versos:

Sí, de amor moriría,
de Safo renovando
el lastimoso trágico suceso.

(Barrero, 2005, pág. 106.)

Con todo, la más extensa y probablemente más difundida versión de la historia de Safo y Faón en la España del siglo XVIII se encuentra en el *Teatro crítico universal,* del padre Feijoo.

En el tomo VII de su obra, Feijoo incluyó el Discurso decimosexto, «Remedios del amor», en donde se analizan distintas fórmulas propuestas por varias autoridades médicas y por antiguos poetas para concluir que solamente una fortísima impresión de distinto carácter que el amor puede hacer que la imaginación, «que es quien hace, o conserva la llaga, ha de curar la herida». Esto lo lleva a considerar un remedio utilizado por los clásicos:

> Si el salto de Leucadia, tan famoso entre los antiguos para curar la pasión amorosa, tenía la eficacia que ellos le atribuían, es para mí cierto que esta dependía del mismo principio, [...] conviene a saber, la fuerza que tiene un objeto terrible, presentado a la imaginación, para extinguir en el cerebro, y por consiguiente en el corazón, los movimientos que excita el objeto de amor (Feijoo, 1781, pág. 521).

Así pues, el benedictino se permite una larga «Disertación sobre el salto de Leucadia», que, como asevera, si no sirve para curar a los enamorados, «servirá a la curiosidad y erudición de los lectores». Lo interesante a nuestro propósito es comprobar cómo la descripción de Feijoo, que incluye como ejemplo de suicidas por amor a la misma Safo, coincide casi punto por punto con la de María Rosa de Gálvez:

> Es Leucadia una isla del mar Jonio, de cincuenta millas de circuito, colocada enfrente del istmo que divide la Acaya del Peloponeso. Retiene aún, con poca, o ninguna corrupción entre los modernos griegos el nombre de Leucadia que la daban los antiguos [...] Termínase Leucadia por la parte de mediodía en un promontorio, compuesto de escarpadas rocas, que se avanza sobre el mar a gran altura; y este es el sitio donde hallaban su remedio los míseros amantes que, padeciendo la infelicidad de no ser correspondidos, ni podían sufrir ni extinguir de otro modo el fuego que les devoraba las entrañas. El remedio consistía en arrojarse de aquella eminencia sobre las ondas; a lo que se dio, ya el nombre del salto de Leucadia, ya el salto de los enamorados. Ya se ve que esto era peligrosísimo, siendo lo más natural costar la vida el arrojo, mayormente cuando los escritores nos pintan elevadísima aquella cumbre. Pero se usaba de la precaución de tener cercado de barcos el sitio donde había de caer el que se precipitaba para acudir a salvarle en caso de que no llegase ya al agua muerto o muriese del golpe.

Un rito supersticioso, que se practicaba en aquella isla, da motivo para conjeturar que la precaución dicha no era la única que se usaba para salvar la vida de los enamorados que venían a curarse. Todos los años, en un día determinado, arrojaban de aquella cumbre un delincuente, lo que observaban como un sacrificio expiatorio, a fin de precaverse de los males de que estaban amenazados. Pero al mismo tiempo se hacía lo posible por que no pereciese, porque no solo le esperaban barcos abajo para socorrerle, mas prendían de su cuerpo muchas plumas y aun aves vivas para que la caída fuese lenta. Digo que se hace verosímil que con los enamorados que voluntariamente venían a arrojarse se practicase lo mismo. Es verdad que estos usaban de otra precaución singular. Había sobre el promontorio un famoso templo de Apolo, de que hace mención Virgilio en el tercero de la *Eneida.*

> Mox, & Leucatae nimbosa cacumina montis,
> et formidatus nautis aperitur Apollo.

A este templo acudían primero devotos con sacrificios los que iban a curarse con el tremendo salto, implorando la protección de la deidad que se veneraba en él para evitar que fuese mortal la caída. Pero la confianza que tuviesen en su patrocinio no sería tanto que les hiciese despreciar esta otra diligencia.

Los mismos escritores que dan estas noticias refieren varios casos, ya faustos, ya infelices, de amantes que fueron a buscar en aquel precipicio su remedio. [...] De las mujeres se cuentan entre otras dos famosísimas en la antigüedad, la sabia Safo y Artemisa, reina de Caria.

[...]

Finalmente me parece que no debo omitir que, aunque la tragedia de la docta Safo, que es una de las amantes infelices a quienes se atribuye el salto de Leucadia, se halla repetida en tantos libros, todos los autores que la refieren, a lo que he podido colegir, bebieron esta noticia en Menandro. ¿Y quién fue Menandro? Un poeta cómico ateniense. Dicho que fue poeta, está entendido qué grado de fe merece. Que la insigne poetisa Safo fue de un temperamento extremadamente amoroso, que se hizo tan infame por su vida impúdica como famosa por su delicado ingenio; que fue amante, y un tiempo amada de Faón; que este después, fastidiado de ella, se ausentó de Lesbos, de donde eran naturales uno y otro, a Sicilia por no perder sus importunidades; que ella, impelida del impuro fuego en que ardía, le siguió a Sicilia, pero solo para experimentar nuevos desdenes: todo esto se lee en varios autores antiguos. Pero que, agitada siempre del amatorio furor, se resolviese a buscar remedio a él precipitándose de la eminencia del promontorio de Leucadia, solo se halla en una comedia de Menandro, de que conservó Estrabón un fragmento, donde se lee esta aventura (Feijoo, 1781, págs. 521-531).

Mucho más cercana a María Rosa de Gálvez es una pieza teatral escrita por uno de sus compañeros de generación, con el que la autora tuvo contacto en Madrid durante los años en que se escribieron ambas obras. Estamos hablando de *El filósofo de Lesbos, Pítaco,* drama de Nicasio Álvarez Cienfuegos, que, según Froldi, fue escrita en los últimos años del siglo XVIII. La obra fue presentada a un concurso de la Real Academia Española en 1799, logrando una mención (Froldi, 2001). En su drama, a veces considerado tragedia, Álvarez de Cienfuegos hace participar a Safo y Faón dentro de una intriga político-amorosa en que participan también Alceo y Pítaco de Lesbos, uno de los siete sabios de Grecia. El tema fundamental de la obra es la ambición política de Alceo y Faón y la sabiduría de Pítaco, que perdona a sus enemigos y deja el poder para gozar de la paz en una vida retirada. La trama amorosa es una más dentro de esta intriga política, pero el final de la misma se convierte en una especie de prólogo a la obra de María Rosa de Gálvez. Al enterarse de que Faón ha huido, Safo, desesperada, anuncia su próxima muerte:

SAFO. ¿Y me abandona? ¿Y mi cariño trueca
por las borrascas? ¿En el frágil leño

huye, y su planta detener no pueden
mis lágrimas dolientes, mis tormentos,
la desesperación en que me deja
ni la tumba fatal que me abre huyendo?
La esperanza, la luz, la vida, el mundo,
y todo, todo para Safo ha muerto:
todo sino el dolor que a todas partes
me ha de seguir hasta el postrer aliento.
¿Algún piadoso faltará en la tierra,
un dios benigno faltará en los cielos
que me quiera salvar o dar la muerte?
Sin otra dilación al punto quiero
ir a Léucada, en ella los amantes
dicen que sanan o perecen luego.
Partamos a morir, porque mis penas
no se pueden curar sino muriendo.
¡Adiós, adiós! Si por fortuna mía
en el salto de Léucada perezco,
le dirás a Faón que yo le amaba;
que me ha seguido hasta el postrer aliento
su aciago amor, que mis ardientes labios,
la muerte amarga de la mar bebiendo,
«Faón» solo, «Faón» mil veces
ya casi moribundos repitieron;
que aquellas ondas, mi sepulcro triste,
«Faón ingrato» sin cesar diciendo,
su ingratitud y mi pasión funesta
contarán a los siglos venideros.

(Álvarez de Cienfuegos, 1809, f. 29r.)

De todos modos, la fuente directa del drama de María Rosa de Gálvez, identificada ya por Julia Bordiga, es la novela de Étienne François Lantier *Voyages d'Antenor en Grèce et en Asie* (1797). Escrita en forma de crónica de viajes por el mundo antiguo según un supuesto manuscrito griego encontrado en Herculano, la estructura le permite al autor hacer divagaciones y narrar distintas historias entre las que se encuentra la de Safo y Faón: «El drama de María Rosa Gálvez permite afirmar que la dramaturga malagueña se apropió de algunas de las ideas del original francés e incorporó casi literalmente algunos pasajes» (Bordiga, 2003, pág. 80). La estudiosa norteamericana analiza detenidamente la deuda de María Rosa Gálvez con el autor francés en el personaje de Nicandro, basado claramente en el de Phanor, que va a Leucadia para arrojarse desde la roca y olvidar a su amada Théano. Otros fragmentos corroboran las observaciones de Bordiga, como la estancia de Faón y Safo en la ciudad tesalia de Gonno, que no aparece en otras fuentes y que es fundamental en ambas obras para la ruptura de la pareja.

La obra de Lantier debía de ser muy popular (en 1809 llevaba ya diez ediciones) y muy pronto fue conocida en España. En 1802 la Imprenta Real publicó una traducción de la novela, debida al militar y escritor Bernardo María de Calzada, con el título de *Viajes de Antenor por Grecia y Asia con nociones sobre Egipto: manuscrito griego del Herculano* (Lantier, 1802). La traducción de Calzada tiene tantas semejanzas con el texto de María Rosa de Gálvez que da la impresión de que esta última se ha basado precisamente en ella. Cuando Fanor le pide la primacía para saltar desde la roca, Safo le responde: «¿También vos encontrasteis un monstruo de perfidia? No me admiro. Hombres y mujeres, todos son ingratos, ¡pero Faón es el más pérfido de todos» (Lantier, 1802, pág. 202). La respuesta de Safo a Nicandro en la obra de María Rosa de Gálvez es casi idéntica:

SAFO. ¿Por ventura
habrás hallado, joven extranjero,
alguna mujer pérfida y mudable?
¡Ah!, no lo extrañaré, que el universo
solo ingratos encierra; pero sabe
que Faón es el más ingrato de ellos.

(vv. 311-316)

Son varias las escenas de este tenor: la descripción de la roca de Léucade, la narración del encuentro entre Safo y Faón en Atenas, su marcha a Gonno para encontrar en la ciudad de Tesalia un refugio campestre donde vivir su amor, el abandono de Faón por haberse enamorado de la bella Teágenes, el último encuentro de Safo y Faón en Sicilia... Hay, incluso un detalle curioso: el tomo primero lleva un solo grabado, frente a la portada. Es un grabado que representa a Safo lanzándose desde una escarpada roca al mar, donde se encuentran las barcas prevenidas para rescatarla. El pie del grabado reza: «Verifica el salto de Léucades». Sin embargo, en 1802, cuando se publica la traducción de Calzada, María Rosa de Gálvez había estrenado ya *Safo* en el coliseo de la Cruz, por lo que, si no es que ella tuvo acceso a este texto antes de su publicación, es mucho más probable que se inspirara en el original francés de Lantier.

Esta inspiración no implica una traslación directa de la novela a la escena, pues, como señala Bordiga,

> para María Rosa Gálvez, como para Corneille, la originalidad residía en la forma de reordenar el material que le proporcionaba la fuente histórica o legendaria, aunque esto significara la apropiación de ideas o la adaptación del texto literario (Bordiga, 2003, pág. 82).

Con los materiales tomados de la novela de Lantier y de la larga tradición del salto de Léucade María Rosa de Gálvez construye una obra original en su planteamiento y en su desarrollo. Aunque la autora sigue varios de los esquemas formales propios del Neoclasicismo (mantenimiento de las tres unidades, incluyendo la adecuación perfecta entre el tiempo representado y el de la representación, uso del romance heroico con una sola rima en toda la obra) *Safo* se ajusta con dificultad a los cánones de la estricta doctrina clasicista. De ahí que la autora vacile en la adscripción genérica de la obra: si en toda la correspondencia relativa a la misma se refiere a todas sus obras como «tragedias», a la hora de publicarla en 1804, la calificó de «drama trágico». La tragedia clásica debía tener cinco actos, como sucede en varias de las obras de la misma María Rosa de Gálvez. Es cierto que, como señala Andioc, se pueden encontrar precedentes en el melólogo, del que es un buen ejemplo *Saúl*, la «escena trágica unipersonal» que publicó la autora en el mismo volumen que *Safo*. Pero el mismo Andioc ya indica que «le falta componente musical» (Andioc, 2001, pág. 27n). Las piezas en un acto eran en general sainetes, tonadillas o fines de fiesta, siempre de carácter cómico. La idea de concentrar en un solo acto una acción trágica resultaba, no solo inconveniente, sino «desarreglada» según los cánones imperantes en la época.

Safo tiene un comienzo espléndido: la poeta, sumida en una profunda desesperación amorosa, se enfrenta a una terrible tormenta desde la misma roca Leucadia donde va a buscar el olvido. Los elementos naturales desatados riman con los sentimientos de su corazón:

SAFO. Noche desoladora, fiel imagen
de mis continuos bárbaros tormentos,
no cese tu rigor, no tus furores:
el hórrido silbido de los vientos,
el rayo desprendido de la esfera,
el ronco son del pavoroso trueno
halaga un corazón desesperado.

(Se levanta.)

¡Ah! Perezca en tu horror el universo,
perezca la morada que mantiene
al hombre entre los hombres más perverso:
anégale en tus aguas, mar undoso,
y entre tus ondas su cadáver yerto
suba al Olimpo, y del Olimpo baje
a sepultarse en el profundo Averno.

(vv. 1-14)

En estos versos se apoya Francisco Ruiz Ramón para sustentar su afirmación de que en la generación de María Rosa de Gálvez se pueden

> percibir claramente los primeros síntomas del romanticismo. En su tragedia en un acto, *Safo,* encontramos versos como estos, en donde la naturaleza en libertad aparece como Naturaleza-testigo de las angustias del alma (Ruiz Ramón, 1979, pág. 297).

La naturaleza imponente y amenazadora (la roca, el abismo, el mar inmenso y rugiente...) acompañan con gran eficacia dramática la acción de la tragedia, en donde el azar tiene una participación nada desdeñable. María Rosa de Gálvez toma de Lantier la intervención de un personaje ajeno a la historia de Safo que coincide con ella en la decisión de lanzarse desde la roca para olvidar un amor desdichado. Sin embargo, el personaje de Phanor, que tiene una importancia meramente episódica en la novela, se convierte en Nicandro, que llega a Léucade para olvidar precisamente el amor nunca confesado a la propia Safo. Azarosa es también la llegada de Faón a Léucade en medio de la tormenta, así como el hecho de que el sacerdote de Apolo encargado de organizar el salto de Safo la odie por ser el padre de Faón y considerarla culpable de los desvaríos amorosos de su hijo.

Todas estas coincidencias no están marcadas por un destino fatal ni por los mandatos de unos dioses vengativos, sino por un azar sin razones que no empuja a los personajes a su perdición, sino que es una manifestación indiferente de un mundo sin orden ni sentido trascendente. La religión, que podía ofrecer una explicación del mundo o un consuelo a los desesperados, está retratada por la autora en su aspecto más miserable. Cricias, el sacerdote principal del santuario de Apolo, es un personaje completamente original, como ha señalado Julia Bordiga. Esta investigadora lo relaciona con otras figuras paternas como manifestación de un rechazo de la figura patriarcal:

> Samuel el profeta y Cricias el sacerdote de Apolo inician la serie de padres abusivos de la que formarán parte Hassan, don Julián y David, todos ellos responsables por el curso fatal que tomó la vida de sus hijos (Bordiga, 2007, pág. 82).

No hay nada que oponer a esta idea, pero una interpretación tan psicológica puede hacernos olvidar que Cricias es, además de padre, sacerdote. La crítica a la religión que se trasluce en los versos de María Rosa de Gálvez es una constante en toda la obra. Aristipo, el buen sacerdote, explica a Nicandro los orígenes de lo que considera «bárbara costumbre», pero no puede hacer nada para evitar que los amantes despechados se despeñen porque se lo ordena Cricias, que tiene motivos económicos muy claros para mantenerla. La misma Safo lo confirma:

> SAFO. Sacerdote,
> sígueme, que ofrecer cuanto poseo
> en las aras de Apolo solo resta
> para cumplir la ley que establecieron
> la religión y el uso; y que mi muerte
> termine de una vez mis sentimientos.
>
> (vv. 471-476)

Cricias no es solamente un padre vengativo e hipócrita que se goza en empujar al abismo a Safo: es también un representante de una religión convertida en un pretexto para la acumulación de riquezas. El catolicismo español no está lejos de esta visión de la religión que ofrece la autora. Es cierto que, junto con Cricias, aparece el buen sacerdote Aristipo, de corazón sensible y escéptico en materia religiosa, que trata por todos los medios de evitar que Safo y Nicandro se lancen al mar desde la roca, advirtiéndoles que solamente les espera la muerte. En Aristipo encontramos un personaje clave en varias de las tragedias de María Rosa de Gálvez, el de la moderación y la sensibilidad que encarna los principios racionales de la Ilustración. Sin embargo, en esta tragedia ni siquiera la moderación del ilustrado es posible. Aristipo es un personaje débil, dominado por Cricias e incapaz de revelar la verdad a Safo y a Faón ni de favorecer un encuentro que los salve a los dos. Arrastra su corazón sensible como una desgracia en un mundo que no es el suyo:

> ¡Mísero aquel que sin recurso gime
> bajo el yugo crüel de sus preceptos!
> Esta es mi situación: nací sensible
> y, aunque educado en este ministerio,
> al ver sacrificar mis semejantes,
> sin poderlo impedir, lloro en secreto.
>
> (vv. 495-500)

Frente a estos representantes del fanatismo, la hipocresía religiosa y la debilidad de la razón, en *Safo* creó María Rosa de Gálvez una figura de mujer fuerte incluso en su desgracia, una mujer apasionada con una concepción libérrima del amor:

> preferí ser su amante a ser su esposa,
> que amor, de libres corazones dueño,
> huye un lazo que impone obligaciones.
>
> (vv. 337-339)

Como otras heroínas de tragedia, es una víctima de los hombres, pero su reacción frente a ello no es la del llanto y el delirio, sino una afirmación de su propia personalidad, de la que tiene una aguda conciencia como escritora y discípula de Aristóteles (habla, con notable anacronismo, del Liceo), y una vehemente execración contra todo el género masculino:

¡Oh mujeres de Leucadia!
Vosotras que miráis en mí el ejemplo
de la negra perfidia de los hombres
abominad su amor, aborrecedlos,
pagad sus rendimientos con engaños,
pagad su infame orgullo con desprecios,
giman a vuestros pies, vengadme todas,
humillad para siempre esos soberbios.

(vv. 531-538)

El final, un auténtico clímax patético, es magnífico. Como en los dramas y las óperas románticas, el encuentro entre Faón y Safo, que se ha estado difiriendo durante toda la obra, se produce a las puertas de la muerte, cuando traen a Safo, que ha efectuado el salto, a presencia de su amante. Pero, con trágica ironía, ella no lo reconoce y le confiesa a ese extraño que se arrodilla ante ella que el salto de Léucade no concede el olvido, porque

SAFO. ¡Oh tú... sea quien fueres...
que has visto de mi muerte el triste ejemplo,
publica que es... supersticioso engaño...
buscar aquí el olvido... pues yo muero...
adorando a Faón... y hasta el sepulcro...
su imagen y mi amor conmigo llevo!

(vv. 613-618)

En mi opinión, *Safo* es la mejor tragedia de María Rosa de Gálvez. Su concisión, que produce un efecto de acumulación de coincidencias en un solo lugar y en un momento, no impide que la autora desarrolle con habilidad la historia sin mezclar las distintas subtramas hasta el final. Noblemente patética, escrita con un lenguaje de belleza y serenidad clásica, es quizá la obra que mejor expresa, a través de su personaje, en el que sin duda se veía reflejada, la visión del amor y del arte que tenía su autora.

Como todas las obras del género trágico de María Rosa de Gálvez, *Safo* está escrita en un solo tipo de verso: romance heroico con una sola rima: é-o.

Safo se estrenó[14] en el coliseo de la Cruz el miércoles 4 de noviembre de 1801 junto con la opereta *El engañador engañado,* de F. Bernard-Valville, traducida por Vicente Rodríguez de Arellano, y el sainete *El novelero,* de Ramón de la Cruz. Estuvo durante dos días en cartel con muy buenas entradas, ya que el día 4 obtuvo 9214 reales y el día siguiente 6792. Este día, según apuntó en su *Diario,* estuvo viéndola Leandro Fernández de Moratín acompañado por sus amigos Melón, Conde y Tineo. Para el drama de María Rosa de Gálvez pintó Antonio María Tadei una decoración nueva, que se le pagó el 2 de diciembre; poco después se pagó a los comparsas que trabajaron en ella (Andioc y Coulon, 2008, pág. 952). La obra, por tanto, debió de ponerse con todo el aparato y un buen despliegue de medios: de hecho, los mismos estudiosos indican que el día 4 de noviembre, día de san Carlos, hubo iluminación especial por ser el santo del rey.

Safo ha sido siempre la obra teatral más valorada de María Rosa de Gálvez. Es una de las pocas que se editaron tras su muerte: en 1813, en la Valencia ocupada por las tropas francesas y en la que residían algunos de los ilustrados españoles que habían abandonado Madrid siguiendo al rey José Bonaparte, entre ellos Leandro Fernández de

---

[14] Con el título de *La Safo.* La inclusión del artículo era corriente en esos años para denominar las obras con nombre de mujer.

Moratín, la publicó la imprenta de Estevan. De 1820 es una edición citada por Julia Bordiga que no hemos podido encontrar.

Posteriormente, incluso los críticos que denigraron a la autora, suelen salvar *Safo.* El cronista Guillén Robles, que encuentra que escribió algunas obras aceptables, dice de esta tragedia: «entre ellas un buen monólogo a Safo», mostrando que lo había leído muy a la ligera o que conocía solamente algún fragmento.

Con la recuperación de la obra de María Rosa de Gálvez en nuestros días, *Safo* ha ocupado un lugar preeminente. En 1995 vieron la luz dos ediciones de la obra, la mía, publicada por la Asociación de Directores de Escena de España, junto con *Zinda* y *La familia a la moda* (Gálvez, 1995(1)), y la de Daniel S. Whitaker en *Dieciocho,* la prestigiosa revista del hispanismo dieciochista norteamericano (1995(2)). En 2005 la publicaron Aurora Luque y José Luis Cabrera dentro de su estudio *El valor de una ilustrada,* publicado en Málaga (Gálvez, 2005).

El interés por la historia de Safo y Faón no decayó en los años siguientes al estreno de la tragedia de María Rosa de Gálvez. En 1811 se publicó el drama *Sapho,* de Madame de Staël. Pero no fue solamente en el teatro donde se utilizó su figura durante los siglos XIX y XX. Jean-Louis David, en una de sus producciones más acarameladas, mostró a Safo en su época de felicidad con Faón. Ella se recuesta en los brazos de un Faón de aspecto aburrido mientras el Amor entrega la lira a Safo. En el fondo, dos palomas se dan el pico en la tarde clásica.

Pero, sin duda, el momento más utilizado en las artes plásticas de los últimos siglos ha sido el episodio de la roca Leucadia. La figura trágica de Safo, recortada contra un mar tempestuoso, ha sido representada por multitud de artistas. Merece la pena destacar al francés Charles Mengin, que en 1877 presentó su cuadro *Sappho,* actualmente en la Manchester Art Gallery. En él la poeta, cubierta por un lúgubre manto negro, pero mostrando su torso desnudo, mira obsesivamente al frente mientras sostiene apenas su lira, que cae a su costado. El mar de color de plomo y un cielo cubierto de nubes grises dejan entrever una línea de luz que anuncia la aurora y el salto desde la roca en que se apoya Safo.

Una representación del salto de Léucade se puede encontrar en un lugar inesperado: en el espacio llamado «la pecera» del Círculo de Bellas Artes de Madrid, hoy en día café, restaurante y lugar de encuentro de muchos, destaca la escultura de una bellísima mujer desnuda, inerte sobre una superficie rugosa con la que se confunde su cabellera desparramada. Es la obra del escultor vallisoletano Moisés de Huerta, formado en Bilbao, que creó su obra en Roma en 1910, cuando estuvo becado en la Academia Española de Bellas Artes. La escultura, que fue premiada en la Exposición Nacional de Arte de 1912, fue adquirida por el Círculo y desde 1925 se expone en el lugar donde hoy se encuentra.

> En un principio, el artista dio a conocer la obra bajo el título de *Desnudo* o *Estudio de desnudo*. Es tras la aparición de una composición poética de Rafael Sánchez Mazas, dedicada al escultor en 1917, cuando finalmente adquiere el título por el que se conoce la escultura hoy. Desde entonces, se le atribuye a *El salto de Léucade* un simbolismo mitológico que quizá no tuvo en su origen, pero que adopta con orgullo y belleza, dada su apariencia de escultura clásica (Hernández, 2017).

Así, la poeta, desnuda, pero con un ramo de laurel que la identifica como perteneciente al cortejo de Apolo, desde su lecho de roca recibe cada día a comensales y tertulianos que junto a Safo se dan cita en el Círculo de Bellas Artes mientras ven a los paseantes por la madrileña calle de Alcalá.

«Blanca de Rossi». Tragedia en cinco actos

Blanca de Rossi es un auténtico drama romántico. O por lo menos es lo más cercano a un drama romántico escrito en España en los primeros años del siglo XIX. Publicada en 1804 en el tomo II de las *Obras poéticas* de María Rosa de Gálvez, nunca llegó a representarse. En el tomo aparecían cuatro obras trágicas, *Saúl,* escena trágica unipersonal (lo que hoy se suele denominar «melólogo»), *Safo,* drama trágico en un acto, *Florinda,* tragedia en tres actos, y *Blanca de Rossi,* tragedia en cinco actos. Es decir, se reunía en dicho volumen una obra de tradición bíblica *(Saúl),* otra de la tradición clásica *(Safo),* una tercera de la tradición histórica española *(Florinda,* que hace referencia a la hija del conde Don Julián y la pérdida de España) y la última tomada de la tradición italiana *(Blanca de Rossi).*

Rinaldo Froldi, que ha estudiado la obra de María Rosa de Gálvez y sus antecedentes italianos, señaló el origen y desarrollo de la historia de Bianca de' Rossi (Froldi, 2004). Se trata de una tradición de la ciudad de Bassano, situada en el Véneto junto al río Brenta, que se supone ocurrida en la época de las luchas entre güelfos y gibelinos. Junto a Bianca de Rossi, el protagonista de la historia es el *condottiero* Ezzelino III da Romano, feroz jefe de los gibelinos al servicio del Emperador Federico II, que dominó toda la zona y dejó amargo recuerdo de sus violencias entre sus enemigos, de modo que Dante, que pertenecía al bando güelfo, lo colocó en el infierno ahogado en los mares de sangre que había derramado:

> Allí vi gente hundida hasta las cejas
> y el gran centauro dijo: «Son tiranos
> muy ávidos de sangre y de riquezas.
> Lloran aquí sus hechos despiadados:
> está Alejandro, está el feroz Dionisio,

que deparó a Sicilia aciagos años.
Esa frente con negra cabellera
es Ezzelino.

(Alighieri, 2018, pág. 129.)

A partir de ese momento la historia de Bianca tiene numerosas reelaboraciones, que Froldi ha detallado en su estudio sobre la obra de María Rosa de Gálvez. Las más cercanas al momento en que escribe la escritora malagueña son tres obras dramáticas italianas escritas en el siglo XVIII: la tragedia *Bianca,* del canónigo de Bassano Gian Maria Sale (1775), un *dramma in música* con música de Vittorio Trento, estrenado en Venecia en 1797, y la tragedia *Bianca de' Rossi,* de Pierantonio Meneghelli, estrenada igualmente en Venecia en 1798. Esta última, que debía de ser un modelo de la *tragedia cittadinesca* que poco antes había defendido su autor, toma varios elementos básicos de la historia de la heroína de Bassano, pero le da un desarrollo particular: no aparece en el drama el capitán Battista della Porta, sino el hijo que han tenido Bianca y él, niño de pocos años *(picciolo figlio di Bianca,* dice en la lista de personajes) que será fundamental para el patetismo de la obra. En ella Ezzelino está casado, pero quiere repudiar a su mujer, Beatrice, para casarse con Bianca. Ante la negativa de esta, le quita al niño y posteriormente lo mata. Bianca pide permiso para enterrarlo en el mismo panteón donde reposa su padre y allí, ante la tumba de Battista, se suicida clavándose un puñal. La obra termina con los remordimientos de Ezzelino ante el sangriento cadáver de Bianca:

Ecco la pena
de' miei delitti; avrò un rimorso eterno;
che il sen mi roderà perfin ch' io viva.

(Meneghelli, 1797, pág. 72.)

Ezzelino III da Romano. Grabado de Massimo Galvani (s. XVI).

La historia de Bianca de' Rossi, de tan larga tradición en Italia, era casi desconocida en España. Froldi ha encontrado solamente una referencia en el padre Feijoo. Este, en el Discurso XVI del tomo I de su *Teatro crítico universal,* titulado «Defensa de las mujeres», incluye a la heroína italiana entre las que destacaron por su esfuerzo en épocas modernas, junto con la «Poncella de Francia» (Juana de Arco), Margarita de Dinamarca, Marulla (Maroula) de Lemnos, Juana Hacheta (Jeanne Hachette), Bonna de la Valtelina, María Pita, «heroína gallega», María de Estrada y Anna de Baux. Feijoo relata las hazañas de Blanca de Rossi de la siguiente forma:

> Una *Blanca de Rossi,* mujer de Bautista Porta, Capitán Paduano, que después de defender valerosamente, puesta sobre el muro, la Plaza de Basano en la Marca Trevisana, siendo luego cogida la Plaza por traición, y preso, y muerto su marido por el tirano Ezelino, no teniendo otro arbitrio para resistir los ímpetus brutales de este furioso, enamorado de su belleza, se arrojó por una ventana; pero después de curada, y convalecida (acaso contra su intención) del golpe, padeciendo debajo de la opresión de aquel Bárbaro el oprobio de la fuerza, satisfizo la amargura de su dolor y la constancia de su fe conyugal, quitándose la vida en el mismo sepulcro de su marido, que para ese efecto había abierto (Feijoo, 1765, pág. 397).

La versión del benedictino corresponde punto por punto con la elaborada por el bassanés Guiseppe Betussi, traductor al italiano de la obra de Boccaccio *De claris mulieribus,* a la que añadió la leyenda de la heroica defensora de su ciudad. Froldi, que señala que la de Betussi es la primera versión italiana de la historia de Bianca de' Rossi, la describe así:

> En 1226, de regreso a Padova desde Verona, Ezzelino pasó por Bassano. Él cercó, asedió y asaltó la ciudad por-

> que no se le subordinó. No obstante, solamente mediante el engaño consiguió penetrar en ella venciendo la heroica resistencia en la que se distinguieron Battista della Porta y su mujer Bianca de' Rossi. Ezzelino mató a Battista y capturó a Bianca, pero atraído por su belleza y su valor, se enamoró de ella. Pretendía casarse con ella, mas ella resistía, fiel al recuerdo de su marido y, frente a las solicitudes de Ezzelino, se arrojó por una ventana. No murió, pero sufrió fracturas en la espalda y en un brazo. Una vez curada, nuevamente fue acosada por Ezzelino, pero no cedió al tirano. Entonces él la tomó por la fuerza. Tras la violación, Blanca no creyó ser capaz de vivir: localizada la tumba donde yacía el marido muerto, se suicidó quitando el soporte de la pesada piedra de la sepultura, haciéndola caer sobre su propia cabeza (Froldi, 2004, pág. 157).

La obra de María Rosa de Gálvez, basada en toda esta tradición, es en gran parte original. En ella se cuenta cómo durante las guerras civiles entre güelfos y gibelinos la ciudad de Bazano cae en manos del ejército del emperador Federico, mandado por el cruel Acciolino. Este era natural de Bazano, y había abandonado la ciudad al ser despreciado por Blanca, que casó con el heroico Bautista, defensor de la ciudad junto con su mujer, que pelea como un soldado más.

El rencor y el natural violento de Acciolino lo impulsan a querer asolar la ciudad y tomar por la fuerza a Blanca, pero lo disuade Leopoldo, delegado del Emperador, que consigue imponer la paz sin saqueos ni violencias. Humillado, Acciolino trata de violar a Blanca. Bautista, que estaba escondido para escapar a su venganza, sale en su defensa y es apresado por los esbirros de Acciolino, que lo asesinan por orden suya, dejando su cadáver en el panteón familiar. Allí va a buscarlo Blanca, que, desesperada, se suicida. Acciolino la sigue hasta el panteón, pero en él lo esperan los ciudadanos de Bazano, conjurados para matarlo. Acciolino, viéndose rodeado, se suicida con el puñal de Blanca.

Aparte de rasgos superficiales, como la castellanización de los nombres (Bazano, Blanca, Bautista...) y el cambio de Ezzelino por Acciolino, la historia tiene un desarrollo completamente independiente de la tradición e incluye personajes y situaciones que tienen más que ver con el mundo propio de la autora que con sus posibles fuentes italianas. Es la conclusión a la que llega Rinaldo Froldi después de repasar las distintas versiones de la leyenda:

> En la obra, la leyenda de Blanca de Rossi se presenta fiel a la tradición italiana en sus líneas fundamentales, pero es muy distinta en la estructura y en la ideología que la sostienen, por lo que se presenta notablemente original (Froldi, 2004, pág. 159).

Efectivamente, la autora ha reducido notablemente la acción principal, haciendo desaparecer el primer intento de suicidio de Blanca ante el acoso sexual de Acciolino. La heroína no se tira por la ventana, no se rompe ningún hueso ni tiene que recuperarse antes de sufrir la violación, que, por otra parte, no llega a producirse. Evidentemente, si la autora quería mantener la unidad de tiempo, tal cantidad de sucesos y el tiempo necesario para que tengan efecto serían imposibles. Sin embargo, si por esa parte se concentra la acción, por otra se amplía notablemente, ya que tan importante como la historia de deseo de Acciolino por Blanca es en la obra de María Rosa de Gálvez la conjura de los ciudadanos de Bassano para librarse de un tirano odioso. Si la obra se titulase, como hizo más tarde Martínez de la Rosa con la de Venecia, *La conjuración de Bassano,* tendríamos un título igualmente apropiado para la tragedia, que, junto a una historia de pasiones individuales, centrada en Blanca y Acciolino, nos presenta un drama político centrado en la discusión sobre el poder justo y el derecho de los ciudadanos a rebelarse contra la tiranía, en la línea de las tragedias de Alfieri.

Es muy probable que la primera inspiración para escribir su tragedia se la deba María Rosa de Gálvez a Dante, ya que el nombre del tirano, Acciolino, que en todas las demás fuentes es Ezzelino, parece derivar del texto de la *Comedia,* donde se le llama Azzolino (Alighieri, 2018, 129n). Pero Dante no habla de Blanca ni de la ciudad de Bassano, ni ofrece otros detalles de la historia El resto de las versiones son demasiado diferentes de la tragedia. Así, hasta el día de hoy, resultaba imposible determinar cuáles fueron las fuentes directas de la tragedia de María Rosa de Gálvez, y de hecho Froldi no se pronuncia al respecto.

Sin embargo, existe un texto, conservado en la Biblioteca Nacional de Madrid, que con toda probabilidad fue conocido y utilizado por la autora y que hasta ahora ha pasado desapercibido para los estudiosos. Se trata de *Blanca de Rossi,* «Baile grande, trágico, pantomimo, en cinco actos, inventado y compuesto por el señor Juan Monticini para representarse en el teatro de los Caños del Peral en la primavera del presente año de 1796», publicada en Madrid en ese mismo año de 1796 (Monticini, 1796). Giovanni Monticini fue el primero de una dinastía de bailarines y coreógrafos XVIII que renovaron la danza en los últimos años del siglo XVIII y comienzos del XIX. Discípulo de los creadores del baile pantomimo italiano, Giuseppe Traffieri, Eusebio Luzzi y Domenico Ricciardi, formó compañía propia en 1789 con la bailarina Teresa Marzorati, con quien se casó. Bailó en todos los grandes teatros de Italia, estrenando sus propias obras, entre las que destacaron *La fata Urgella* (1793), *Eloisa e Wajson* (1798) y *Gengiskan* (1802). Entre 1795 y 1797 la compañía de Monticini-Marzorati estuvo en España, sin duda contratada por el empresario Domingo Rossi para el teatro de los Caños del Peral. Teresa Marzorati entabló amistad con la duquesa de Osuna, con la que mantuvo relación epistolar. De ella se escribió que «co' bracci parla e colle gambe scrive» (Zambon, 2012).

Blanca de Rossi no fue la única función que ofrecieron los Monticini en Madrid. En el libro publicado en 1796, Giovanni se dirige «al muy respetable público de Madrid» con las siguientes palabras:

> La benignidad con que se ha dignado atender a mis anteriores composiciones teatrales este respetable Público ha servido para aumentar mis constantes deseos de complacerle y de servirle. En la historia de Italia se ve un hecho del tirano Ezzelino que da el asunto a este Bayle Heroyco, que tengo el honor de ofrecerle, intitulado: *Blanca de Rossi:* espero que la admirable virtud de esta Heroína suplirá las faltas en que incurra, y ayudará a que me tenga por su más rendido y humilde servidor (Monticini, 1796, pág. 3).

Tras este prólogo al lector, Monticini publica un Argumento que, curiosamente, no coincide con la versión larga impresa a continuación, que es, sin duda, la que pudo ver el público del Teatro de los Caños en 1796. La versión del Argumento es un resumen de la historia contada por Betussi, que Monticini confiesa como fuente de su baile. En él se produce la violación de Blanca por Ezzelino, el salto de esta por la ventana y la muerte del tirano a manos de sus soldados (Monticini, 1796, págs. 4-5).

La versión extensa, que se desarrolla en cinco actos, se corresponde casi punto por punto con la obra de María Rosa de Gálvez. En ella se elimina el episodio de la ventana, que resulta difícil de integrar en una obra que pretende tener una cierta unidad de tiempo. Dividido, como la tragedia, en cinco actos, el baile incluye una serie de episodios que son el modelo para la autora. En el primer acto se produce el asalto de Bassano por las tropas de Ezzelino. Un guerrero se opone con decisión a ellos, pero, al perder el yelmo en la pelea, todos descubren con asombro que se trata de una mujer, Blanca. En la versión de Monticini:

> Hállase Ezzelino peleando cuerpo a cuerpo con Blanca, y habiéndola hecho saltar de un golpe el yelmo que llevaba en la cabeza, ve en ella una belleza tan singular que desarma su ferocidad, y suspende la pelea en el acto de estar ya vencidos los defensores de Bassano. Ezzelino elogia el valor y la belleza de Blanca, y se propone hacerla amiga suya (Monticini, 1796, págs. 7-8).

María Rosa de Gálvez repite casi punto por punto la misma escena del descubrimiento y deslumbramiento por parte de Acciolino:

LEOPOLDO. Temerario,
no te defiendas más, deja la espada
o si no mi valor...

(Al golpe de LEOPOLDO *cae el morrión de* BLANCA, *dejándola descubierta.)*

ACCIOLINO. *(Interponiéndose.)* Tente, Leopoldo:
respeta una deidad.
BLANCA. ¡Mísera Blanca!
Ya no hay remedio, padre.
GENARO. Hija querida,
ten presentes tu honor y tu constancia.
LEOPOLDO. *(Confuso.)* Acciolino, mi engaño... ¿Quién creyera
que tan bizarra acción...?
ACCIOLINO. No digas nada
y admira como yo de su semblante
la hermosa majestad que excede a Palas.

(vv. 247-256)

De forma semejante, se repetirán escenas como la sorprendente aparición de Battista para defender a su esposa del acoso de Ezzelino, la muerte de Battista a manos del tirano y el suicidio de Blanca en el sepulcro de su esposo. En contra de toda la tradición histórica, Ezzelino muere en ambas versiones tras presenciar la muerte de Blanca, en un caso a manos de sus propios soldados, en el otro clavándose él mismo el puñal de Blanca ante el ataque de los ciudadanos de Bassano.

Todas estas coincidencias se suman al hecho de que no parece que las otras versiones de la leyenda de Bianca de Rossi fuesen conocidas en España, y en cambio, el mismo texto de Monticini nos indica que la suya se vio en el teatro de los Caños de Peral en 1796. En aquel año es muy posible que la viera María Rosa de Gálvez, que desde 1792 pasaba largas temporadas en Madrid. Y es perfectamente posible que tuviese a la vista el texto publicado por Monticini cuando se decidió a escribir la historia de la heroína italiana.

Esto no significa que la tragedia de María Rosa sea una simple transcripción del baile pantomímico. El simple hecho de llenar de palabras las acciones que están simplemente enunciadas por Monticini ya supone una creación absolutamente independiente. Pero, además de esta consideración general, la autora incorporó numerosas novedades al texto del baile.

Como en muchas de sus obras, María Rosa de Gálvez, comienza con una escena de gran impacto: el asalto a la ciudad de Bassano, descrito con gran lujo de detalles y de efectos escenográficos:

> *El teatro representa gran plaza de Bazano: el telón del foro será de varios edificios con un arco en medio, por cuyo hueco se verá en lontananza una de las puertas de la ciudad incendiada a su tiempo. Templo magnífico a la derecha con entrada practicable: en su inmediación ancianos, mujeres y niños consternados.* GENARO *en medio de ellos* (Acto I, escena I).

A las súplicas de Genaro y los habitantes de Bassano sucede el paso apresurado de los defensores de la ciudad, que acuden a la puerta para defenderla de las tropas que la asedian. Se oyen fuertes golpes y finalmente caen las puertas y los invasores entran por ellas. En este momento, entre llamas y gritos, se produce el primer enfrentamiento entre dos de los invasores: mientras el feroz *condottiero* Acciolino ordena matar a todo el pueblo, el alemán Leopoldo, delegado del emperador Federico II, manda que se les perdone. Y así se hace, mal que le pese a Acciolino.

Cuando Leopoldo se va para seguir el asalto, en el monólogo de Acciolino descubrimos que en tiempos fue pretendiente de Blanca de Rossi, y que guarda un vivo rencor hacia el padre y el marido de esta. Cuando se encara con Genaro, padre de Blanca, aparece Leopoldo combatiendo con un guerrero que se niega a rendirse; de un golpe le quita el yelmo y se descubre que es Blanca misma. Los antiguos deseos se renuevan en el duro corazón del *condottiero,* haciendo que olvide su propósito de destruir la ciudad y se entregue a las más acaloradas fantasías de poseer a Blanca.

En los actos siguientes, estos conflictos se desarrollan mezclados con la organización de una conjura de los ciudadanos de Bassano para asesinar a Acciolino y recobrar su antigua libertad. En medio de todos ellos, Leopoldo intenta establecer la paz y conseguir que triunfe la clemencia. Bautista, oculto para evitar la venganza de Acciolino, sale de su escondite para defender a Blanca cuando el tirano está a punto de violarla. Es apresado y muerto por los esbirros de Acciolino.

El último acto es de un gran efectismo y está resuelto con enorme habilidad por María Rosa de Gálvez. La acción se desarrolla en el panteón de los Rossi, descrito con mucha precisión por la autora:

> *El teatro representa el panteón de la familia de* BLANCA, *con puerta y escalera en el foro, que supone la entrada principal, otra a la izquierda, que comunica a la habitación de* BLANCA, *y otra a la derecha, que conduce al templo. Se verán*

varios sepulcros con inscripciones del nombre de Rossi: a la izquierda, cerca del proscenio, se ve el de BAUTISTA, *cuya losa estará entreabierta, y apoyada por el frente sobre una barra de hierro a la altura de una vara: al pie del sepulcro estará la armadura y manto de* BAUTISTA. *La escena no tiene más luz que la de una lámpara, que está suspendida en medio de las bóvedas* (Acto V, escena I).

Esta ambientación gótica es mucho más potente que el simple «Cementerio con cipreses, donde se distingue entre las otras la tumba de Bautista» que aparece en el texto de Monticini (1796, pág. 13) y se relaciona con la del acto V de *El duque de Viseo,* de Manuel José Quintana. La oscuridad apenas rota por una sola lámpara, las lóbregas bóvedas que cubren los sepulcros de los Rossi crean el ambiente apropiado para las últimas escenas de la tragedia que va a culminar allí. En este opresivo panteón se prepara la conjuración de Bassano para asesinar a Acciolino cuando llegue. Sin embargo, quien llega en primer lugar es Blanca, que, al descubrir a su marido muerto entona un emocionante planto, una de las mejores páginas escritas por su autora:

¿Son estas las delicias, tierno esposo,
que en tus brazos pensó la triste Blanca
gozar mientras viviese? ¿Es este el solio
de la fe conyugal? ¡Qué! ¿Serán estos
los eternos laureles victoriosos
con que pensabas coronar tu frente?
¿Qué se hizo el aparato, qué el adorno
de las pompas de Marte? ¿Qué se hicieron
tus virtudes, tu amor...? ¡Ay! todo, todo
despareció como fugaces sueños.
¡Oh ilusiones del bien que en vano lloro!
¡Oh esperanzas mentidas de fortuna
fuisteis por siempre! Víctima del odio,
yace el héroe de Italia, y a mis quejas,
a mis lamentos en la tumba sordo
descansa, y yo respiro... y yo no puedo

con el fuego animar de mis sollozos
la vida que en un tiempo fue la mía.

(Se arrodilla junto al sepulcro.)

Helado mármol, que insensible toco,
enciéndete en la llama de mi pecho;
yo te abrazo, tú encierras mi tesoro.
Vuélvemelo, crüel; sí, yo te pido
mi cara prenda, vuélveme mi esposo.

(vv. 1788-1810)

A partir de ahí todo se precipita: Acciolino llega en su busca, Blanca, al verlo, se mata dejando caer la losa de la tumba de su esposo sobre ella. Acuden los conjurados, pero Acciolino, antes de permitir que lo maten, acosado por la sombra de Bautista, se suicida con el puñal que anteriormente le había quitado a Blanca.

En conjunto, la tragedia de María Rosa de Gálvez es mucho más coherente, más ajustada a una historia trágica, que el baile de Monticini, que resulta a veces un poco banal en las soluciones que ofrece. Pero es, sobre todo, en la creación de personajes en lo que destaca la obra de la autora.

Blanca es un personaje que reúne en su figura los dos modelos que aparecen en toda la obra de María Rosa de Gálvez: por un lado es la mujer fuerte, decidida, capaz de tomar las armas para defender su patria y combatir como un guerrero más contra los invasores, como hace la reina Zinda en la obra de este nombre. Por otro, una vez que es vencida y sometida por Acciolino, es la mujer acosada, siempre a riesgo de ser violada por el tirano, como Tamar, como Florinda, como la dulce Ángela en *Zinda*. El paso de una a otra no es instantáneo ni falto de justificación: hasta el final tiene Blanca arranques de genio que la llevan a intentar matar a Acciolino con un puñal cuando él la agrede en su cámara. Y al final, su decisión de morir antes que caer en los brazos del tirano es un ejemplo de mujer fuerte, que, como Safo, no teme a la muerte.

No tiene mucho relieve Bautista, el héroe oficial de Bassano. En cambio, Acciolino, el tirano, es un personaje mucho más interesante. En principio, representa la imagen del poder despótico que se opone a todos los principios de humanidad propugnados por la Ilustración:

> [...] si resisten
> mis preceptos, al punto los estragos
> vuestro furor renueve, del pillaje
> y de la muerte vuelva a ser teatro
> esta ciudad, sirviendo sus tesoros
> de justa recompensa a mis soldados,
> pues quien tiene el derecho de las armas
> aniquila al tenaz, desprecia al sabio.

(vv. 763-770)

Pero Acciolino no es simplemente el feroz *condottiero* sediento de sangre que aparece en las primeras escenas. Muy pronto el espectador descubre que tiene un motivo personal para mostrarse inmisericorde con los ciudadanos de Bassano: él mismo lo era y sufrió el rechazo de Genaro, el padre de Blanca, cuando pretendió casarse con ella. Hay en la enemistad de Genaro y Acciolino un reflejo de las guerras civiles que son el fondo histórico sobre el que se teje la historia de Blanca de Rossi. Pero además María Rosa de Gálvez ha profundizado en la obsesión que domina a Acciolino hasta el punto de llevarlo a un extremo cercano a la locura. En el momento en que descubre a Blanca bajo la armadura del guerrero que se ha opuesto a sus soldados se produce en él una extraña desazón que no puede menos de entenderse que como un extraño deseo sexual, quizás con rasgos de homoerotismo, en donde la sangre y el sudor (probable metáfora de otros fluidos corporales) tienen un papel esencial:

su valor, su fiereza, el aparato
del acerado arnés, y hasta el cabello,
de polvo y sangre y de sudor bañado,
mi corazón rindieron, no de amores,
sino de un nuevo ardor en que me abraso,
que mitigar no puedo, que consume
mi pecho con furor desesperado.

(vv. 836-842)

Junto a la de Acciolino, destaca la figura de Leopoldo. Completamente original y sin precedentes en las fuentes de María Rosa de Gálvez, es fundamental para comprender el pensamiento de la autora. Frente a Acciolino, modelo de tirano bárbaro dominado por sus más bajos instintos, Leopoldo, delegado del Emperador Federico II, es un militar racional y moderado en medio de la guerra, que busca, sobre todo, la paz y la armonía entre conquistadores y conquistados:

No defiendo sus rencores
ni tu furor apruebo; los estragos
de la guerra le toca a mi prudencia
prevenir, vuestras iras estorbando.
Cumplo con mi deber si lo ejecuto.

(Gálvez, 1804, pág. 174.)

Se trata de un personaje que aparece en otras obras de María Rosa de Gálvez: el buen colonizador Pereira en *Zinda,* el compasivo sacerdote Aristipo en *Safo,* el conquistador benéfico Ali-Bek en la obra del mismo nombre... No cabe duda de que estamos ante el modelo de gobernante ilustrado, capaz de imponer la clemencia, la tolerancia, incluso en los horrores de la guerra: el héroe que dibujará también la autora en Zinda. Ahora bien, si en esta última obra el heroísmo ilustrado logra el triunfo sobre las fuerzas de la barbarie (incluyendo la barbarie supuestamente civilizada), en *Blanca de Rossi* Leopoldo fracasa completamente en su intento de lograr una paz y de salvar a Blanca. De alguna manera, este fracaso de Leopoldo en la tragedia de María Rosa de Gálvez es una muestra de cómo estaban empezando a disolverse los ideales humanitarios de la Ilustración.

Como en el resto de sus obras, la autora sigue, al menos en lo formal, las normas neoclásicas. En primer lugar, mantiene los cinco actos que esta doctrina impone para las tragedias; las unidades están guardadas con bastante rigor: una sola acción en un lugar y en un día. La acción gira siempre alrededor de Blanca de Rossi y el tirano Acciolino; la conjuración de Bassano es parte de la acción principal, ya que se produce por la brutalidad del tirano, que engloba tanto a la ciudad como a Blanca; la acción transcurre a lo largo de un día, desde la mañana en que se produce el asalto a Bassano hasta la noche del panteón; en cuanto a la unidad de lugar, si bien no todos los actos se localizan en un mismo espacio, todos ellos están dentro de la ciudad de Bassano, como se permitía en las poéticas neoclásicas. La métrica es una sola en toda la obra: romance heroico, con una sola rima en cada acto: —á-a en el primer acto; —é-e en el segundo; —á-o en el tercero; —á-e en el cuarto y ó-o en el quinto. El lenguaje es de una gran claridad, el verso discurre con gran fluidez y la expresión tiene altura y nobleza.

Blanca de Rossi, con su ambientación medieval, sus escenas de gran truculencia, su uso de espacios lóbregos, a la vez que, con su defensa de la libertad frente a la tiranía, es un claro antecedente del Romanticismo. Pero es, sobre todo, un magnífico ejemplo de cómo se podía crear una tragedia urbana, una obra de alto contenido moral que añadiese al patetismo de la tragedia antigua la exaltación de sentimientos nobles: el amor a la patria, la fidelidad al esposo o la esposa, la generosidad, la moderación en la acción política... Todo ello la convierte en un ejemplo de cómo la sensibilidad de los autores y el público estaba cambiando en los años que precedieron a la gran catástrofe que supuso la guerra de 1808.

«Zinda». Drama trágico en tres actos

Cuando María Rosa de Gálvez presentó a la censura sus obras para que se le diese permiso de publicación en 1803, entre ellas se encontraba *La negra Zinda,* drama heroico en tres actos. Finalmente, el título con el que se publicó fue simplemente *Zinda,* más acorde con la costumbre de la autora de utilizar simplemente el nombre de la protagonista como título de la obra: *Florinda, Safo, Blanca de Rossi...* El nombre inicial, no obstante, era más sugestivo, ya que aportaba un dato sorprendente y absolutamente inusual en el contexto teatral de su tiempo: la protagonista era de raza negra.

El que fuera insólito no significa que fuera absolutamente desconocido. Los estudios de Arturo Morgado «Los negroafricanos en la literatura española finidieciochesca» (Morgado, 2011) y «*Zinda* (1804), de María Rosa Gálvez de Cabrera, y las reflexiones sobre la esclavitud en la España finidieciochesca» (Morgado, 2014), muestran que en el siglo XVIII hubo en la prensa una cierta presencia del debate acerca de la esclavitud de los negros, especialmente en el *Espíritu de los mejores diarios que se publican en Europa*. En muchas ocasiones se abogaba por el mantenimiento de la esclavitud por razones económicas, así como por la natural fiereza de esa raza, pero en otras se presentaban los argumentos favorables a la prohibición de la trata, tanto por parte de aquellos que defendían la abolición de forma radical como los que propugnaban una eliminación progresiva de la esclavitud.

Se dieron también algunos intentos de presentar ante el público lector un personaje de raza negra, y en ocasiones, muy tímidamente, trasladar a la escena la problemática de la esclavitud. En 1796 Francisco de Tójar publicó un cuento, *Zimeo,* traducido del francés, donde se narra una revuelta de los esclavos contra un amo que los maltrata. En *Sélico* (1799), novelita de Gaspar Zavala y Zamora, se narra una tierna historia de amor entre dos jóvenes negros en un ambiente de salvajismo y supersticiones (Morgado, 2014).

Tampoco faltaron en el teatro dramas con protagonistas negros (Andioc y Coulon, 2008): el más temprano fue Sebastián Vázquez, que estrenó la comedia en un acto *El negro esclavo* en septiembre de 1776 en el coliseo del Príncipe; de agosto de 1798 es el «melodrama en un acto», de Comella *El negro sensible,* y en el mismo teatro Vicente Rodríguez de Arellano había estrenado el año anterior *El negro y la blanca,* drama en donde se plantea el amor entre el rey de Benín, Gondar, y la holandesa Clarisa, que desdeña a su prometido Gerardo para elegir al buen rey africano. Esta obra de carácter sentimental, que fue aprobada por los censores de Madrid, entre ellos don Santos Díez González, fue prohibida en 1809 en México «por ser revolucionaria y preparar en su fondo mucha ruina en lo civil, político y moral» (Koeninger, 2014, pág. 123). Ahora bien, como afirma Morgado, «el broche de oro viene dado, sin lugar a dudas, por *Zinda* (1804), de María Rosa Gálvez de Cabrera» (Morgado, 2011).

Que el problema de la esclavitud de los negros se trataba en los ámbitos literarios que frecuentaba María Rosa de Gálvez lo confirma el poema *A una negrita. Protegida por la Duquesa de Alba,* de Manuel José Quintana publicado por este en sus *Poesías.* La «protección» de la duquesa de Alba a la negrita fue la puesta en libertad de esta niña esclava que pertenecía a su servidumbre. El romance de Quintana es, sobre todo, un elogio del gesto de la duquesa, pero en él encontramos unos versos en deprecación de la esclavitud, cuya responsabilidad se reparte entre los bárbaros europeos y los padres viles de los negros:

> Allí [en África] vivió tu familia,
> allí crecer tú debieras,
> y allí en la flor de tus años
> tus dulces amores fueran.
> Todo se trocó: los hombres
> lo agitan todo en la tierra:
> ellos a la tuya un día
> la esclavitud y la guerra
> llevaron, la sed del oro,
> peste fatal; su violencia
> hace que los padres viles
> sus míseros hijos vendan.
> ¡Bárbara Europa!...
>
> (Quintana, 1821, pág. 75.)

Zinda, como otras protagonistas de las tragedias (o dramas trágicos) de María Rosa de Gálvez, estaba basada en un personaje histórico: la reina Nzinga Mbande, reina de los territorios de Ndongo y Matamba, en el suroeste de África. Su título de Ngola (rey) es el que los portugueses dieron a su colonia, Angola. Nacida en 1582, era hija del rey de Ndongo Ngola Mbandi Kiloanje, que, después de varios conflictos tuvo que aceptar la presencia de los portugueses en su reino. A la muerte del rey, asumió el poder el hermano de Nzinga, que, para asegurar su derecho al trono, esterilizó a sus tres hermanas y mató al hijo de Nzinga, a la vez que mandaba a esta como embajadora ante el gobernador portugués en Luanda. Este encuentro es legendario:

> El gobernador la recibió sentado en un sillón y le señaló un almohadón sobre la alfombra para que se sentara; sin inmutarse, Nzinga ordenó a una de sus siervas que se aga-

> chara apoyándose en las cuatro extremidades, procediendo luego a sentarse sobre su espalda y continuando la conversación ante el asombro de los portugueses (Bordiga, 2003).

Las relaciones entre Nzinga y los portugueses fueron siempre ambiguas. Mientras estaba en Luanda fue bautizada con el nombre de Ana de Sousa y aparentemente se convirtió al cristianismo. Igualmente, firmó un tratado de paz con Portugal que le consiguió un enorme prestigio entre su pueblo. Vuelta a su reino, destronó a su hermano y lo mató, junto a su hijo. Asumió entonces el título de Ngola (rey) y se comportó como tal: tomó cuarenta hombres como concubinas y se rodeó de mujeres que vestían como hombres, al igual que ella. Inició entonces una política contra la colonización portuguesa combinando la guerra, en la que era temible, y la diplomacia. Después de significativas victorias, fue derrotada y se retiró con su ejército a Matamba, donde creó un nuevo reino desde el que siguió atacando a los portugueses. En 1641, cuando los holandeses ocuparon Luanda durante las guerras entre Holanda y Portugal, Nzinga se alió con ellos en contra de sus tradicionales enemigos. Una de las claves de su política fue la lucha contra la esclavitud, lo que hizo que numerosos cautivos escapasen para formar parte de su ejército, aunque finalmente no pudo impedir que Portugal mantuviera el tráfico de esclavos entre Angola y Brasil.

Finalmente, en 1654 firmó un tratado definitivo con Portugal en que se imponía la religión católica en su reino. Murió en 1663 tras cuarenta años de reinado, dejando un reino independiente y a su hermana Bárbara como heredera.

La mayor parte de lo que se conoció en Europa durante los siglos siguientes sobre Nzinga se debe al libro del misionero italiano Giovanni Antonio Cavazzi da Montecuccolo, franciscano encargado de la misión de Matamba, donde residió desde 1654 hasta 1676, y capellán de las tropas portuguesas. Al parecer, gozaba de la confianza de Nzinga, estuvo presente cuando ella murió y presidió sus funerales en 1663. A su vuelta a Italia escribió su experiencia en África en un libro que se publicó en Bolonia en 1687, ocho años después de su muerte: *Istorica descrizione de' tre' regni Congo, Matamba et Angola.* No es extraño, por tanto, que lo que debió de ser una compleja historia de resistencia a la colonización, con muchos elementos de cálculo político, se convirtiera en una típica historia de caída, arrepentimiento y salvación por obra de la pluma del capuchino. La obra alcanzó pronto amplia difusión en toda Europa. En 1732 se publicó en París una traducción del padre dominico Jean-Baptiste Labat, en cuatro tomos, con grabados entre los que podemos encontrar algunos dedicados a la reina Nzinga, como el de su entierro (Labat, 1732, I, pág. 196).

Nzinga era un personaje conocido entre los ilustrados españoles. Además de la obra de Cavazzi / Labat, podían acudir a la historia publicada por Jean-Louis Castilhon sobre la reina. Pero, como ha señalado Arturo Morgado, «no hace falta ir tan lejos» (Morgado, 2011). El 12 de abril de 1788, el *Espíritu de los mejores diarios literarios que se publican en Europa,* la revista del abate Cladera, en su número 121, publicaba su historia con el dramático título de «Anécdota de crueldad y arrepentimiento de Zingha, Reina de los Jagas»:

> La célebre y famosa Zingha, que otros llaman Ginga, fue una reina de Angola, (país situado entre el reino de Congo propio y el de Bengala) muy nombrada en la Historia de África por los dos extremos que en ella se juntaron de crueldad y de cristianismo. Esta princesa negra era hermana de Gola Bendi, emperador de todo el Congo en el siglo pasado; pero el africano despótico, de quien debió aprender la impiedad, hizo asesinar casi toda su real familia con el fin de reinar él solo, y mató hasta un hijo pequeño de Zingha, reservando solo a esta y a otra hermana.

Gola Bendi fue luego destronado y depuesto por los portugueses en castigo de sus maldades, y aun Zingha su hermana le concibió tanto odio, por haberle asesinado su inocente hijo, que juró vengarse de él; y en efecto, viéndolo ya desposeído del reino y sin defensa, se aprovechó de esta ocasión para darle un veneno oculto con que le quitó la vida.

Otros dicen que Gola Bendi no fue hermano de Zingha, sino padre; y que por vengar su hija el destronamiento de su reino, hecho por los portugueses, se entregó desenfrenada a todo exceso de crueldades, robos y vicios. Hízose desde luego bandolera o salteadora de los caminos principales de aquel reino, juzgando que en este ejercicio merecerían alguna disculpa sus desórdenes. Transportada cual una Euménide de vengativo furor, y acompañada de muchos parciales de su bando que la seguían, comenzó a hacer correrías e incursiones por todo el país, matando y robando a cuantos encontraba. Nada había que la moviese a compasión: talaba los campos, robaba y quemaba las casas y saqueaba pueblos enteros hasta hacer degollar toda la gente anciana de ambos sexos y los niños de corta edad. Los mozos jóvenes de buena presencia y las mozas desde 17 a los 20 años eran las únicas gentes a quienes eximía del cuchillo; mas esto no era porque la indujese al perdón el estímulo de la incontinencia; antes bien, cualquier delito y fragilidad en esta parte le castigaba en sus súbditos con pena de muerte. Fuera de esto, es digno de notarse que esta cruel princesa andaba siempre acompañada de 600 negros, la mitad de los cuales eran hombres mozos vestidos de mujer, y la otra mitad eran mujeres muchachas en traje de hombres, siendo una de ellas la propia Zingha.

Otra cosa aún más rara era que se valía de este cambio de trajes para exponer a los mozos y mozas a los naturales deslices de la pasión del amor, por ver si podían resistirle; pero con toda esta ocasión tan próxima que les daba, cuando hallaba que un joven había delinquido en ella, le mandaba degollar al punto; y aunque a la mujer delincuente no la mataba, la hacía que se fuese de su presencia, y nunca se la pusiese delante mientras se hallase encinta, siendo lo más horroroso que luego que paría esta infeliz, la hacía despedazar el hijo en menudos trozos, y echárselo en su presencia a los perros que llevaba, acostumbrados a devorar y a comerse estas presas.

Esta inhumana mujer se pasó al país de los Jagas, que está en la Cafrería al oriente del Congo, y allí se hizo reconocer por reina, agregándosela de día en día muchas más gentes de su facción, porque el vicio tiene muchos secuaces. Acostumbrada a vivir entre pueblos antropófagos, se hizo también ella comedora de carne humana; y en medio de su crueldad y abominable vida, rara vez se concilió el horror ni el odio de sus gentes, siento tantas; antes bien, todos la profesaban tal respeto y culto (guiados tal vez por el temor) que nunca la hablaban sino humillados, y con la cabeza muy inclinada al suelo.

Así vivió la inhumana Zingha por espacio de 30 años, hasta su edad septuagenaria, en la cual, ya desengañada de sus atroces delitos, arrepentida de sus infames venganzas, y principalmente tocada de la divina luz y misericordia de Dios (pues había sido bautizada y educada en la Ley Evangélica cuando niña), resolvió con ánimo firmísimo separarse en un todo de sus inicuas crueldades, volverse al Señor, llorar sus culpas, pedirle clemencia y morir como católica cristiana en el gremio de los verdaderos creyentes. Informado de su conversión el virrey portugués de Loanda, y viéndola tan bien dispuesta, la envió un religioso capuchino, llamado el padre Antonio Gaeta, que la sirviese de director espiritual en sus últimos años. Este virtuoso misionero recibió en sus manos la abjuración de Zingha. Confesola con ejemplares lágrimas y muestras de dolor, y la persuadió obediente a que dejara a disposición del rey de Portugal todas las pretensiones y derechos que podía alegar al reino de Angola.

Aunque esta princesa era ya muy anciana, se dedicó celosamente a publicar edictos muy rigurosos, aboliendo con pena de muerte, no solo en todo el Congo, sino también en el país de los Jagas y Cafres, cualesquier excesos, como robos, homicidios, torpezas, mentiras y el abominable uso de comer carne humana; pero su avanzada edad no la permitió por mucho tiempo continuar los rápidos progresos con que anhelaba establecer y dilatar por todos sus estados la adorable religión de Jesucristo; pues hecha una Egipciaca en mortificación y una Magdalena en penitencia, falleció abrazada con un crucifijo el día 17 de diciembre del año de 1664, a los 83 de su edad, habiendo nacido en el de 1582, dejando inconsolables a los que habían sido testigos de la conversión y virtud de sus últimos años, y con grandes indicios de haber muerto en opinión de santa la que había sido tan execrable pecadora (*Espíritu*, 1788, págs. 39-40).

Poco después, en su número 138, del 21 de julio de 1788, el *Espíritu* publicó unas octavas reales del conde de Toreno, don José Joaquín Queipo de Llano, donde se ponía en verso la «anécdota de crueldad y arrepentimiento de Zingha, Reina de los Jagas» (Queipo de Llano, 1788). El conde sigue punto por punto, a menudo utilizando términos literales de la narración, el artículo del 12 de abril:

Nueva Euménide, en fin, ya transportada,
de furor vengativo se reviste,
y de algunos parciales ayudada,
corre los montes y al país embiste:
estragos hace tan desapiadada,
que ninguno su cólera resiste,
dando la muerte a cuantos encontraba,
a los que al mismo tiempo les robaba.
Tala los campos, quema sus sembrados,
incendia casas y pueblos enteros,
haciendo degollar por sus soldados
a todos los ancianos los primeros:
sin distinción de sexo, ni de estados,
los sangrientos cuchillos carniceros
al niño no perdonan inocente
cortando su garganta prontamente.

(Queipo de Llano, 1788, pág. 180.)

Si bien los versos no acreditan al conde de Toreno como un gran poeta, la publicación en tan poco tiempo de dos textos sobre Nzinga son un índice del interés que podía ofrecer a los lectores la truculenta y finalmente edificante historia de la reina de los Jagas. Un hecho, sin embargo, llama poderosamente la atención: en toda esta historia de atrocidades y conversión final no hay una sola referencia al comercio de esclavos establecido por los civilizados y cristianos portugueses.

Muy al contrario, María Rosa de Gálvez hace girar todo su drama alrededor del tema de la esclavitud. Esta está en el centro de las preocupaciones de Zinda cuando se plantea su relación con los europeos, y a ella dedican tanto ella como su marido Nelzir emotivos discursos en sus enfrentamientos con el malvado Vinter:

ZINDA. Sí; yo espero
no ser jamás esclava de los blancos,
y para conseguirlo tengo un medio
digno de mí y seguro. Vinter, sabe
que ni tu astucia ni tus iras temo.
Mi hijo Zélido y yo libres nacimos;
infelices, mas libres moriremos.

(vv. 542-548)

NELZIR. Calla, malvado. Yo... ¿qué?, ¿yo podría
fundar la esclavitud en este imperio
por saciar tu avaricia? ¿Yo del oro
las minas descubrir a un europeo
infame y codicioso que, arrojado
de su propio país con vilipendio,
quiere, a costa de todos mis vasallos,
elevar su fortuna? No, perverso,
no lo conseguirás. Nacieron libres,
nuestro oscuro color no os da derecho
para ser los tiranos detestables

de nuestra libertad: en este suelo
la tierra nos prodiga los tesoros
que la inocencia mira con desprecio
porque la sencillez de nuestra vida
y de nuestras costumbres el objeto
es ser valientes, francos, virtuosos,
mas con los enemigos siempre fieros.

(vv. 825-842)

NELZIR. La pavorosa muerte no asombrara
con su horrible semblante de mi pecho
la constancia como ese odioso nombre
postra mi corazón de rabia lleno.
¡Oh nombre de ignominia, que inventaron
los blancos en oprobio del derecho
de la naturaleza! ¡Oh afrentosa
esclavitud, del hombre vituperio!
Yo me horrorizo al contemplar tu imagen
y moriré mil veces si los cielos,
para evitar tan bárbaro destino,
no me ofrecen piadosos otro medio.

(vv. 889-900)

En el momento más emotivo de la obra, cuando Vinter quiere arrancarle de los brazos a Zinda a su hijo para venderlo como esclavo, ella, venciendo su ternura maternal, lo coge para arrojarlo por la ventana y matarlo antes que permitir que siga ese bárbaro destino. Su esposo Nelzir la apoya en tan drástica decisión:

VINTER. [...] Ese niño
será esclavo en Europa. Ya he resuelto:
soldados, a la nave conducidlo.

(Se acercan los soldados a ZÉLIDO.)

ZINDA. *(A los soldados.)* Tened... esclavo... nunca.
No: perezca
antes una y mil veces. Si atrevidos
intentáis arrancarlo de mis brazos,
al foso desde aquí lo precipito.

(Tomándolo en brazos para arrojarlo por la ventana.)

VINTER. Feroz...
NELZIR. Esposa... Sí, que muera libre.

(vv. 1176-1183)

En el feliz desenlace de la obra, cuando se restablece la concordia entre Portugal y Angola, cuando Zinda renueva con Pereira los tratados comerciales y se establece una armonía basada en la libertad de los pueblos, la renuncia al tráfico de esclavos está en primerísimo lugar dentro de las condiciones que plantea la valiente reina:

ZINDA. Escucha. Si la fuerza
jamás sobre nosotros ha podido
mantener sus derechos, las virtudes
nuestros pechos conquistan: el antiguo
tratado de alianza y de comercio
en nombre de mis pueblos ratifico
con Portugal, Pereyra; y si renuncias
al tráfico de esclavos, te permito
que de ese dios que adoras, los preceptos
enseñen en mi imperio sus ministros.

(vv. 1305-1314)

En su decidida defensa del derecho de los pueblos a su libertad y en el ataque sin reservas a la institución de la esclavitud, la obra de María Rosa de Gálvez es de una valentía extraordinaria. Lo que está en cuestión es si este mensaje de inequívoco sentido humanista se transmite a través de una fábula dramática del mismo valor. No parece que lo sea para algunos de sus críticos, incluso aquellos que han defendido con pasión su obra. Julia Bordiga, por ejemplo, duda de las virtudes dramáticas de *Zinda:*

> Si María Rosa de Gálvez hubiera podido utilizar las acciones históricas que se narran estas Relaciones [las de Cavacci, Labat y Castilhon], el resultado hubiera sido una tragedia absolutamente original y Zinda se hubiera convertido en el paradigma del movimiento feminista hace más de doscientos años. María Rosa de Gálvez debió enfrentarse con el dilema que presentaba la adaptación de esta exótica historia: la importancia de la verosimilitud y del decoro por un lado, y la verdad histórica por otro, y no pudo resolverlo (Bordiga, 2003, pág. 89).

Sin desdeñar opiniones como esta, creo que hay que considerar que estamos ante una obra teatral destinada a representarse (aunque no llegara a hacerlo) ante un público de 1804. Si María Rosa de Gálvez hubiera presentado en el teatro escenas de canibalismo o la curiosa inversión sexual de su séquito, ¿qué reacción se podría esperar de los espectadores y de qué forma iban a recibir las demandas de libertad de unos seres capaces de semejantes atrocidades? Ya el gran estudioso del dieciocho español René Andioc me recriminaba que escribiese «lindamente que los negros son aquí unos "salvajes ilustrados que hablan como cicerones congoleños". Era la única manera de difundir con alguna eficacia» su denuncia contra la esclavitud (Andioc, 2001, pág. 48n). *Zinda,* especialmente cuando la comparamos con otras obras en donde aparecen personajes de raza negra en producciones de la época, representa el límite hasta el que se podía llegar en su tiempo, y en ocasiones parece que rompe esa barrera haciendo que los colonizados aparezcan como más libres, más justos y más humanos que sus supuestos civilizadores europeos. Es significativa la opinión de Arturo Morgado, que ha estudiado la obra de María Rosa de Gálvez en el contexto de la difusión de las ideas abolicionistas de la España de su tiempo:

> *Zinda* [...] muy probablemente sea uno de los mejores exponentes de lo que podía dar de sí, con sus virtudes y limitaciones [...] el abolicionismo español anterior a 1808. Valentía tanto mayor por cuanto no podemos olvidar que la autora debió enfrentarse a los propios intereses de su familia: su tío, José de Gálvez, había decretado el libre comercio de esclavos en 1784 (Morgado, 2014, págs. 208-209).

Zinda comienza con una escena de gran efectismo: un grupo de guerreros negros, liderados por Alcaypa, se dispone a sacrificar en la hoguera a un blanco, Pereyra, «mientras su corazón abominable, / arrancado del pecho por la espalda, / se ofrece en sacrificio a nuestros dioses». Esta escena bárbara se interrumpe con la llegada de Zinda, que les recrimina haber vuelto a «las costumbres sanguinarias / de la ferocidad», en lugar de la clemencia que es ahora norma de su reino. Liberado Pereyra, el portugués jefe de la colonia que había viajado a Europa, Zinda le explica que en su ausencia el holandés Vinter había matado al hijo de Pereyra y se había alzado con el mando de los portugueses, tras lo cual había tomado preso al hijo de Zinda. Esta, con sus guerreros, prepara el asalto al fuerte portugués para liberar a su hijo.

La obra se desarrolla entre incidencias del combate (que ocurren fuera de escena y entre actos) y momentos de fuerte sentimentalismo, como las escenas de Zinda con su hijo Zélido, ambos presos en el castillo. Vinter, traidor redomado, pretende casarse con Ángela, la hija de Pereyra, a quienes todos creen muerto, y recibir del reino de Zinda un tributo de oro y el derecho al tráfico de esclavos. Zinda y su esposo Nelzir, presos, se niegan y, ante la orden del malvado holandés para llevar a Zélido como esclavo, Zinda está a punto de despeñarlo para que muera libre. Finalmente, la llegada de Pereyra con un contingente de negros logra cambiar las tornas y Vinter queda preso. Pereyra, tras la dura experiencia, decide abandonar la colonia, pero Zinda acepta que se restablezca la «amistad y comercio» renunciando al tráfico de esclavos. El buen colonizador acaba la obra con la alabanza de la reina:

PEREYRA. ¡Oh generosa Zinda!, en ti se ha visto
que la ferocidad cede y se rinde
a la santa virtud y al heroísmo.

(vv. 1316-1318)

El final feliz resulta un poco extraño en una tragedia, pero no es una novedad absoluta. Entre los griegos hay más de una tragedia de final fausto, como *Filoctetes,* de Sófocles, o *Las Euménides,* de Esquilo. Pero este final no destruye el hecho de que el drama se integre en el mundo trágico, es decir, la presentación de una acción elevada, con protagonistas heroicos y el planteamiento de graves temas humanos.

Zinda es una heroína. Lo es como guerrera que combate ferozmente al frente de sus guerreros en defensa de la libertad del Congo, pero lo es mucho más como gobernante que se rige por los principios de justicia, clemencia y servicio a su pueblo. Este es el heroísmo que le atribuye Pereyra, y no por casualidad es la palabra que cierra este drama trágico. Zinda representa la figura del gobernante ilustrado, lo que resulta inusitado en una obra en donde se confrontan personajes africanos y europeos. Su heroísmo representa el control de sí mismo, la entrega a los ideales de humanidad y la defensa a ultranza de la libertad. Todo ello incluye a la obra en el ámbito de la tragedia neoclásica.

Lo que la distingue de otros héroes es el hecho de ser mujer y madre. Las escenas en que Zinda muestra su ternura maternal a su hijo Zélido cuando ambos están presos en la fortaleza portuguesa pertenecen al género sentimental que triunfó a finales del siglo XVIII tanto en obras de tipo trágico como en la comedia. A pesar de su anacronismo, permiten contemplar el personaje de Zinda desde otra perspectiva que el de la salvaje guerrera que habían retratado los discursos de Cavazzi y sus traductores.

Frente a ella, el resto de los personajes quedan desdibujados. Su marido Nelzir no tiene más función que mostrar que ella es también una buena esposa, además de reina. El buen Pereyra sería su contrafigura europea y representa el ideal de una colonización humanizada que no busca más que el intercambio entre iguales, pero su peripecia apenas está esbozada. Ángela es una figura intrascendente, la mujer débil, llorosa, siempre en peligro... En realidad, solamente se le puede oponer Vinter, que, si bien es un traidor de libro, es el único que tiene verdadera fuerza en el drama, además de ser, posiblemente, el personaje que mejor responde a una realidad histórica, la de la rapiña europea en los territorios africanos. Vinter es un proscrito, expulsado de Holanda (no hay en la obra oposición entre protestantes holandeses y católicos portugueses), que ha llegado a las colonias portuguesas con engaños y con la intención de enriquecerse. Todas sus acciones responden a un plan minuciosamente trazado que se va cumpliendo punto por punto y que está a punto de triunfar. Ambicioso, mendaz, hipócrita y astuto, tiene la grandeza del mal.

Como en el resto de sus obras, María Rosa de Gálvez se cuidó mucho de respetar las unidades neoclásicas de acción, tiempo y espacio. No se entiende muy bien por qué Bordiga opina que la obra no tiene «una acción entera en el sentido aristotélico» (Bordiga, 2003a, pág. 89). La acción es única, ya que todas las acciones secundarias se subordinan a la principal, que es la lucha de Zinda por mantener la libertad de su pueblo y de su propio hijo Zélido, que ha caído preso del infame Vinter. La unidad de lugar se mantiene dentro de los límites aceptados por los tratadistas, ya que todo sucede en el fuerte de Santo Tomás y en sus alrededores, y cada uno de los actos tiene un solo lugar de la acción. En cuanto a la unidad de tiempo, aunque el paso del tiempo no está claramente establecido en las acotaciones, como ocurre, por ejemplo, en *Safo,* se mantiene dentro de las veinticuatro horas establecidas.

Zinda, siguiendo la norma de las tragedias neoclásicas, utiliza en exclusiva el romance heroico con una sola rima en cada acto: á-a en el primero; é-o en el segundo; í-o en el tercero. Como en toda la obra dramática de María Rosa de Gálvez, el verso fluye con gran facilidad y, dentro del tono elevado que corresponde a una tragedia, su lenguaje es de una gran claridad sin perder el aire de nobleza que le caracteriza.

Tras la obra de María Rosa de Gálvez, la figura de la reina Njinga cayó en el olvido para los escritores europeos. Sin embargo, ha renacido con fuerza en las últimas décadas en África y América. En 1993 la escritora norteamericana Carole Ione estrenó un musical sobre ella del que ha dado noticia Julia Bordiga:

> En 1993, en ocasión del Nex Wave Festival, la Academia de Música de Brooklyn presentó el drama musical *Njinga. The Queen King. Return of a Warrior,* con texto de Carole Ione y música de Pauline Oliveros, en el que se narra la vida de la reina africana en yuxtaposición a la vida de una joven afroamericana, Jinnie, que vive en Harlem en el siglo XX (Bordiga, 2003b).

Todavía más reciente es la película *Njinga, Rainha de Angola.* de 2013, producida en Angola por Semba Comunicaçâo, con dirección de Sérgio Graciano, guion de Joana Jorge, música de Matias Damásio y Rodrigo Leâo, fotografía de Rui Amado e interpretada por Lesliana Pereira (en el papel de Njinga), Ana Santos, Erica Chissapa, Silvio Nascimento, Miguel Hurst, Jaime Joaquim, Orlando Sérgio,

Álvaro Miguel y Ana Almeida. Se trata de una película de buena producción (no una superproducción), con una hermosa fotografía de los paisajes de África y un esquema narrativo muy poco original, que se encuadra dentro de las películas históricas que se suelen etiquetar con el anglicismo *biopic*. El filme narra la vida de Njinga, encarnada por una bellísima Lesliana Pereira, resaltando su inteligencia, su valor y su entrega a la libertad de su pueblo. Sigue punto por punto los episodios más conocidos de su historia: la muerte de su hijo, la embajada en Luanda ante el gobernador portugués, la muerte de su hermano y su exaltación al trono, las luchas contra los portugueses, su alianza con los holandeses... Aunque no elude algún episodio oscuro, como la muerte de su hermano y de su sobrino, estos están siempre justificados por el recuerdo permanente del asesinato de su hijo. Y lo que hoy podría resultar difícil de entender para los públicos masivos y afectar a su circulación internacional ha sido directamente eliminado. No hay canibalismo ni rituales sangrientos, Njinga no tiene cuarenta concubinas varones, ya que es monógama y heterosexual, como al parecer es norma en el reino de Ndongo. Hay una escena amorosa en que el desnudo de la reina está muy velado por las sombras de la noche africana. La heroína del filme, en fin, además de una gran reina, es una buena hija, una buena esposa, una buena hermana y, sobre todo, una buena madre. Exactamente igual que la Zinda de María Rosa de Gálvez. El personaje, tanto en el drama de 1804 como en la película de 2013, se ajusta a comportamientos aceptados por el público para que la obra pueda transmitir su mensaje, que no es demasiado distinto en ambas obras: la defensa de la libertad de los pueblos, la lucha contra el colonialismo y el rechazo de ese baldón de la humanidad que fue la esclavitud.

Esta edición

Para nuestra edición hemos tenido en cuenta dos documentos fundamentales.

MJ

El manuscrito titulado *Teatro trágico*. T.º 2.º, conservado en la Biblioteca del Ministerio de Justicia de Madrid. Se trata de un volumen facticio en que se recogen cuatro obras de María Rosa de Gálvez, *Saúl, Safo, Florinda* y *Blanca de Rossi,* a las que precede la *Advertencia* que la autora colocará al frente del tomo II de sus *Obras poéticas.*

Todos los indicios apuntan a que se trata del manuscrito preparado por la autora para entregarlo a la Imprenta Real para su impresión y que después volvió a sus manos. Cada una de las obras tiene una numeración independiente en sus páginas; en el caso de *Blanca de Rossi* es cada acto el que tiene las páginas numeradas de forma independiente. En las portadas de todas las obras aparece el nombre de la autora, María Rosa de Gálvez, tachado, lo que revela que estamos ante obras sueltas en su origen que, al reunirse para la edición, eliminaron el nombre de la autora al frente de cada una de ellas para dejarlo solamente en la portada del volumen. Al final de cada obra aparece la firma «Muñoz», de letra y tinta muy distinta, y en la penúltima hoja hay otra firma, de letra distinta de la anterior, «Santos Sánchez», rubricada. Esta rúbrica se repite en todas las páginas. Muy probablemente se trata de marcas de imprenta, hechas por el corrector o el cajista encargado de su composición.

Los cuadernillos que componen cada obra son todos de la misma letra, muy probablemente la de la autora o del escribiente que utilizaba para copiar sus obras, pero muestran algunas diferencias. *Blanca de Rossi* es una copia limpia, sin tachaduras ni correcciones. En cambio, *Safo* está llena de correcciones y marcas que indican que el cuadernillo es el que se utilizó en la representación de 1801. De hecho, en la portada, aparece la anotación «Apunte 2.ª». De acuerdo con esta función, hay una notable cantidad de marcas debidas al traspunte, que indican cambios en el escenario o avisos a los actores. Lo más importante es que, además, hay correcciones que pasaron íntegramente a la edición de las *Obras Poéticas,* lo que prueba que la autora tuvo mucho cuidado en esta publicación. La mayor parte son cambios estilísticos, sin que parezca que haya una intervención de la censura.

Es extraño que un manuscrito como este se encuentre en la biblioteca de un ministerio. Sin embargo, el actual bibliotecario, Nicolás Pérez, nos ha confirmado que la obra se encuentra allí desde antes de que el palacio se convirtiese en sede de un organismo oficial, cuando era conocido como palacio de la marquesa de Sonora, ya que fue adquirido y reformado en 1797 por María de la Concepción Valenzuela, viuda de José de Gálvez. A su muerte, pasó a su hija, la segunda marquesa de Sonora, prima de María Rosa. Así pues, es evidente que el manuscrito perteneció al legado de todos sus bienes que hizo la autora a la segunda marquesa de Sonora, su prima María Josefa de Gálvez. El manuscrito, que descubrió y utilizó Julia Bordiga en los años de 1990, es un documento fundamental para conocer el trabajo de María Rosa de Gálvez sobre sus obras.

OP

La edición *prínceps* de las *Obras poéticas* de María Rosa de Gálvez publicada por la Imprenta Real en tres tomos en 1804. Como hemos visto anteriormente, esta edición, un auténtico tesoro de la edición teatral de una mujer, estuvo especialmente cuidada por María Rosa de Gálvez. Es una publicación muy hermosa, muy bien impresa, de gran limpieza y que debió de contar con la corrección de la autora y de los propios impresores. En los tres tomos se incluye una Fe de erratas que, en todo caso, no incluye demasiados errores.

Hemos basado nuestra edición en la *princeps,* los textos publicados por María Rosa de Gálvez en 1804, dentro de sus *Obras poéticas,* considerando que la autora tuvo una intervención directa (como se ve en las correcciones hechas en MJ) y que representan la versión que ella misma consideró definitiva. En cualquier caso, hemos tenido en cuenta el manuscrito del Ministerio de Justicia (MJ), especialmente en el caso de *Safo,* que presenta algunas variantes de interés.

En este caso, hemos consultado también otras ediciones antiguas y modernas, que no aportan ninguna variante. La edición de Valencia de 1813 es una copia exacta de la *princeps,* pero no corrige las erratas, ni siquiera las que aparecen en la Fe de erratas. La de Whitaker (1995 y en línea), mucho más cuidada, está también tomada de la *príncceps,* así como la que yo mismo publiqué en 1995.

En *Blanca de Rossi* hemos consultado el texto del manuscrito (MJ), que no ofrece ninguna diferencia con el impreso (OP). En el caso de *Zinda* no es posible tener en cuenta otros manuscritos o impresos, ya que hasta el momento no se han podido localizar. La única edición moderna, la nuestra de 1995, parte de OP y no tiene ninguna variante con la actual.

Hemos corregido los textos de acuerdo con las normas ortográficas actuales. Hemos suprimido mayúsculas en palabras como Monarca, Infiel, Negro, Europeo y otras que, según las normas actuales, no deben llevarlas. Hemos mantenido alguno de los rasgos lingüísticos de la autora, como el laísmo que en ocasiones aparece en sus versos. Hemos procurado mantener la puntuación, pero suprimiendo muchos los de los puntos y coma, de los que el impreso hace un uso abundantísimo, o sustituyéndolos por una coma.

Para las notas hemos tenido en cuenta los siguientes diccionarios:

— Real Academia Española, *Diccionario de Autoridades.* Edición facsímil, Madrid, Gredos, 1990, 3 vols. (AUT).
— Real Academia Española, *Diccionario de la lengua española.* Vigesimotercera edición, Barcelona, Espasa Libros, 2014 (DRAE).
— Seco, Manuel, Olimpia Andrés, y Gabino Ramos, *Diccionario del español actual,* Madrid, Aguilar, 1999, 2 vols. (DEA).

Bibliografía

Textos

Obras de María Rosa de Gálvez

Manuscritos

Ali-Bek, tragedia original en cinco actos [1801]. Ejemplar en la Biblioteca Nacional de España, Mss/15841 [Disponible en la Biblioteca Digital Hispánica de la BNE].

Ali-Bek, tragedia original en cinco actos, [1801]. Dos ejemplares en la Biblioteca Histórica Municipal de Madrid, Tea 1-1-11 A y B (Apuntes 2.º y 3.º).

Bión, opereta en verso en un acto, 1803. Ejemplar en la Biblioteca Histórica Municipal de Madrid, Tea 1-189-17 (Apunte 1.º).

Catalina, o la bella labradora, comedia en tres actos traducida del francés por ——. Ejemplar en la Biblioteca Nacional de España, Mss/16160 [Disponible en la Biblioteca Digital Hispánica de la BNE].

Las esclavas amazonas, comedia en tres actos en verso. Ejemplar en la Biblioteca Nacional de España, Mss/17196 [Disponible en la Biblioteca Digital Hispánica de la BNE].

Las esclavas amazonas, en 3 actos Gran Comedia. Ejemplar en la Biblioteca Nacional de España, Mss/16507 [Disponible en la Biblioteca Digital Hispánica de la BNE].

Las esclavas amazonas, en tres actos, 1805. Dos ejemplares en la Biblioteca Histórica Municipal de Madrid, Tea 1-28-14 A y B (Primer y segundo apunte).

La familia a la moda, comedia en verso en 3 actos, 1804. Tres ejemplares en la Biblioteca Histórica Municipal de Madrid, Tea 1-74-4 A, B y C (Apuntes 1.º, 2.º y 3.º).
La familia a la moda, ejemplar en la Biblioteca del Institut del Teatre de Barcelona, Mss/ 61876.
La intriga epistolar, traducida libremente del francés y arreglada a nuestro teatro, 1802. Ejemplar en la Biblioteca Histórica Municipal de Madrid, Tea 1-120-16.
Teatro trágico. T.º 2.º., ejemplar en la Biblioteca del Ministerio de Justicia, en Madrid, sig 3280. [Incluye la «Advertencia» y las obras *Saúl, Safo, Florinda* y *Blanca de Rossi.*]
Un loco hace ciento, fin de fiesta en un acto en prosa, [1801]. Ejemplar en la Biblioteca Nacional de España, Mss/16339. [Disponible en la Biblioteca Digital Hispánica de la BNE].
Un loco hace ciento, comedia en un acto, en prosa, 1816. Dos ejemplares en la Biblioteca Histórica Municipal de Madrid, Tea 1-11-9 A y B (Apuntes 1.º y 2.º).

Impresos

Ali-Bek, tragedia original en cinco actos, Madrid, Benito García, 1801 *(Teatro Nuevo Español,* t. 5).
Catalina, o la bella labradora, comedia en tres actos, traducida del francés por Doña ———, Madrid, Benito García, 1801. *(Teatro Nuevo Español,* t. 5).
Un loco hace ciento, Madrid, Benito García, 1801 *(Teatro Nuevo Español,* t. 5).
Obras poéticas, 3 vols., Madrid, Imprenta Real, 1804.
Viaje al Teide, Madrid, Benito García, 1805. [Disponible en la Biblioteca Digital Hispánica de la BNE].
Oda en elogio de la Marina Española, Madrid, Repullés, 1806.
Oda en elogio de las fumigaciones de Morvó, Madrid, Vega, 1806.
Safo, drama trágico en un acto. Para cinco personas, Valencia, Imprenta de Estevan, 1813.
Saúl, escena trágica unipersonal con intermedios de música, Palma, Imprenta de Miguel Domingo, 1813.
Saúl, escena trágica unipersonal con intermedios de música, Valencia, Imprenta de Estevan, 1813.

Safo. Zinda. La familia a la moda, edición de Fernando Doménech, Madrid, Publicaciones de la Asociación de Directores de Escena de España, 1995.
Safo, edición de Daniel S. Whitaker, *Dieciocho* 18.2 (Fall 1995), págs. 189-210.
La familia a la moda, comedia en tres actos y en verso, edición, introducción y notas de René Andioc, Salamanca, Grupo de estudios del siglo XVIII / Servicio de publicaciones de la Universidad de Cádiz / Plaza universitaria ediciones, 2001.
Safo. El egoísta, en Aurora Luque y José Luis Cabrera, *El valor de una ilustrada: María Rosa de Gálvez,* Málaga, Instituto Municipal del Libro de Málaga, 2005.
Ali-Bek, Sevilla, La Máquina China, 2007.
Poesías, edición de Aurora Luque, Málaga, Centro de Ediciones de la Diputación Provincial de Málaga, 2007.
Amnón, tragedia original en cinco actos, Málaga, Servicio de Publicaciones de la Universidad de Málaga, 2009.
El egoísta, versión de Juan Antonio Hormigón, Madrid, Publicaciones de la Asociación de Directores de Escena de España, 2013.
Holocaustos a Minerva: obras escogidas, edición, introducción y notas de Aurora Luque, Sevilla, Fundación José Manuel Lara, 2013.

Obras de otros autores

ALIGHIERI, Dante, *Comedia,* prólogo, comentarios y traducción del italiano de José María Micó, Barcelona, Acantilado, 2018.
ÁLVAREZ DE CIENFUEGOS, Nicasio, *El filósofo de Lesbos. Pítaco.* Drama en tres actos, 1809. (Manuscrito en la BNE. Mss/14649).
ÁLVAREZ DE CIENFUEGOS, Nicasio, *Poesías,* edición de José Luis Cano, Madrid, Castalia, 1980.
ANDRÉS, Juan, *Origen, progresos y estado actual de toda la literatura,* obra escrita en italiano por el abate D. Juan Andrés, individuo de las Reales Academias Florentina y de las Ciencias y buenas Letras de Mantua, y traducida al castellano por D. Carlos Andrés, individuo de las Reales Academias Florentina y del Derecho Español y Público Matritense. Tomo IV, Madrid, Antonio de Sancha, 1787.

Bettinelli, Saverio, *Opere dell'abate Saverio Bettinelli. Tomo secondo che contiene L'Entusiasmo,* Venezia, Stampe Zatta, 1780.

Burke, Edmund, *Indagación filosófica sobre el origen de nuestras ideas acerca de lo sublime y de lo bello,* estudio preliminar y traducción Menene Gras Balaguer, Madrid, Tecnos, 2001.

Diderot, Denis, *El padre de familia. De la poesía dramática,* edición y traducción de Francisco Lafarga, Madrid, Publicaciones de la Asociación de Directores de Escena de España, 2009.

Díez González, Santos, *Informe al Juez Protector de Teatros sobre reformas útiles en los teatros de Madrid,* 1789. Manuscrito en Archivo de la Villa, Corregimiento, 1-85-73.

— *Idea de una reforma de los teatros públicos de Madrid, que allane el camino para proceder después sin dificultad y embarazos hasta su perfección,* 1797. Manuscrito en Archivo Histórico Nacional, Estado, Legajo 3242, número 13.

— *Instituciones poéticas, con un discurso preliminar en defensa de la poesía y un compendio de la historia poética o mitología, para inteligencia de los poetas,* Madrid, Benito Cano, 1793.

Estala, Pedro, *Edipo tirano, tragedia de Sófocles traducida del griego en verso castellano, con un Discurso preliminar sobre la tragedia antigua y moderna,* por don Pedro Estala, presbítero, Madrid, Sancha, 1793.

Feijoo y Montenegro, Benito Jerónimo, *Theatro critico universal, o Discursos varios en todo género de materias para desengaño de errores comunes.* Tomo primero, Madrid, Imprenta Real de la Gaceta, 1765. [Disponible en la Biblioteca Digital Hispánica de la BNE].

— *Theatro critico universal, o Discursos varios en todo género de materias para desengaño de errores comunes.* Tomo séptimo. Nueva edición corregida y aumentada, Madrid, Blas Román, 1781. [Disponible en la Biblioteca Digital Hispánica de la BNE].

Fernández de Moratín, Leandro, *Diario (Mayo1780-Marzo 1808),* edición anotada por René y Mireille Andioc, Madrid, Castalia, 1967.

— *La comedia nueva. Comedia en dos actos estrenada en el teatro del Príncipe. Madrid, 7 de febrero, 1792,* edición con introducción, notas y documentos de John Dowling, Madrid, Castalia, 1970.

— *Viage a Italia,* edición crítica de Belén Tejerina, Madrid, Espasa-Calpe, 1991.
— *Poesías completas (poesías sueltas y otros poemas),* edición de Jesús Pérez Magallón, Barcelona, Sirmio, 1995.
Fernández de Moratín, Nicolás, *Teatro completo. La petimetra. Lucrecia. Hormesinda. Guzmán el Bueno,* edición de Jesús Pérez Magallón, Madrid, Cátedra, 2007.
Jovellanos, Gaspar Melchor de, *Memoria sobre espectáculos y diversiones públicas. Informe sobre la Ley Agraria,* edición de Guillermo Carnero, Madrid, Cátedra, 1998.
Labat, J[ean] B[aptiste], *Relation historique de l'Ethiopie occidentale. Contenant la Description des Royaumes de Congo, Angola & Matamba, traduite de l'Italien du P. Cavazzi, & augmentée de plusieurs Relations Portugaises des meilleurs Auteurs, avec des Notes, des Cartes Géographiques, & un grand nombre de Figures en Tailledouce,* París, Charles-Jean Baptiste Delespine, 1732.
Lantier, Etienne François de, *Viajes de Antenor por Grecia y Asia con nociones sobre Egipto: manuscrito griego del Herculano que tradujo a la lengua francesa E. F. Lantier y a la española el T. C. D. Bernardo María de Calzada, miembro de varios cuerpos literarios,* 3 tomos, Madrid, Imprenta Real, 1802.
Lessing, Gotthold Ephraim, *Dramaturgia de Hamburgo,* traducción de Feliu Formosa, Madrid, Publicaciones de la Asociación de Directores de Escena de España, 1993.
Luzán, Ignacio de, *La poética o reglas de la poesía en general, y de sus principales especies,* edición de Rusell P. Sebold, Madrid, Cátedra, 2008.
Meneghelli, Pierantonio, *Dissertazione sopra la tragedia cittadinesca,* dell'ab[ate] Pierantonio Meneghelli, dell'Accademia delle Sciencie, Lettere ed Arti di Padova, Padova, Stamperia del Seminario, 1795.
— *Bianca de' Rossi,* tragedia del signor Pierantonio Meneghelli, Venezia, 1798.
Monticini, Juan, *Blanca de Rossi,* baile grande, trágico pantomimo, en cinco actos: inventado y compuesto por el señor _____, para representarse en el teatro de los Caños del Peral en el primavera del presente año de 1796. Siendo impresario don Domingo Rossi, [Madrid], Blas Román, [1796].

Ovidio, *Heroidas,* introducción, selección y notas de Vicente Cristóbal, Madrid, Alianza, 1994.

Queipo de Llano y Quiñones, Joaquín José, «Anécdota de crueldad y arrepentimiento de Zingha, Reina de los Jagas», *Espíritu de los mejores diarios literarios que se publican en Europa,* 138, 21 de julio de 1788, págs. 179-184.

Quintana, Manuel Josef, *Poesías.* Tercera edición aumentada y corregida, tomo II, Madrid, Imprenta Nacional, 1821. (Disponible en la Biblioteca Digital Hispánica de la BNE).

Rousseau, Jean-Jacques, *Carta a D'Alembert sobre los espectáculos,* estudio preliminar de José Rubio Carracedo, traducción y notas de Quintín Calle Carabias, Madrid, Tecnos, 1994.

Safo, *Poemas y fragmentos,* versión castellana y notas de Juan Manuel Rodríguez Tobal, edición bilingüe, Madrid, Hiperion, 2010.

Wollstonecraft, Mary, *Vindicación de los derechos de la mujer,* Madrid, Penguin Clásicos, 2020.

Publicaciones periódicas

Espíritu de los mejores diarios literarios que se publican en Europa, 121 (12 de abril de 1788).

Memorial literario o Biblioteca periódica de ciencias, literatura y artes, 10 (enero de 1802).

Minerva, o El revisor general, obra periódica, trimestre quinto, miscelánea-crítica, tomo IV, 1806. [Disponible en la Hemeroteca Digital de la Biblioteca Nacional de España]

Variedades de Ciencias, Literatura y Artes, obra periódica, año segundo, tomo cuarto, Madrid, Benito García, 1805.

Estudios

Alborg, Juan Luis, *Historia de la literatura española. Siglo* xviii, Madrid, Gredos, 1980.

Álvarez Barrientos, Joaquín, *Ilustración y Neoclasicismo en las letras españolas,* Madrid, Síntesis, 2005.

— *El actor borbónico (1700-1831),* Madrid, Publicaciones de la Asociación de Directores de Escena de España, 2019.

ANDIOC, René, *Teatro y sociedad en el Madrid del siglo XVIII*, Madrid, Castalia, 1988.

— «Introducción», en María Rosa de GÁLVEZ, *La familia a la moda.* Comedia en tres actos y en verso, edición, introducción y notas de René Andioc, Salamanca, Grupo de estudios del siglo XVIII / Servicio de publicaciones de la Universidad de Cádiz / Plaza universitaria ediciones, 2001, págs. 7-109.

— «La reforma teatral de 1799-1803», en René Andioc, *Del siglo XVIII al XIX*, Zaragoza, Prensas Universitarias de Zaragoza, 2005, págs. 569-646.

ANDIOC, René, y COULON, Mireille, *Cartelera teatral madrileña del siglo XVIII (1708-1808)*, segunda edición corregida y aumentada, 2 vols., Madrid, Fundación Universitaria Española, 2008.

BARRERO PÉREZ, Óscar, «Imágenes de Safo en la literatura española (I). El siglo XVIII», *Dieciocho. Hispanic Enlightenment* 28.2 (Fall 2005), págs. 101-117.

BOLUFER PERUGA, Mónica, «Mujeres y hombres en los espacios del Reformismo Ilustrado: debates y estrategias», *HMIC: Historia Moderna i Contemporània* 1 (2003), págs. 155-170.

BORDIGA GRINSTEIN, Julia, *Dramaturgas españolas de fines del siglo XVIII y principios del XIX. El caso de María Rosa de Gálvez*, Ann Arbor (Michigan), University of Michigan, 1996.

— «Panorama de la dramaturgia femenina española en la segunda mitad del siglo XVIII y principios del XIX», *Dieciocho. Hispanic Enlightenment* 25.2 (2002), págs. 195-218.

— *La rosa trágica de Málaga: vida y obra de María Rosa Gálvez*, Charlottesville, The University of Virginia, 2003a (Anejos de *Dieciocho*, 3).

— «Nzinga-Nbandi / Zinda Njinga, heroína del nacionalismo africano», *Hecho teatral (revista de teoría y práctica del teatro hispánico)* 3 (2003b), págs. 59-73. (Disponible en la Biblioteca virtual Miguel de Cervantes).

CHECA BELTRÁN, José, *Razones del buen gusto (Poética española del Neoclasicismo)*, Madrid, CSIC, 1998.

COOK, John A., *Neo-Classic Drama in Spain. Theory and Practice*, Dallas, Southern Methodist University Press, 1959.

COTARELO Y MORI, Emilio, *Isidoro Máiquez y el teatro de su tiempo*, estudio preliminar de Joaquín Álvarez Barrientos, Ma-

drid, Publicaciones de la Asociación de Directores de Escena de España, 2009.
Dérozier, Albert, *Manuel José Quintana y el nacimiento del liberalismo en España,* traducción de Manuel Moya, Madrid, Turner, 1978.
[Doménech Rico, Fernando], «Gálvez, María Rosa», en Juan Antonio Hormigón (dir.) *Autoras en la Historia del teatro español. Vol. I (siglos XVII-XVIII-XIX),* Madrid, ADE, 1996, páginas 474-503.
Doménech Rico, Fernando, «Los bonapartistas. Antiabsolutismo y simpatías por la Revolución en España», *Studi Ispanici,* XXXVI (2011), págs. 107-118.
Doménech Rico, Fernando, Soria Tomás, Guadalupe y Conde Imbert, David (eds.), *La expresión de las pasiones en el teatro del siglo XVIII. El 'Ensayo sobre el origen y naturaleza de las pasiones, del gesto y de la acción teatral', de Fermín Eduardo Zeglirscosac y sus fuentes de referencia: Lessing, Le Brun y Engel,* Madrid, Fundamentos / RESAD, 2011.
Establier Pérez, Helena, «El teatro trágico de María Rosa Gálvez de Cabrera en el tránsito de la Ilustración al Romanticismo», *Anales de Literatura Española,* 18 (2005), págs. 143-161.
— «Una dramaturgia feminista para el siglo XVIII. Las obras de María Rosa Gálvez de Cabrera en la comedia de costumbres ilustrada», *Dieciocho. Hispanic Enlightenment,* 29.2 (Fall 2006), págs. 179-203.
Froldi, Rinaldo, «Nicasio Álvarez de Cienfuegos, dramaturgo», *Salina,* 15 (2001), págs. 133-135.
— «La tragedia *Blanca de Rossi* de María Rosa Gálvez», *Dieciocho. Hispanic Enlightenment,* 27.1 (Spring 2004), págs. 157-170.
Guillén Robles, F[rancisco], *Historia de Málaga y su provincia,* Málaga, Imprenta de Rubio y Cano, 1874.
Hernández, Hara, «El salto de Léucade», *Blog del Círculo,* 2017; disponible en: <https://www.circulobellasartes.com/blog/el-salto-de-leucade/> (últ. consulta: 22-11-2023).
Herrera Navarro, Jerónimo, *Catálogo de autores teatrales del siglo XVIII,* Madrid, Fundación Universitaria Española, 1993.
Jones, Joseph R., «María Rosa de Gálvez: Notes for a Biography», *Dieciocho,* 18.2 (Fall 1995), págs. 165-179.

Koeninger, Frieda, «*El negro y la blanca:* la censura de una obra abolicionista en Madrid y México», *Dieciocho. Hispanic Enlightenment,* 37.1 (Spring 2014), págs. 123-138.

Lewis, Elizabeth Franklin, «Breaking the Chains: Language and the Bonds of Slavery in María Rosa Gálvez's», *Zinda* (1804), *Dieciocho,* 20.2 (Fall 1997), págs. 263-275.

Luque, Aurora, y José Luis Cabrera, *El valor de una ilustrada: María Rosa de Gálvez,* Málaga, Instituto Municipal del Libro de Málaga, 2005.

Martín Casares, Aurelia, y Rocío Periáñez Gómez (eds.), *Mujeres esclavas y abolicionistas en la España de los siglos* xvi-xix, Madrid / Frankfurt, Iberoamericana / Vervuert, 2014.

Martín Gaite, Carmen, *Usos amorosos del dieciocho en España,* Barelona, Lumen, 1981.

Martín-Valdepeñas Yagüe, Elisa, «María Rosa de Gálvez: nuevos datos para su biografía», *Dieciocho,* 40-1 (Spring 2017), págs. 7-28.

Morand, Fréderique, *Una poetisa en busca de libertad. María Gertrudis de Hore Ley (1742-1801). Miscelánea y taraceas de versos, prosas y traducciones,* Cádiz, Diputación de Cádiz, 2006.

Morgado García, Arturo, «*Zinda* (1804), de María Rosa Gálvez de Cabrera, y las reflexiones sobre la esclavitud en la España finidieciochesca», en Martín Casares, Aurelia, y Rocío Periáñez Gómez (eds.), *Mujeres esclavas y abolicionistas en la España de los siglos* xvi-xix, Madrid / Frankfurt, Iberoamericana / Vervuert, 2014, págs. 187-209.

— «Los negroafricanos en la literatura española finidieciochesca», *Afroeuropa,* 5.1 (2011).

Palacios Fernández, Emilio, y Palacios Gutiérrez, Elena, «Gálvez Cabrera, María Rosa de», en Real Academia de la Historia, *Diccionario biográfico español;* disponible en: <https://dbe.rah.es/biografias/17320/maria-rosa-de-galvez-cabrera> (últ. consulta: 22-11-2023)].

Pérez Magallón, Jesús, *El teatro neoclásico,* Madrid, Ediciones del Laberinto, 2001.

Quintero Saravia, Gonzalo M., *Bernardo de Gálvez: un héroe español en la Guerra de Independencia de los Estados Unidos de Norteamérica,* Madrid, Alianza Editorial, 2020.

Ríos Carratalá, Juan Antonio, «La práctica del teatro neoclásico», en Víctor García de la Concha (dir.) y Guillermo Carnero (coord.), *Historia de la literatura española,* t. 7, Madrid, Espasa-Calpe, 1995, págs. 510-541.

Rohland, Regula, y Vedda, Miguel (eds.), *La teoría del drama en Alemania (730-1850). Antología,* Madrid, Gredos, 2004.

Rodríguez Sánchez de León, María José, «De la poética de la razón a la antipoética de la pasión: la actitud ilustrada», en Fernando Durán López (ed.), *Hacia 1812 desde el siglo ilustrado,* Gijón, Ediciones Trea, 2013, págs. 103-114.

— «Teoría de los mundos posibles y modernidad literaria: la creación de un nuevo paradigma», en Domingo Sánchez-Mesa, José Manuel Ruiz Martínez y Azucena González Blanco (eds.), *Teoría y comparatismo: tradición y nuevos espacios,* Granada, Universidad de Granada, 2014, págs. 55-70.

Ruiz Ramón, Francisco, *Historia del teatro español (Desde sus inicios hasta 1900),* Madrid, Cátedra, 1979.

Serrano y Sanz, Manuel, *Apuntes para una Biblioteca de Escritoras Españolas desde el año 1401 al 1833,* Madrid, Rivadeneyra, 1903.

Valero, José A., «La polémica sobre el *Pelayo* de Quintana en el *Diario de Madrid* (1805)», *Dieciocho,* 34.2 (Spring 2011), págs. 29-44.

Whitaker, Daniel S., «La mujer ilustrada como dramaturga: el teatro de Maria Rosa Gálvez», en Antonio Vilanova (ed.) *Actas del X Congreso de la Asociación Internacional de Hispanistas,* Barcelona, PPU, 1992a, págs. 1551-1559.

— «Clarissa's Sisters: The Consequences of Rape in Three Neoclassic Tragedies of Maria Rosa Gálvez», *Letras Peninsulares,* 5.2 (Fall 1992), 1992b, págs. 239-251.

— «An Enlightened Premiere: The Theater of María Rosa Gálvez», *Letras Femeninas,* 19.1-2 (1993), págs. 21-32.

Zambon, Rita, «Monticini», en *Dizionario Biografico degli Italiani,* vol. 76, Roma, Istituto della Enciclopedia Italiana, 2012.

Páginas web

Establier Pérez, Helena, *María Rosa de Gálvez.* Página web dedicada a la autora en la Biblioteca Virtual Miguel de Cervantes; disponible en: <https://www.cervantesvirtual.com/portales/maria_rosa_de_galvez/> (últ. consulta: 22-11-2023).

Películas

Graciano, Sergio (dir.), *Njinga Rainha de Angola,* 2013.

Tres tragedias

Advertencia[1]

Las tragedias que ofrezco al público son fruto de mi afición a este género de poesía y de mi deseo de manifestar que la escasez que en este ramo se advierte en nuestra literatura es más bien nacida de no haberse nuestros ingenios dedicado a cultivarlo que de su ineptitud para haber dado en él pruebas de su fecundidad. En efecto, hasta ahora casi se puede decir que no tenemos una tragedia perfecta, pero ¿cómo las ha de haber en una nación que recibe con poco gusto estos espectáculos, y cuyos actores huían no hace mucho al solo nombre de tragedia de exponer al público este género dramático que hace las delicias y constituye la mejor parte del teatro de otras naciones cultas? A la verdad en estos últimos tiempos parecía que iba mejorando la suerte de la tragedia en España: se han representado algunas con aceptación, pero, por desgracia, no podemos hacer gloria de ella, porque solo se han aplaudido las extranjeras. No es mi ánimo inquirir si el serlo puede haberlas dado mejor suerte en el público, pero es indudable que en las de otro país se disculpan los defectos y se exageran con entusiasmo las bellezas, al paso que en las originales no hay la menor indulgencia, lloviendo críticas y aun sátiras inde-

---

[1] Esta «Advertencia» figura como prólogo en el tomo II de las *Obras poéticas* de su autora (Gálvez, 1804). Es también el prólogo del manuscrito *Teatro trágico* del Ministerio de Justicia (MJ).

centes sobre cualquiera que se atreve a emprender esta dificultosísima carrera. Nada importa que la primera composición del gran Racine, de Corneille y otros trágicos franceses hayan sido detestables: a ellos se les disculpa de no haber llegado desde el primer ensayo a la perfección; pero el miserable español que se atreve a escribir una tragedia ¡triste de él! Aunque haya en ella primores que compensen sus defectos, aunque promete para lo sucesivo el ingenio del autor alguna considerable mejoría, no hay remedio; se critica, se satiriza, en una palabra, se le hace escarmentar, o acaso maldecir la negra tentación en que cayó de escribir original y no traducción. De aquí es que hay un diluvio de traductores, y por milagro un ingenio. Sea dicho sin ofender a nadie: es muy difícil traducir bien; pero hay tanta diferencia de esto a ser poeta como la hay de iluminar una estampa a abrir la lámina para tirar la misma estampa. Sin embargo, hoy vemos con extrañeza que cualquiera que traslada a mala prosa española los dramas extranjeros se cree ingenio, y aun se atreve a desacreditar a los verdaderos poetas (que algunos hay) valiéndose para dar más importancia a su trabajo de exaltar las composiciones de otros países y deprimir las nuestras. Como si Apolo hubiese negado su influencia a la nación que produjo los Lopes, los Calderones y los Moretos, y se necesitase para subir al Parnaso escudarse de producciones extranjeras. Pero en vano es cansarnos. La misma nación, los mismos compatriotas del ingenio español, están contagiados de esta epidemia de predilección a los extraños y desprecio de los propios. Y no es porque entre aquellos sea todo excelente: hay entre sus composiciones, buenas unas, otras malas y también pésimas. Pero en ellas por una sola escena buena se sufren cinco actos insulsos y lánguidos; por un solo carácter trágico se pasan muchos que no lo son, y ¡cuántas veces se gradúan de perfecciones sus defectos! Al contrario, un drama original no puede tener una situación, un verso, un descuido que se tolere: todo ha de ser perfecto; y si esto llegase a verificarse, que no es fácil, aun dudo si merecería el entusiasmo y los aplausos que se tributan a los extranjeros. En esta época salen a luz estas tragedias, que son originales, y sea cual fuere su mérito, solo son producción de una mujer española[2]: nada hay en ellas traducido, nada hay tomado sino de la historia o suceso que ha dado asunto al drama. Por consecuencia, puedo llamar mías estas composiciones con harto más fundamento que los traductores que se envanecen por el suceso de sus tareas en el teatro, sin reflexionar que los elogios públicos en semejantes representaciones, o son al verdadero autor, o más bien al desempeño de los actores, quedando solo para el traductor el interés pecuniario (que no es despreciable[3]), injustamente asignado por lo regular a un trabajo que solo puede serlo para aquellos cortos ingenios que nada son capaces de inventar[4] por sí y necesitan hallarse los pensamientos, la acción, el orden, y en una palabra, hallarse la obra compuesta[5] para poder hacer algunos pinitos en la cuesta del Parnaso. Atrevimiento es en mi sexo, y en estas desgraciadas circunstancias de nuestro teatro, ofrecer a la pública censura una colección de tragedias, pero espero que se me disculpe por el buen deseo que se estimula a promover o excitar los ingenios españoles para que, despreciando, como es justo, la mordacidad de los miserables que les hacen tan indecente guerra, publiquen sus obras dramáticas. En las mías faltará mucho para la perfección, pero el sexo y las continuas ocupaciones y no vulgares penas que

---

[2] *Una mujer española:* La primera intención de María Rosa de Gálvez fue «una señora española» (MJ). En el mismo manuscrito aparece tachado y corregido como «mujer española».

[3] *Que no es despreciable:* Esta frase aparece solamente en MJ, tachada. No pasó a la edición (OP). La incluimos porque es muy significativa de cómo la autora tenía en cuenta los derechos económicos de escritores y traductores, aunque luego ella misma considerase que no convenía expresarlo de forma tan clara en su Advertencia.

[4] *Capaces de inventar:* En MJ «capaces de hacer». Tachado y corregido.

[5] *Compuesta.* En MJ aparece una palabra ilegible, tachada y corregida.

acompañan mi situación, no me han permitido limarlas con más escrupulosidad; ni yo creo que por haberlo hecho adelantaría mucho, puesto que, tal cual sea su mérito, es más bien debido a la naturaleza que al arte, con que no me ha sido muy fácil adornarla. Ni ambiciono una gloria extraordinaria, ni puedo resolverme a creer tanta injusticia en mis compatriotas que dejen de tolerar los defectos que haya en mis composiciones con la prudencia que juzgo merece mi sexo. Si me engaña esta esperanza, estoy bien segura de que la posteridad[6] no dejará acaso de dar algún lugar en su memoria a este libro, y con esto al menos quedarán en parte premiadas las tareas de su autora.

---

[6] *La posteridad:* En MJ, «algún día la posteridad». Tachado «algún día», sin duda porque la autora lo consideraba redundante.

Safo

Drama trágico en un acto

Actores

Safo[7], *poetisa griega.*
Cricias, *sacerdote de Apolo.*
Faón[8], *su hijo.*
Nicandro, *amante de Safo.*
Aristipo, *segundo sacerdote.*
Comparsas de ministros del templo,
de marineros griegos,
pueblo de Leucadia[9].

---

[7] *Safo.* Safo de Lesbos, nacida en Mitilene, capital de esta isla jonia, hacia el 610 a.C., fue una de las grandes poetas de la época arcaica y la única mujer incluida en el canon de líricos griegos. De familia aristocrática, sufrió un destierro en Sicilia entre los años 605 y 591. A su vuelta fundó una institución exclusivamente femenina que ha dado lugar a todo tipo de interpretaciones. La más corriente es que se trata de una institución para la educación de las jóvenes en la cual se darían con toda normalidad las relaciones honoeróticas que son patentes en varios de los poemas de Safo. La poesía de Safo, de gran intensidad lírica, fue enormemente popular en el mundo clásico: sus poemas sirvieron de inspiración a poetas como Catulo, Horacio y Ovidio. Pero en 1073 el papa Gregorio VII, considerándola un ejemplo del pecado nefando, mandó quemar toda su obra.

[8] *Faón.* Personaje mitológico relacionado con Afrodita. Era, según algunas fuentes, un viejo barquero que llevó a la diosa sin pedirle su estipendio; Afrodita, en gratitud, lo convirtió en un joven de gran belleza del que se enamoró locamente Safo. Abandonada por Faón, la poeta se suicidó lanzándose al mar desde la roca Leucadia.

[9] *Leucadia.* Hoy día Léucade. Es una isla griega situada en el mar Jónico, cerca de la costa de Acarnania, a la que está unida por un puente.

La escena es en la isla de Leucadia. A la derecha se ve la roca del mismo nombre[10], *desde donde se precipita* SAFO. *Al lado opuesto, vista del templo de Apolo, con puertas practicables. En el foro mar tempestuoso. La acción empieza de noche. Se oyen algunos truenos. Las nubes se disipan*[11], *y el teatro se aclara según dicen los versos, hasta quedar iluminado enteramente por la salida del sol.*

Trajes griegos, y los isleños medio desnudos[12].

Su nombre, que en griego significa «la blanca», se debe a sus acantilados de roca blanca. En uno de ellos se encuentra la famosa roca Leucadia.

[10] *Roca Leucadia.* Acantilado de 72 metros que se encuentra en la isla. La leyenda cuenta que desde la roca se lanzaban al mar los que sufrían penas amorosas: si sobrevivían, olvidaban al ser amado. Safo fue la más famosa de las que probaron este radical remedio contra el sufrimiento amoroso.

[11] *Las nubes se disipan.* En el manuscrito (MJ) «Las [ilegible] se retiran». Tachado y corregido como aparece en OP.

[12] *Trajes griegos... desnudos:* Esta acotación, que aparece tachada en el manuscrito (MJ), no pasó a la edición de *Obras Poéticas* (OP).

Mujer con tablillas de cera y estilete, usualmente identificada como Safo. Fresco anónimo del siglo I. Pompeya.

ESCENA I

Safo sentada en una piedra inmediata al templo.

SAFO. Noche desoladora, fiel imagen
de mis continuos bárbaros tormentos,
no cese tu rigor, no tus furores:
el hórrido silbido de los vientos,
el rayo desprendido de la esfera,
el ronco son del pavoroso trueno
halaga un corazón desesperado.

(Se levanta.)

¡Ah! Perezca en tu horror el universo,
perezca la morada que mantiene
al hombre entre los hombres más perverso:
anégale en tus aguas, mar undoso,
y entre tus ondas su cadáver yerto
suba al Olimpo[13], y del Olimpo baje
a sepultarse en el profundo Averno[14].

[13] *Olimpo:* El Monte Olimpo, con sus 2919 metros, es la montaña más alta de Grecia. Era la morada de los dioses olímpicos, los más importantes del panteón grecolatino.

[14] *Averno:* Cráter cerca de Cumas, en Italia, que en la mitología grecolatina era la entrada del reino de Hades y, por metonimia, el propio Infierno.

(Empieza a serenar.)

Mas tú te calmas, ¿eres insensible
a mi fatal plegaria, a mis lamentos?[15].
Eres como Faón... ¡Ay!, ni su nombre
piadoso vuelve a repetir el eco.
¡Espantosa quietud! Todo enmudece
y al tormentoso horror sigue el silencio.
Las negras furias[16] que mi amor persiguen
me privan hasta el bárbaro consuelo
de ver el orbe vacilar al choque
de los embravecidos elementos.

(Se empiezan a disipar[17] *las nubes.)*

Vecina el alba, volverá a la tierra
el marchito verdor; plácido el cielo
ofrece al fin serenidad y vida.
Hoy, por la última vez, el firmamento
verán mis ojos, de llorar cansados.
Sol, apresura tu brillante vuelo;
verás a Safo en su postrera angustia
perecer u olvidar su ingrato dueño.

(Queda apoyada al bastidor[18].)

---

[15] *A mi fatal plegaria, a mis lamentos:* En el manuscrito (MJ) «a la fatal plegaria de mi ruego». Tachado y corregido.

[16] *Furias:* Las Furias o Erinias eran divinidades ctónicas que perseguían a los criminales para vengar los delitos de sangre. Son las Euménides que persiguen a Orestes tras el asesinato de su madre Clitemnestra. Safo les da aquí un sentido más amplio suponiendo que los sufrimientos amorosos están causados por estas terribles diosas.

[17] *Disipar:* En el manuscrito (MJ) «retirar». Tachado y corregido.

[18] *Bastidor:* «Se toma por todo el lienzo estirado y fijado sobre los palos o listones, y en especial se usa esta voz en los teatros o coliseos donde se representan las comedias u óperas de música para dar a enten-

ESCENA II

SAFO, CRICIAS, ARISTIPO. *Comparsas*[19]
por la puerta del templo.

CRICIAS. Corre, Aristipo, la extendida costa
de Leucadia registra: que tu celo
logre salvar las miserables vidas
de algunos naufragantes extranjeros.
Víctima puede ser un hijo mío
de las iras del mar.
ARISTIPO. Ya te obedezco;
calma tus inquietudes entre tanto.
Vamos por la ribera, compañeros,
y que iluminen las ardientes teas
mientras el sol nos niega sus reflejos.

(Se va con parte de los comparsas.)

CRICIAS. Venid vosotros por la orilla opuesta[20].
SAFO. ¡Ay, Faón!
CRICIAS. Escuchad. ¿Ese lamento
el nombre de Faón no ha pronunciado?
Entre estas rocas alumbrad. ¡Qué veo!
SAFO. *(A los comparsas, que se retiran.)*

---

der las escenas y mutaciones pintadas para el adorno y propiedad de lo que se representa» (AUT). La autora pasa de describir el paisaje representado a recordar que estamos ante una escenografía.

19 *Comparsa:* «En el teatro, conjunto de personas que sale a escena y no habla» (DEA).

20 *Venid vosotros por la orilla opuesta:* Este verso no existía en la primera versión del manuscrito (MJ), y está añadido posteriormente. Se trata, sin duda, de un olvido, ya que es necesario para mantener la métrica del romance heroico, y la corrección sin duda es de la autora.

Apartad esa luz.
CRICIAS. Infeliz Safo,
no rendida al dolor con tal extremo
aumentes tu desdicha. Poco falta
para que libre de ese amor funesto
recobres la quietud. ¿Puedes acaso
por insultar la cólera del cielo,
vagando entre las sombras espantosas
de esta noche de horror, de tu fiel pecho
a Faón arrancar?
SAFO. Por piedad, Cricias,
déjame, y no repitas del perverso
el nombre odioso.
CRICIAS. ¿Tú no le nombrabas?[21].
SAFO. Sí, porque se aumentase mi tormento[22].
CRICIAS. De olvidar o morir, Safo, en tu mano
la elección tienes: todo está dispuesto
para cumplir tu voto; el sacrificio
que has de ofrecer en el sagrado templo,
las barcas velocísimas que formen
del alto promontorio el ancho cerco,
los nadadores que al socorro tuyo
lanzarse deben, y el ansioso pueblo
que ser testigo de tu gloria espera,
todo a cumplir te obliga el juramento
de renovar la fama de Leucadia
en el orbe y los siglos venideros.
Pero si dudas, si el peligro temes...
SAFO. Sacerdote de Apolo, nada temo
sino el quedar con vida. Los socorros
que la costumbre estableció y el tiempo

---

[21] En OP «¿Tú le nombrabas?, pero en la fe de erratas se corrige tal como hacemos.

[22] *Sí, porque se aumentase mi tormento:* En el manuscrito (MJ), «Tienes razón, renueva mis tormentos». Tachado y corregido.

para los desgraciados que llegaron
al extremo fatal en que me veo
mi desesperación los abomina;
no los puedo estorbar y los tolero.
¡Ojalá que este abismo cristalino
que baña de la roca el fondo inmenso[23]
me sepulte, y a ver la luz no vuelva
si está el olvido en su profundo[24] seno!

CRICIAS. ¿Pues no pretendes, Safo, que se apague
ese insensato y amoroso fuego?

SAFO. ¡Ay!, no, Cricias, detesto mi existencia
si pudiese vivir sin un recuerdo
de mi amado Faón.

CRICIAS. Esos delirios
en breve olvidarás.

(El teatro[25] se ha ido aclarando.)

Ya los reflejos
del sol en el oriente se descubren.
Cálmate, Safo, que el feliz momento
de tu dicha se acerca...

(Safo se quiere ir.)

¿Por qué huyes?

SAFO. Su resplandor me oprime: al bosque vuelvo
a contar impaciente los instantes
que faltan para hacer mi amor eterno.

---

[23] *Que baña de la roca:* En el manuscrito (MJ), «que de la roca baña». Tachado y corregido.

[24] *En su profundo seno:* En el manuscrito (MJ) «en el profundo seno». Tachado y corregido.

[25] *Teatro.* «Es la parte del tablado que se adorna con paños o bastidores para la representación» (AUT). Todavía en este tiempo la palabra «teatro» se refería al escenario, no al edificio completo.

(Se va.)

CRICIAS. ¡Plegue a los dioses que tu muerte sea
la que a mis tristes años el sosiego
pueda volver! Por ti perdió la patria
el brazo de Faón, por ti, su esfuerzo
envilecido en el deleite infame,
ni el peligro de Atenas, ni el lamento
de este padre infeliz pudo moverle.
Él era mi esperanza y mi recreo,
y si de otra beldad el atractivo
no borrase tu imagen de su pecho,
en placer vergonzoso todavía
viviera sumergido; mis recelos,
mientras tú vives, acabar no pueden,
pues si viese Faón el loco exceso
de tu pasión, tal vez compadecido...
Pero Aristipo vuelve conduciendo
un joven a este sitio.

ESCENA III

CRICIAS, ARISTIPO, FAÓN. *Comparsas.*

FAÓN. ¡Oh padre mío!
CRICIAS. Faón, hijo querido, ¡dioses! ¿sueño?
Estréchate en mis brazos: ¡tú en Leucadia!
FAÓN. Yo en Leucadia, señor, a ser objeto
de todos los furores de los hados.
Yo, que en mi triste corazón albergo
las implacables furias del abismo:
ellas me acosan; el remordimiento
grabaron en mi alma, y ni la muerte
me quiso conceder piadoso el cielo.

CRICIAS. Hijo ingrato, ¿y es esta la ternura
que te debe tu padre?, ¿este el contento
que muestras a mi vista?

FAÓN. ¡Ah padre mío!
No pueden mis delirios ofenderos.
He perdido a mi esposa: sepultada
queda en el mar; los fieles compañeros
que la seguían[26] yacen sumergidos.
Yo intentaba con ella en el ligero
esquife[27] libertarme del peligro;
las ondas la arrancaron de mi seno
al tiempo de arrojarme y anegaron
el mísero bajel en un momento.
¡Oh nunca las piedades de Aristipo
me socorrieran! ¡Ojalá el soberbio
piélago undoso fuera mi sepulcro!
Pues Júpiter sin duda de su excelso
trono lanzaba el rayo en mi rüina:
Safo, elevando el dolorido acento,
clamó por mi castigo abandonada
y se han cumplido sus fatales ruegos.

ARISTIPO. Pues qué, ¿Safo...?

CRICIAS. No más; calla, Aristipo.
Hijo mío, modera tu despecho:
antes de amar a tu infeliz esposa
en lazo criminal tus devaneos
pensaban que no hubiera quien borrase
de Safo los amores: otro objeto
en Teágenes hallaste, y otros muchos
feliz pueden hacerte.

---

[26] *Que la seguían:* En el manuscrito (MJ), «de mi fortuna». Tachado y corregido.

[27] *Esquife.* «Barco pequeño que se lleva dentro de los navíos grandes para saltar en tierra y para otros ministerios» (AUT).

FAÓN. No lo espero.
De mi joven esposa la belleza
alucinarme pudo: los consejos
y los mandatos vuestros repetidos
hicieron que en el lazo de Himeneo[28]
buscase los placeres, pero en vano.
La lisonjera novedad huyendo
desterró la ilusión: Safo llorosa,
desesperada y a mis pies gimiendo
mi horrible ingratitud me recordaba
hasta en los brazos de mi nuevo dueño[29].
Presentes siempre su fatal constancia,
su ternura, sus gracias, sus talentos,
su lira, que a los dioses encantaba...
Con ninguna beldad logró mi pecho
llenar aquel vacío que nos deja
el delicioso goce del deseo.
¡Oh cuántas veces en la oscura noche,
entre las sombras de un pesado sueño,
la vi furiosa, arrebatada, ciega,
clamar por mi castigo, y del Averno
invocar las deidades vengadoras
contra un bárbaro amante! El universo
resonó con sus gritos[30], y sus votos
los dioses irritados concedieron.

CRICIAS. No con tales ideas, hijo amado,
aumentes tu aflicción; piadosos ellos,
pues te vuelven al seno de tu padre,
ni sus furores ni su rabia oyeron.

---

[28] *Himeneo:* Dios que presidía la ceremonia nupcial y aseguraba el buen fin del matrimonio.

[29] *Dueño:* Se refiere a su esposa Teágenes. Todavía en esta época «dueño» servía tanto para el esposo como para la esposa.

[30] *Gritos:* En el manuscrito (MJ) aparece tachada una palabra ilegible, sustituida por esta.

Entra en mi habitación; descansa en ella
mientras a Apolo un sacrificio ofrezco
que aleje de tu alma los terrores[31].

FAÓN. ¡Con cuánto más placer desde este horrendo
precipicio buscara entre las ondas
a mi afligido espíritu consuelo!

CRICIAS. No más delirios. *(A los comparsas.)*
Conducidle, amigos.

FAÓN. Deidades, ¿para qué la vida quiero
si he abandonado a Safo por amarme
y por mi amor Teágenes ha muerto?

(Se va con los comparsas.)

ESCENA IV

CRICIAS, ARISTIPO.

ARISTIPO. Permite, Cricias, a un leal amigo
que preguntarte pueda: ¿cuál intento
te hace ocultar de la infelice Safo
a Faón la existencia? Sus tormentos
a vista de esta amante, que aún adora,
se pudieran calmar, y tu secreto
hace dos desdichados. ¿Es posible
que teniendo a tu arbitrio el solo medio
de salvar una vida que merece
suerte más venturosa estés resuelto
a verla perecer?

CRICIAS. Nunca, Aristipo,
con mayor causa desearlo puedo.

---

[31] *Que aleje de tu alma los terrores:* En el manuscrito (MJ) «que alejar pueda todos tus terrores». Tachado y corregido.

¿Quieres que vuelva a publicar la Grecia,
de mi glorioso nombre en vilipendio,
que aprisionado un hijo mío vive
en los brazos de Safo? ¿Y que de nuevo,
olvidando su patria y sus deberes,
como cuando de Esparta el odio fiero
amenazaba a Atenas[32], busque asilo
en los placeres, evitando el riesgo?
No, Aristipo, que muera una y mil veces
antes esa mujer.

ARISTIPO. ¿Y el himeneo[33]
no pudiera ligar los dos amantes
sin que en su amor hubiera[34] los excesos
de un trato vergonzoso? Faón libre,
lo conduce el destino al mejor tiempo
para estorbar la desgraciada muerte
de la misera Safo.

CRICIAS. Te comprendo,
pero sabe, Aristipo, que ella nunca
quiso unirse con él por otros medios
que los de un torpe amor; y pues conoces
cuántas razones de evitarlo tengo,
si eres mi amigo, ayuda por tu parte
a que Faón ignore estos momentos
la existencia de Safo; y si no basta
de la amistad el poderoso ruego
a obligarte, que baste la obediencia.
Yo por mi dignidad soy el supremo

---

[32] *Atenas... Esparta:* Referencia anacrónica a las guerras del Peloponeso.

[33] *Himeneo:* Aquí, como nombre común, se refiere por metonimia a la boda posible entre Faón y Safo.

[34] *Sin que en su amor hubiera:* En el manuscrito (MJ), «sin que su amor tuviese». Tachado y corregido.

sacerdote de Apolo, y en su nombre
que calles y obedezcas hoy te ordeno[35].

(Se va.)

ARISTIPO. ¡Crüel superstición! ¿Será forzoso
que esté obligado mi sensible pecho
por tu fatal poder a ser testigo
de sacrificio tan atroz y horrendo?
Cricias da a su rencor nombre de gloria;
la religión me manda obedecerlo;
Safo y Faón, los dos desesperados,
tal vez perecerán. ¡Oh si a lo menos
mi persuasión pudiese libertarlos!

ESCENA V

NICANDRO, ARISTIPO.

NICANDRO. Escucha, sacerdote, a un extranjero
que llega al promontorio de Leucadia
para hacer la experiencia que ya hicieron
los que olvidar o perecer buscaron.
ARISTIPO. Joven, ¿sabes si acaso[36] alguno de ellos
quedó con vida?
NICANDRO. No; todo lo ignoro.
ARISTIPO. Pues antes de prestar el juramento
que te obligue a lanzarte de su cima
la voz de la verdad escucha atento.

---

[35] *Hoy te ordeno:* En el manuscrito (MJ) «solo ordeno». Tachado y corregido.

[36] *Sabes si acaso:* En el manuscrito (MJ), «has visto acaso». Tachado y corregido.

El mancebo Leucates[37], perseguido
de las iras de Apolo, llegó huyendo
a esa roca, y desde ella despeñado
se hundió en el mar precipitado y ciego.
Su nombre le ha quedado desde entonces,
y para eternizar su triste ejemplo
todos los infelices[38] que a la muerte
arrastraban del crimen los excesos
eran precipitados de esa altura
ligando muchas aves a sus cuerpos
que hiciesen menos fuerte el duro golpe
con el esfuerzo natural del vuelo.
Uno entre tantos, que logró salvarse,
olvidó de su vida los sucesos,
y todos los amantes desgraciados
hacer la misma prueba resolvieron,
pues desde entonces, sin socorro alguno,
creyendo que el olvido está en el seno
de ese profundo abismo, en él se arrojan.
Los sacerdotes de ese antiguo templo
previenen nadadores que a la orilla
saquen al miserable. En tanto tiempo
como dura esta bárbara costumbre
ninguno se salvó: si estás resuelto
con este desengaño al precipicio,
compadecerte, no evitarlo puedo.

NICANDRO. Vana es tu compasión; al templo vamos,
que hoy la terrible prueba hacer pretendo.

ARISTIPO. Tan presto no podrás.

---

[37] *Leucates:* Joven de Leucadia que, perseguido por Apolo, se lanzó al mar desde la roca Leucadia. En su recuerdo se levantó en el lugar un templo de Apolo, del que Cricias y Aristipo son sacerdotes. María Rosa de Gálvez escribe que Leucates huía «de las iras de Apolo», pero lo cierto es que escapaba del ardiente deseo del dios.

[38] *Infelices:* En el manuscrito (MJ), «criminales». Tachado y corregido.

NICANDRO. ¿Por qué motivo?
ARISTIPO. Porque para morir llegó primero
que tú la triste Safo.
NICANDRO. ¿Qué he escuchado?
¿La poetisa Safo a tal extremo
reducida se ve? ¿La que de Atenas
mereció los aplausos y los premios?
¿Por la que suspiraron vanamente
millares de rendidos, y yo entre ellos?
ARISTIPO. ¿Tú la amabas también?
NICANDRO. Yo la idolatro,
y el terrible tesón de su desprecio
me condice a buscar aquí mi muerte.
¡Ah! sin duda Faón será el perverso
que ingrato corresponde a sus favores.
Amigo, dime, ¿no podré un momento
hablarla... persuadirla...?
ARISTIPO. Sí, bien dices.
Quizá conseguirá tu rendimiento
piedad de ella y de ti.

(Mira adentro; SAFO *aparece al foro.)*

Pero se acerca;
mírala que abatida vuelve al cielo
los ojos, y después al precipicio.
Sin duda considera el monumento[39]
de su amor infeliz; yo me retiro.
Los dioses favorezcan tus deseos.

(Se va.)

---

[39] En OP «Sin duda considera el momento», corregido en la Fe de erratas. *Monumento:* Aquí se emplea en el sentido de «sepulcro» (DRAE), dedicado al muerto amor de Faón.

ESCENA VI

SAFO, NICANDRO.

NICANDRO. *(Aparte.)* Al fin la vuelvo a ver:
sus negros ojos
del llanto enrojecidos son aquellos,
y el gracioso semblante, donde ahora
se pinta la aflicción... pero habla.

SAFO. ¡Oh Venus!,
desciende del Olimpo, cual solías
complacida a escuchar los dulces ecos
de mi suave lira; ven ahora
que te invoca mi voz con el acento
de la mortal angustia, fortalece
mi corazón con tu divino fuego
estos breves instantes que me restan
de una odiosa existencia.

NICANDRO. Yo me acerco.
Si un amante infeliz merece, Safo,
que algún favor concedas a su ruego,
otórgame la triste preferencia
de que pueda arrojarme al mar primero
que tú desde esa roca.

SAFO. ¿Por ventura
habrás hallado, joven extranjero,
alguna mujer pérfida y mudable?
¡Ah!, no lo extrañaré, que el universo
solo ingratos encierra; pero sabe
que Faón es el más ingrato de ellos.
Cuéntame tus desgracias, y no pienses
tendrá mayor motivo tu despecho
que mi justo dolor.

NICANDRO. Escucha, Safo.
Ni de perfidia ni traición me quejo:

me quejo de un amor tan desgraciado
que nunca de la cárcel del silencio
pudo salir; me quejo de haber visto
víctima de un ingrato el dulce objeto[40]
digno de mi cariño, y de que todos
de merecer se honrasen sus afectos.
Por no verlo penar[41] mi muerte busco.

SAFO. ¡Ah! No es igual el tuyo a mi tormento.
Tú no has perdido más que una insensible;
pues oye por Faón lo que yo pierdo.
Por él abandoné mi patria y nombre[42],
por él sufrí de mi envidioso sexo
la más atroz calumnia[43], por su causa
de los hijos de Apolo el rendimiento
altiva desprecié, y en fin, llevando
mi constante fineza hasta el extremo,
preferí ser su amante a ser su esposa,
que amor, de libres corazones dueño,
lazos huye que amar hacen forzoso[44].
¿Qué no me debe? Yo elevé su genio
a la luz de las ciencias, y en el trono
del amor, desplegando su talento,
célebre fue su nombre a par del mío.

---

[40] *El dulce objeto:* En el manuscrito (MJ) «aquel objeto». Tachado y corregido.

[41] *Penar:* En el manuscrito (MJ) «sufrir». Tachado y corregido.

[42] En OP «por él abandoné mi patria y mi nombre», corregido en la Fe de erratas.

[43] *La más atroz calumnia:* Reticencia que alude al lesbianismo, muy probable en la Safo real, pero que María Rosa de Gálvez no podía, en su tiempo, ni siquiera citar.

[44] *Lazos huye que amar hacen forzoso:* Esta es la lectura del manuscrito (MJ), que por una vez consideramos mejor, más poética y con más fuerza que la corrección que aparece en OP: «huye un lazo que impone obligaciones», expresión un tanto anodina. Es posible que la sustitución del verso original se deba a la censura o a la autocensura de la propia María Rosa de Gálvez.

¡Ay!, que en aquellos deliciosos tiempos
solo en él existía, él era solo
de mi ternura y mis placeres centro.
¡Cuán dulcemente en sus amantes brazos
los elogios que Grecia a mis talentos
dedicaba olvidé, sacrificando
hasta mi vanidad a sus deseos!

NICANDRO. ¡Oh qué feliz otro mortal sería,
Safo, con tu cariño!

SAFO. Yo desprecio
de todos el amor. Faón ingrato
para mí es más amable que el excelso
Júpiter en su solio[45].

NICANDRO. ¡Ah!, que tus voces
aumentan mi dolor, pero a lo menos,
pues que los dos a perecer estamos
por diversos motivos ya resueltos,
sabe que te idolatro, y que tú eres
la que siempre adoré.

SAFO. ¡Qué escucho, cielos!

NICANDRO. Si, Safo, tú pudieras todavía,
premiando la constancia de mi afecto,
hacer de un desdichado un venturoso,
ten piedad de ti misma: a tus pies puesto
te pido que te duelas de las mías.
En tu favor consiste mi remedio.

SAFO. ¿Yo he de dártelo?

NICANDRO. Sí.

SAFO. Pues de esa roca
arrójate después que yo haya muerto.

NICANDRO. ¿Ese, ingrata, me das?

SAFO. ¿De qué te quejas,
si el mismo que yo elijo, ese te dejo?

[45] *Solio:* «Trono y silla real con dosel» (AUT).

NICANDRO. ¡Qué bárbara constancia! ¿No te mueven
ni compasión ni amor?

SAFO. Yo lo detesto:
retírate de aquí, si a ser testigo
no aspiras de mi muerte.

NICANDRO. No: primero
iré a implorar de los supremos dioses
la piedad para ti que en ti no encuentro.

(Se va.)

SAFO. Solo faltaba a mi tirana suerte
escuchar el osado atrevimiento
de un insensato amante. ¡Oh cuánto tarda
el suspirado fin de mi tormento!
Procuremos que llegue.

(Va a entrar en el templo.)

ESCENA VII

SAFO, ARISTIPO.

ARISTIPO. Espera, Safo.
Tú no puedes entrar al sacro templo
en tanto que las víctimas entregan
a la dura cuchilla el dócil cuello:
y antes que con tu muerte a cumplir llegues
tu bárbaro y horrible juramento
oye a un anciano que estorbar procura
con su prudencia tu feroz despecho.
Nada hay estable, ni el amor ni el odio,
que todo cede a la impresión del tiempo.
Quizá Faón arrepentido o libre,
a tu constancia y tu dolor cediendo,

volverá a tu cariño, y con la muerte
aun la esperanza, que es el bien postrero
de los amantes, pierdes.

SAFO. Ya he perdido
la esperanza, el honor y el sufrimiento.

ARISTIPO. Todo, Safo, pudieras recobrarlo.
Vive, espera y confía.

SAFO. Nada espero.
Tú ignoras, Aristipo, cuánto hice
por ablandar el corazón de hierro
del pérfido Faón, y todo en vano.
Yo lo he seguido por extraños reinos
después que huyó de Gonno[46] acompañado
de mi odiosa rival, pero mis celos
en Sicilia lograron alcanzarlo.
Desesperada, su mansión penetro:
corro por todas partes, busco ansiosa
a mi traidor amante; él a mi acento
sale y queda mortal[47], como a la vista
del soberano juez se queda el reo.
Suplico[48] entonces, amenazo, lloro,
y todo en vano: mi dolor acerbo
me hizo humillar hasta sus pies mi frente,
me hizo besar las huellas del soberbio,
y todo en vano: ni mi amargo llanto
ni mis continuos clamorosos ruegos
pudieron ablandarlo; su fiereza
llegó hasta referirme su himeneo

[46] *Gonno:* Ciudad de Tesalia, a orillas del río Peneo, cerca del monte Olimpo. Era el principal nudo de comunicaciones entre esta región y Macedonia.

[47] *Mortal:* «Se dice del que tiene o está con señas o apariencias de muerto; y así se dice Quedarse mortal de susto o pesadumbre» (AUT).

[48] *Suplico:* En el manuscrito (MJ) «me quejo». Tachado y corregido.

para borrar del todo mi esperanza
con otra obligación. ¡Hombre perverso!
¿Qué lazo más sagrado que el que unía
mi corazón al tuyo? Pero el cielo
castigará tu abominable crimen,
porque si del amor del débil sexo
impunemente se burlase el hombre,
¿qué mujer no se viera cual me veo?

ARISTIPO. Ninguna como tú pudiera[49], Safo,
de una pasión funesta los excesos
precaver sabiamente.

SAFO. ¡Ah!, que ninguna
hubiera resistido al dulce fuego
que inspiraba Faón cuando mis ojos
la vez primera por su mal lo vieron.
El volvía de mirtos[50] coronado
a ofrecer sacrificios en el templo
de Júpiter olimpo, porque Atenas
lo declaró triunfante de los juegos.
Su rostro coloraba la victoria,
embellecido con el bozo tierno
de amable juventud; casi desnudo
aún de la lucha, los hermosos miembros
descubría que envidia el mismo Apolo
y que amor puede inspirar a Venus.
También me vio él entonces, y previno
con su declaración mi amante fuego.
Si tú, Aristipo, en juveniles años
has llegado a gozar los embelesos

---

[49] En OP «pudieras», que es una errata evidente.

[50] *Mirto:* Lo lógico sería que Faón hubiera recibido una corona de olivo, que se entregaba en los juegos Olímpicos, o de laurel, propia de los juegos Délficos. Pero el mirto era una planta dedicada a Venus: de ahí el encanto amoroso que produjo en Safo.

de amar correspondido, si has logrado
las delicias que logra quien viviendo
solo en su amante en él se vivifica
lleno de amor y de deleites lleno,
no extrañarás que yo, que así me he visto,
piense morir cuando gozar no puedo.

ARISTIPO. ¿Y qué, no habrá otras causas que te obliguen
a conservar[51] la vida? ¿Qué, tu genio
imitador[52] olvidará la gloria
de la futura edad, y el lisonjero
acento de la fama?

SAFO. Son quimera:
la fama ya no emplea sus acentos
sino en elogio vil del poderoso,
pues ha prostituido el universo
su aplauso al crimen, su favor al vicio,
y oprime las virtudes y el talento.

ARISTIPO. Ya que solo te obliga la memoria
del ingrato Faón, quizá viviendo
cediera su desvío a tu constancia,
y volviéndote a ver...

SAFO. ¡Volver a verlo!
¿Dónde, Aristipo?

---

[51] *Conservar:* En el manuscrito (MJ), palabra ilegible, tachada y corregida.

[52] *Genio imitador:* El genio poético, según la doctrina aristotélica, que consideraba la imitación (mímesis) como el origen de toda la poesía. Entre los poemas publicados por María Rosa de Gálvez en el tomo I de sus *Obras poéticas* se encuentra la oda *La Poesía,* dedicada «a un amante de las artes de imitación» (Galvez, 1804: I 21-26).

ESCENA VIII

SAFO, ARISTIPO, CRICIAS. *Comparsas de ministros del templo.*

CRICIAS. Todo anuncia, Safo,
el fin de tus desgracias. Grato el cielo
declara en las entrañas palpitantes
de las víctimas sacras que el consuelo
llega de tus pesares.

SAFO. Sacerdote,
sígueme, que ofrecer cuanto poseo
en las aras de Apolo solo resta
para cumplir la ley que establecieron
la religión y el uso; y que mi muerte
termine de una vez mis sentimientos.

(Se va.)

CRICIAS. *(Aparte.)* Vamos, que tu fin solo es el que falta
para acabar del todo mis recelos.

(Se va con los comparsas.)

ARISTIPO. Dioses, pues no es posible disuadirla,
benignos permitid sea el postrero
sacrificio su vida, y que le sirva
a los demás amantes de escarmiento.

ESCENA IX

NICANDRO, ARISTIPO.

NICANDRO. ¡Ay, Aristipo! Todo ha sido en vano:
ni tu prudencia ni mi amante ruego
la desgracia de Safo estorbar pueden.

En las manos de Cricias deponiendo
sus brillantes adornos queda ahora.
Estoy fuera de mí: yo me estremezco.
¿Qué puedo hacer? Mi corazón palpita
de asombro y de terror: morir resuelvo.

ARISTIPO. ¿Y qué conseguirás? Aumentar solo
de esta superstición el duro imperio.
Bastantes infelices por su influjo
víctimas desgraciadas perecieron.
¡Mísero aquel que sin recurso gime
bajo el yugo crüel de sus preceptos!
Esta es mi situación: nací sensible
y, aunque educado en este ministerio,
al ver sacrificar mis semejantes,
sin poderlo impedir, lloro en secreto.

NICANDRO. Si fuera Cricias como tú piadoso
jamás recibiría el juramento
de tantos desdichados...

(Dentro música.)

Pero ¡dioses!
ya anuncian estos tristes instrumentos
el instante fatal... A socorrerla
o a perecer con ella voy resuelto.

(Se va. Aparecen las barcas con los nadadores.)

ARISTIPO. Las barcas se aproximan, y se acercan
hacia este sitio en tropas[53] los isleños;
pues ya no puedo liberar a Safo
cumpla con mis deberes a lo menos.

---

[53] *En tropa:* «Modo adverbial que vale juntos, sin orden o formación» (AUT).

ESCENA X

CRICIAS, SAFO, ARISTIPO. *Comparsa de sacerdotes y pueblo.*

SAFO. *(Deponiendo el laurel.)* Laurel[54] glorioso,
[que la sabia Atenas
concedió a las tareas de mi genio,
deja mi frente y queda donde sirvas
a mi nombre y mi amor de monumento.

CRICIAS. Tú le[55] recobrarás más venturosa:
vamos.

ARISTIPO. ¡Oh Safo, cuánto compadezco
tu ceguedad!

CRICIAS. ¿Ahora te detienes?
¿Por qué estás indecisa?

SAFO. Considero
cuánta es la diferencia de mi suerte
por un traidor amante. En otro tiempo
solo al nombre de Safo resonaba
con vivas repetidas el Liceo[56]
de la célebre Atenas, y a mi vista
aplausos tributaba todo un pueblo:
hoy a verme morir otro se junta
lleno de compasión, de dolor lleno.
¿Y por qué enternecidos al mirarme
lágrimas derramáis? Yo nada siento.
¿Qué pudiera sentir cuando el sepulcro
a mis desgracias se presenta abierto?

---

[54] *Laurel:* El laurel, planta de Apolo, es la propia de los poetas.

[55] *Tú le recobrarás*: Es un caso palmario de leísmo, ya que se refiere al laurel.

[56] *Liceo:* La escuela fundada por Aristóteles en Atenas, que debe su nombre a estar situada junto al templo de Apolo Licio. Es un palpable anacronismo, ya que el Liceo se fundó siglos después de la muerte de Safo.

(Señalando el mar.)

Aquel es. ¡Oh mujeres de Leucadia!
Vosotras que miráis en mí el ejemplo
de la negra perfidia de los hombres
abominad su amor, aborrecedlos,
pagad sus rendimientos con engaños,
pagad su infame orgullo con desprecios,
giman a vuestros pies, vengadme todas,
humillad para siempre esos soberbios.
Y tú, ingrato Faón, hombre nacido
por mi fatalidad, plegue a los cielos
que mi sombra interrumpa tu reposo,
que la tierra te niegue el alimento,
que el sol te oprima y que la muerte arranque
de tus aleves brazos el objeto[57]
que causa tu perfidia, y que a tus ojos
muera del mismo modo que yo muero.

ARISTIPO. Si volvieses a verlo...
SAFO. ¡Ay Aristipo!
CRICIAS. Si lo vieras en brazos de otro dueño...
SAFO. Calla, bárbaro: no, no es necesario
me recuerdes la imagen de mis celos
para que yo al sepulcro vuele ansiosa.

(Sube a la roca.)

CRICIAS. *(Aparte.)* Mi astucia se logró.
ARISTIPO. ¡Qué sentimiento!
SAFO. *(En la roca.)* Vosotros, moradores de Leucadia,
a Faón le diréis que Safo ha muerto

[57] *De tus aleves brazos el objeto:* En el manuscrito (MJ), «de entre tus brazos el objeto», que es un verso defectuoso. Tachado y corregido.

víctima de su engaño, y que esta roca[58]
su delito y mi amor harán eternos.

(Se arroja.)

ARISTIPO. ¡Favorecedla, dioses! ¡Desgraciada!
CRICIAS. Logróse mi venganza: ya en el centro
del mar se han sepultado mis afrentas.

ESCENA XI

CRICIAS, FAÓN, ARISTIPO. *Comparsa de sacerdotes y pueblo.*

FAÓN. *(A los sacerdotes.)* ¿Por qué me detenéis?
[¿Ese lamento
no pronunció mi nombre? ¡Oh padre mío!
¿Cuál es el sacrificio que habéis hecho
en mi favor? El templo resonaba
con himnos clamorosos, y aunque quiero
indagar el motivo me detienen
hasta que los ministros atropello
que me estorban el paso. Respondedme:
¿por qué esta confusión? Decid ¿qué es esto?
CRICIAS. Esto ha sido impedir que vieses, hijo,
de una triste mujer el fin funesto
que se ha precipitado de esa roca.
En tu estado pudiera ser su ejemplo
causa de renovar tus aflicciones.
FAÓN. ¿Y quién es?
NICANDRO. *(Sale.)* ¡Ay de mí! ¡Ya no hay remedio!
Sin duda ha perecido, ¡oh desdichada!
ARISTIPO. ¿Pues qué, di, socorrerla no pudieron?

---

[58] *Esa roca.* En el manuscrito (MJ), «esas ondas». Tachado y corregido.

NICANDRO. Aún no lo sé, Aristipo: al duro golpe
de su caída el mar abrió rugiendo
la espalda cristalina, y arrastrando
en doble giro el delicado cuerpo,
por dos veces luchando con las ondas
los remolinos de este golfo[59] inmenso
la vuelven a la luz; los nadadores
se arrojan a salvarla; yo pretendo
antes que ellos lanzarme, pero todos
se oponen y sujetan mis esfuerzos.
¡Desventurada Safo!

FAÓN. ¿Qué pronuncias?
¿Safo es la que perece?... Que a lo menos
muera Faón con ella.

CRICIAS. ¿Qué haces, hijo?

NICANDRO. ¿Tú eres Faón? ¡Ah bárbaro!

(Empuña la espada.)

Mi acero
tomará en ti venganza de su muerte.

ARISTIPO. *(Deteniéndole.)* Detente, joven.

FAÓN. Ven: no me defiendo.
Padre, no os opongáis: yo soy un monstruo.

NICANDRO. Déjame, sacerdote.

FAÓN. He aquí mi seno.

ARISTIPO. Insensatos, ¿qué hacéis? Volved los ojos
a ese infelice miserable[60] objeto.

---

[59] *Golfo:* «Se toma latamente por toda la amplitud del mar» (AUT).
[60] *Miserable:* «Desdichado, infeliz y desafortunado» (AUT).

ESCENA XII

DICHOS, SAFO, *moribunda, conducida en un lecho de yerbas por los nadadores.*

ARISTIPO. Ved a qué extremo deplorable arrastran
de un criminal amor los devaneos.
NICANDRO. *(Observándola.)* ¡Oh dioses! Aún respira...
FAÓN. Que postrado
pueda yo recibir su último aliento.
CRICIAS. *(Deteniéndole.)* Hijo, repara...
FAÓN. Vos no sois mi padre,
sois un hombre crüel, cuyo secreto
a su rencor sacrificó su vida.
Por vos, manchado de un engaño horrendo
he sido infiel, traidor, abominable:
ve aquí el fruto fatal de tus consejos,
de los mandatos vuestros que me obligan
a ser testigo de mi oprobio eterno.
¡Oh Safo sin ventura!

(Arrodillándose inmediato a ella.)

Tú que hiciste
mi corazón feliz en mejor tiempo,
recibe de Faón antes que mueras
el llanto que a tus pies derrama.
SAFO. ¡Cielos!...
NICANDRO. Habla, oigamos.
SAFO. ¡Oh tú... seas quien fueres...
que has visto de mi muerte el triste ejemplo,
publica que es... supersticioso engaño...
buscar aquí el olvido... pues yo muero...

adorando a Faón... y hasta el sepulcro...
su imagen y mi amor conmigo llevo!

(Concluye con una actitud propia[61] *de la situación.)*

---

[61] *Con una actitud propia:* En el manuscrito (MJ) «con un semblante propio». Tachado y corregido.

Blanca de Rossi

Tragedia en cinco actos

Actores

Blanca de Rossi.
Felicia, *dama suya.*
Acciolino, *conquistador de Bazano.*
Bautista, *esposo de Blanca.*
Genaro, *padre de la misma.*
Leopoldo, *general de Acciolino.*
Alberto, *Senador de Bazano.*
Comparsas de guerreros de Germania,
de nobles,
de soldados,
de pueblo de Bazano.

La acción es en la ciudad del mismo nombre: empieza por la tarde y acaba al amanecer del día siguiente. Traje del tiempo de las Cruzadas. Todos los actores, a excepción de Leopoldo, Alberto *y los comparsas, llevan la cruz en armas y manto.*

Acto primero

ESCENA I

El teatro representa gran plaza de Bazano[62]*: el telón del foro será de varios edificios con un arco en medio, por cuyo hueco se verá en lontananza una de las puertas de la ciudad incendiada a su tiempo. Templo magnífico a la derecha con entrada practicable: en su inmediación ancianos, mujeres y niños consternados.* GENARO *en medio de ellos.*

GENARO. Elevemos a un Dios omnipotente
nuestros humildes ruegos. Si a la patria
no pueden socorrer en su conflicto
el débil sexo ni la edad cansada,
los clamorosos votos al Eterno
imploren en favor de nuestras armas.
¡Oh tristes ciudadanos!, ved el fruto
de la guerra civil[63], de aquella infausta
discordia horrible que vosotros mismos

[62] *Bazano:* Bassano del Grappa, ciudad del Véneto, en la provincia de Vicenza. Pertenecía a la Liga güelfa, y fue conquistada por Ezzelino III da Romano.

[63] *La guerra civil:* Se refiere a las luchas entre *güelfos,* defensores de la autoridad del Papa, y *gibelinos,* partidarios del Emperador, que asolaron Italia desde el siglo XII hasta comienzos del XV.

habéis fijado en la infelice Italia.
Eternamente la ambición y el odio
harán nacer el duelo y la desgracia,
y por siempre también los enemigos
a merced de tan tristes circunstancias
triunfarán de nosotros. Acciolino[64],
al frente de las huestes de Germania[65],
juró nuestro exterminio; ha conquistado
este fértil país, y las murallas
de esta ciudad en vano a sus victorias
oponen el valor y la constancia.
Oprimidos del odio y de la guerra,
asolados los campos, destrozadas
las invencibles tropas, ¡ay!, en vano
queremos evitar nuestra desgracia.
Dios solo puede hacerlo: entrad al templo
en tanto que la suerte de las armas
fija nuestro destino, y del asalto
sabemos el horror o las ventajas.

(El pueblo entra en el templo.)

GENARO. *(Solo.)* Todos temen la imagen espantosa
de nuestra esclavitud; ansiosos claman
la viuda triste, el huérfano, el anciano

---

[64] *Acciolino:* Ezzelino III da Romano (1194-1259), *condottiero* al servicio del emperador Federico II, fue uno de los principales jefes gibelinos del norte de Italia durante el siglo XIII. Derrotó a la Liga de ciudades güelfas y conquistó un amplio territorio que incluía Trento, Belluno, Vicenza, Verona, Padua, Brescia y Bassano del Grappa. Se hizo famoso por su crueldad, de donde vino su sobrenombre de «el terrible». Dante, en el canto XII del Infierno de la *Divina Comedia,* lo retrata sumergido en un torrente de sangre, dándole el nombre de Azzolino, que tiene gran semejanza con el que utilizó María Rosa de Gálvez.

[65] *Huestes de Germania:* Ezzelino era general de Federico II, con cuya hija Selvaggia estaba casado, y vicario imperial del norte de Italia.

que sus hijos perdió; sus hijos... Blanca,
yo soy padre también, y tu peligro
me llena de terror: virtudes, gracias[66],
hermosura y valor son tus adornos.
¡Oh cuántas veces de mi edad anciana
apoyo fuiste, gloria y alegría!
¡Oh con cuánto placer te vi enlazada
al ilustre Baustista, ese guerrero
que con su ejemplo y su invencible espada
defiende en estos muros nuestras vidas!
¡Ah!, si la suerte acaso me prepara
el dolor de perderos, si en vosotros
llego a ver sepultar mis esperanzas,
¿para qué padre fui?

(Ruido dentro.)

Pero el estruendo
y el tropel pavoroso de las armas
se acerca hacia este sitio.

ESCENA II

GENARO, BAUTISTA, *guerreros con la espada desnuda.*

GENARO. ¡Oh Dios! Bautista,
¿adónde vas?
BAUTISTA. A defender la patria
o perecer con ella.
GENARO. ¿Los contrarios
han vencido?

---

[66] *Virtudes, gracias:* En el original, «virtud, desgracia», corregido en la Fe de erratas.

BAUTISTA Jamás, mientras mi espada
desnuda brille y mi furor la esgrima.
De Acciolino las huestes rechazadas
dos veces, del asalto abandonaron
la inaccesible empresa; avergonzada
la altiva presunción de ese caudillo,
viendo que sus esfuerzos se estrellaban
en nuestra valerosa resistencia,
las máquinas[67] previene; a las murallas
acerca los arietes[68] destructores;
yo, dejando las puertas custodiadas,
voy a impedir que la invención consiga
lo que el valor no pudo; nuestra saña
destrozará sus máquinas astutas
y sobre los guerreros cuya audacia
se atreva a conducirlas lanzaremos
mil géneros de muertes: dardos, lanzas,
fuego de combustión[69], enormes rocas,
desde los altos muros desplomadas,
sepultarán los bárbaros contrarios
y al pie de nuestros muros su arrogancia,
su tesón, y también nuestra victoria,
dejarán con su sangre señalada.
GENARO. Todo de ti lo espero, mas mi hija,
tu esposa, ¿dónde está?

---

[67] *Máquinas:* «Se llaman también ciertos artificios de que usan en la milicia, y sirven para disparar saetas, piedras y balas, y para aportillar y quebrantar los muros» (AUT).

[68] *Ariete:* «Máquina militar de que usaban antiguamente para batir murallas de ciudades, como lo hace hoy la artillería. Llamóse así porque era una viga grande, en cuya punta se ponía y fijaba una cabeza de carnero de acero, que era con lo que se batía la muralla» (AUT).

[69] *Fuego de combustión:* Probablemente un material semejante al «fuego griego: Compuesto incendiario que se inventó en Grecia para hacer arder las naves enemigas» (DRAE).

BAUTISTA Mi amada Blanca
cumple con su deber: lidia animosa,
infundiendo a las tropas su constancia.
A imitarla volemos, compañeros.
Este es el día de salvar la patria.

(Se va con los guerreros.)

GENARO. Espera...

(Golpes lejanos de tarde en tarde, que no impidan oír la representación.)

Pero ¡oh Dios!, aquellos golpes
que lejanos se escuchan mi esperanza
destruyen con el eco del espanto;
de los arietes son; a las murallas
ya los pudo acercar el enemigo...
Tarde llegas, Bautista, tarde tratas
de impedir la ruina. Los cimientos
de nuestros edificios, ¡ay!, las altas
torres y la soberbia arquitectura
de mi antiguo palacio contrastada[70]
veré temblar, y en breve a vista mía
el muro combatido por la saña
de la guerra feroz, a los impulsos
del rigor cederá: siento exaltadas
mis abatidas fuerzas por el riesgo.

---

[70] *Contrastar:* «Resistir, estar con firmeza y constancia, manteniéndose contra alguna cosa» (AUT)

ESCENA III

GENARO, BLANCA *armada, guerreros de Bazano.*

GENARO. ¡Qué miro! Estos guerreros... ¡ah!, mis plantas,
aunque lo impida el peso de los años,
los seguirán donde el valor me llama.
Amigos, escuchad; al lado vuestro
conducidme al combate. Mas la espalda
me volvéis...

(Los comparsas hacen lo que dicen los versos.)

Solo tú compadecido
contemplas mi dolor... ¿Te vas?... Aguarda...

(A BLANCA, *que se detiene, hace un movimiento de dolor hacia su padre y se va con los comparsas.)*

En vano los detengo; de un anciano
el débil brazo, inútil a las armas,
excita[71] su abandono. ¡Oh Dios eterno!

(Se arrodilla en las gradas del templo.)

Ante tu trono mis angustias claman
en favor de este pueblo desdichado.
Tu poder lo defienda, el hombre es nada
sin tu auxilio, y tú solo sus esfuerzos
puedes hacer triunfar de la desgracia.

---

[71] *Excitar:* «Mover, estimular, avivar» (AUT).

ESCENA IV

ALBERTO, *con la espada desnuda,* GENARO, *que se levanta al verlo.*

ALBERTO. Infelice Genaro, aquel caudillo
que a defender el muro se adelanta...
GENARO. ¿Quién es, Alberto?, di.
ALBERTO. No es necesario:
ya es la ciudad despojo de la rabia
del furioso Acciolino, y nuestros pechos
son la sola defensa de la patria.
Ese ilustre guerrero, que ahora vuela
adonde logre eternizar su fama,
el cuidado me encarga de tu vida.
Yo vengo a que encerrado en la sagrada
mansión del templo evites el peligro,
donde nunca Acciolino...
GENARO. Alberto, calla.
Tu compasión me insulta, y el cuidado
de ese noble guerrero, ¡oh Dios! me infama.
¡Ah! ¿Qué importa mi vida cuando todo
perece en este día? Si humillada
esta ciudad, despojo miserable
llega a ser de un tirano, si de Blanca
la suerte ignoro, di, ¿qué habrá en el mundo
que me obligue a vivir?
ALBERTO. Esa hija amada.
GENARO. Llévame donde está.
ALBERTO. No, que pudiera
el riesgo de su padre intimidarla.
Si en vano nuestros brazos se opusieren
al furor de las huestes de Germania,
yo te ofrezco salvar esa heroína

del general peligro; asegurada
la conduciré al templo, y en tus brazos
lloraréis juntos la común desgracia.

GENARO. Alberto, yo me rindo a tu promesa
y a la necesidad; socorre a Blanca
y a este anciano infelice compadece
que no tiene en la tierra otra esperanza.

(Se entra en el templo.)

ALBERTO. A mi valor ninguna ya le queda;
obstinados parecen con las armas
en la mano mis fuertes compañeros.
¡Ah!, si por mi prudencia se guiaran
no venciera Acciolino con ardides.

(Se ven arder las puertas de la ciudad.)

Pero ¡oh Dios, qué estoy viendo! Sí, las llamas
ya consumen las puertas que dejaron
por defender el muro descuidadas:
cierta es la desventura; el humo, el fuego
la destrucción anuncian, mas mi espada
impedirá...

ESCENA V

Se ven caer las puertas: ACCIOLINO, LEOPOLDO *y sus tropas entran por ellas con las espadas desnudas,* ALBERTO.

ACCIOLINO. Soldados, ya vencimos
la obstinación, la bárbara constancia
de estos hombres feroces. Que la muerte
a ninguno perdone; de mi saña
sufran todo el rigor.

(Señalando a ALBERTO.*)*

Ese atrevido
será la primer víctima.

ALBERTO. Bien cara
os venderé mi vida.

LEOPOLDO. *(A los comparsas.)* Deteneos.
Acciolino, ¿qué intentas? Tu venganza
en estos infelices habitantes
te cubrirá de oprobio: derramada
su sangre, contra ti clamará el cielo.
Perdona generoso.

ACCIOLINO. ¡Ah!, que mi rabia
me recuerda los bárbaros estragos
que han sufrido mis huestes: la obstinada
resistencia que ha opuesto a mis esfuerzos
la ciudad de Bazano de mi gracia
la hace indigna.

LEOPOLDO. El ilustre Federico,
emperador glorioso de Germania,
tu soberano y mío, a la clemencia
siempre inclinó su pecho, y esta mancha
de crueldad con que intentas que sus tropas
queden de la victoria avergonzadas
te hará merecedor de su castigo.

ACCIOLINO. Leopoldo, solo puede de mi fama
el lustre contenerme.

(A ALBERTO.*)*

Ciudadano,
al pueblo haz entender que si las armas
deponen a mis pies en el momento
y a discreción se rinden, aplacadas
mis iras quedarán.

ALBERTO. Voy al instante.

(El verso siguiente aparte, y se va.)

(Por si a Bautista oculto y salvo a Blanca.)

ESCENA VI

ACCIOLINO, LEOPOLDO, *guerreros.*

ACCIOLINO. Leopoldo, que jamás en mis oídos
penetren por tu voz las amenazas
del supremo poder de Federico.
Bien sabes tú que a doblegar no bastan
mi corazón el premio ni el castigo,
y que el emperador más de mi espada
necesita que yo de su corona.

LEOPOLDO. Porque no manches tu victoria...

ACCIOLINO. Basta.
Ya has visto mi piedad, pero no puedo
perdonar de un guerrero la arrogancia
que defiende los muros: ve al instante
a prenderlo o matarlo; la nevada
cimera del plumaje, el rojo manto
y el pavor, más que todo, que sus armas
a mis huestes inspiran, lo distingue.

LEOPOLDO. Para servirte corro a la muralla.

(Vase con parte de los soldados.)

ACCIOLINO. ¡Oh cuánto cuesta a mi valor altivo
la furia reprimir! Toda mi saña
se despierta a la voz de la obediencia.
¿Acciolino obedece?... No, que manda;
manda en un soberano que asegura

su cetro en el impulso de esta espada.
En su ejército impera, y ya domina
en el vasto recinto de esta plaza
que inútilmente a mi rigor se opuso.
Pero ¿no es este el templo en que de Blanca,
de la hija de Genaro, el himeneo
se celebró en mi afrenta? No me engañan
mis ojos: sí, aquí mismo de Bautista
coronó con su mano la esperanza.
Y entonces yo, ultrajado, aborrecido...
¡Ultrajado Acciolino, y no se baña
en sangre y exterminio! Al templo entremos;
cuantos sus vidas tienen resguardadas
en ese sacro asilo, a mis rencores
víctimas de mi agravio mueran; caiga
después ese edificio desplomado
en polvo y destrucción hasta mis plantas.
Venid, soldados; ni la edad ni el sexo
cobarde, engañador, de nuestra rabia
se pueda liberar: será su tumba
el mismo asilo que sus vidas guarda,
y el que fue monumento de mi ultraje
trofeo[72] venga a ser de mi venganza.

ESCENA VII

Dichos, GENARO *y pueblo a la puerta del templo.*

GENARO. *(Al pueblo.)* Salgamos, que el estruendo...
[Mas ¡qué veo!
Ya todo está perdido.

---

[72] *Trofeo:* «Insignia o señal expuesta al público para memoria del vencimiento» (AUT).

ACCIOLINO. Él es. (*A* GENARO.) Repara,
miserable caduco, en Acciolino;
tiembla al ver el furor con que amenaza
tu existencia. Yo soy aquel amante
que despreció por tus consejos Blanca.
Conóceme; ha llegado de vengarme
la hora por mi rencor tan suspirada.

GENARO. Y el momento feliz en que mi muerte
termine de una vez mi tolerancia.
La vida me es odiosa; está perdida
para siempre la gloria de mi patria.
No dilates el golpe; yo soy solo
de tus agravios la primera causa.
Pero perdona a un pueblo que inocente
no mereció tus iras; no me espanta
la vista del sepulcro si le otorgas
a mis últimos ruegos esta gracia.

ACCIOLINO. ¿Adónde está tu hija?

GENARO. Yo lo ignoro:
quizá habrá perecido.

ACCIOLINO. No me engaña
tu fingido dolor...

(Ruido de armas dentro.)

Pero ¿qué estruendo
el combate renueva? ¿Quién la audacia
tiene de resistirme?

ESCENA VIII

Dichos, Blanca, *lidiando con* Leopoldo *y sus soldados.*

Leopoldo. Temerario,
no te defiendas más, deja la espada
o si no mi valor...

(Al golpe de Leopoldo *cae el morrión*[73] *de* Blanca, *dejándola descubierta.)*

Acciolino. *(Interponiéndose.)* Tente, Leopoldo:
respeta una deidad[74].
Blanca. ¡Mísera Blanca!
Ya no hay remedio, padre.
Genaro. Hija querida,
ten presentes tu honor y tu constancia.
Leopoldo. *(Confuso.)* Acciolino, mi engaño... ¿Quién [creyera
que tan bizarra[75] acción...?
Acciolino. No digas nada
y admira como yo de su semblante
la hermosa majestad que excede a Palas[76].

(A Blanca.)

---

[73] *Morrión:* «Armadura de la parte superior de la cabeza, hecho en forma del casco de ella, y en lo alto de él suelen poner algún plumaje y otro adorno» (AUT).

[74] *Deidad:* «Suele llamar la lisonja o la pasión desordenada (aunque con la impropiedad que se deja reconocer) a las damas, para explicar sus perfecciones en la hermosura y otras prendas y circunstancias» (AUT).

[75] *Bizarro:* «Generoso, alentado, gallardo, lleno de noble espíritu, lozanía y valor» (AUT).

[76] *Palas:* La diosa Palas Atenea, diosa guerrera dotada a la vez de gran hermosura que la hizo rivalizar con Hera y Afrodita en el juicio de Paris.

¿Y eres tú la que opone tanto brío
al invencible curso de mis armas?
BLANCA. Yo defiendo estos muros; nací en ellos,
cumplo con el deber de ciudadana.
ACCIOLINO. ¿Y qué?, ¿siempre enemiga de Acciolino
serás a mi despecho? ¿No te basta
vencer mi corazón con tu hermosura,
sino que también quieres, inhumana,
que tu valor dispute mi victoria?
No lo conseguirás, mujer ingrata:
ese ademán guerrero, esa osadía,
ese sudor marcial, con que se baña
tu halagüeño semblante, me renueva
tu desprecio y me acuerda mi venganza.
BLANCA. Este es mi pecho; hiere.
ACCIOLINO. Tu hermosura
segura está del golpe de mi saña,
pero tu padre no, ni ese vil pueblo;
su altivo orgullo pertinaz, la osada
resistencia que hicieron a mis huestes
no pueden expiar si no derraman
su sangre ante mis ojos.
BLANCA. No, Acciolino,
te ciegues del furor que te arrebata.
Todos son inocentes e infelices;
fieles a los deberes de la patria,
a su noble caudillo obedecieron,
y si esta obligación no les bastara,
de Bautista el ejemplo...
ACCIOLINO. ¿Y tú te atreves
a proferir el nombre que me agravia?
¿Adónde está? ¿Qué es de él? ¿Respira acaso?
BLANCA. Mi esposo existirá, pues vive Blanca.
ACCIOLINO. Tu esposo... ¿y tú le adoras?... ¿A qué espero?
Detestable Genaro, tú eres causa
de un amor que me ofende, y en tu vida...

(En ademán de herirlo.)

BLANCA. *(Interponiéndose.)* ¡Ah!, no, Acciolino,
[escúchame, repara
que es mi padre ese anciano; si te ha sido
en algún tiempo mi memoria grata
perdónalo: no tiene en tu desaire
culpa alguna...

GENARO. ¿Qué dices, insensata?
No te humilles por mí, ni tus extremos
el furor del tirano satisfagan.

ACCIOLINO. ¿Tú me insultas, osado?

(En ademán de herirlo. LEOPOLDO *se interpone.)*

LEOPOLDO. No se tiña
tu ilustre acero con la sangre helada
de ese mísero anciano.

ACCIOLINO. Yo...

ESCENA IX

Dichos, ALBERTO, *y guerreros de Bazano desarmados.*

ACCIOLINO. ¿Qué es esto?

ALBERTO. Esto es que, confiando en tu palabra
de Bazano los nobles habitantes,
y cediendo también a su desgracia,
a discreción[77] se rinden desarmados.
Concede a nuestra firme confianza
el honor y las vidas: ya perdimos
nuestro caudillo. ¡Oh Dios!, de la muralla

---

[77] *A discreción:* «Modo adverbial que vale al arbitrio o a la voluntad de otro» (AUT).

por defender las puertas del incendio
se arrojó despechado, y su bizarra
resolución costándole la vida,
con Bautista murió nuestra esperanza.

BLANCA. ¡Cielos, perdí a mi esposo! ¡Oh padre mío!

(Se apoya en los brazos de su padre.)

GENARO. ¡Oh dolor! ¡Oh hija mía desgraciada!

ACCIOLINO. *(Aparte.)* (Ha llegado a su colmo mi ventura;
ya no tengo rival, y desarmadas
están todas mis iras a la vista
de este precioso llanto.) *(A* ALBERTO.) Mi palabra
de vuestro honor y vidas el indulto
os concede y confirma. Sí, ya basta
de estragos y de muerte. Tú, Genaro,
libre estás de mi enojo; goce Blanca
del paternal amor. Vive tranquila,
mujer tan admirable como ingrata,
y piensa que, si pierdes un esposo,
te ofrece un héroe reparar su falta.

BLANCA Nunca será Acciolino.

GENARO. Vamos, hija,
que más su piedad temo que su saña.

(Se va con BLANCA.)

ACCIOLINO. ¡Implacable Genaro! Pero al tiempo
cede la obstinación. *(A* LEOPOLDO.) A las murallas
vuelve, Leopoldo, y haz que mis soldados
vigilantes en torno de esta plaza
aseguren el campo, de las puertas
reparen la ruina; y sin tardanza
que busquen el cadáver de Bautista
y con fúnebre pompa, si se halla,
quiero que se sepulte en mi presencia.

(*A* Alberto.)

Ve con Leopoldo tú, que de su infausta
muerte has sido testigo.

Alberto. (*Aparte.*) (Mi cautela
frustrará tus astucias inhumanas.)

(*Se va con* Leopoldo.)

Acciolino. Vosotros, habitantes de Bazano,
a ocupar volveréis vuestras moradas
en paz por mi piedad.

(*El pueblo se retira con abatimiento.*)

En sus semblantes
su rencor implacable se retrata:
yo los perdono, y ellos silenciosos
ni mi clemencia ni mi nombre aclaman.
Pero si temen mi poder, ¿qué importa
el débil odio que en sus pechos guardan?
Aborrézcanme todos, solo aspiro
a conseguir la posesión de Blanca,
y si el amor no basta a persuadirla,
la fuerza triunfará de su constancia.

(*Se va con sus soldados.*)

Acto segundo

ESCENA I

El teatro representa la habitación de BLANCA, *con puertas a los lados y en el foro.*

BLANCA, FELICIA.

FELICIA. Modera tu aflicción, amada Blanca,
y no irriten tus quejas imprudentes
a un Dios que te conserva para alivio
de tu mísero padre; si la muerte
te arrebató en Bautista un fiel esposo,
su fin ilustre tu dolor consuele.

BLANCA ¡Ay Felicia!, ¡ay amiga!, yo le envidio
de la tumba el descanso; él para siempre
reposa en el sepulcro, y yo abatida
vivo para gemir eternamente.
La opresión de mi patria, de mi padre
el continuo peligro, y los crüeles
nombres de esclavitud y de violencia
mi corazón aterran; si supieses
que tiemblo por mi honor... ¡Oh cara
[amiga!,

mi estado y mis extremos[78] compadece.
¿Quién me podrá salvar?

FELICIA. ¡Cielos, qué escucho!
¿Y posible será? ¿Y hay quien intente
ultrajar tu decoro, que respeta
Acciolino?

BLANCA. ¡Ay de mí!, todo lo teme
mi corazón de su piedad fingida.

FELICIA. ¿Qué dices? ¿Su respeto es aparente?
¿Puede abrigar su pecho sanguinario
la llama del amor?

BLANCA. Felicia, puede,
y tú lo ignoras. Los amables lazos
de amistad que nos unen tiernamente
en el dichoso tiempo se formaron
de mi felicidad, cuando yo alegre,
de un padre y de un esposo idolatrada,
hice envidiar mi venturosa suerte.
Escucha, fiel amiga, el triste origen
del temor que en mí ves: antes que uniese
Bautista su destino con el mío
me adoraba Acciolino vanamente;
yo desprecié su afecto, y a Bautista
mi mano y corazón le di por siempre.
Furioso y despechado del desaire,
de Bazano Acciolino partió en breve
a las costas del Asia, y en los campos
de Palestina su furor ardiente
el sagrado pendón de las Cruzadas[79]

---

78 *Hacer extremos:* «Lamentarse, haciendo con ansia y despecho varios ademanes y dando voces y quejas en demostración de sentimiento» (AUT).

79 *El sagrado pendón de las Cruzadas:* De acuerdo con la cronología, la Cruzada en la que combatieron Acciolino y Bautista tuvo que ser la que llevó a cabo el emperador Federico II en 1228, y que concluyó con la toma de Jerusalén por un acuerdo diplomático.

manchó con los extremos más crüeles.
Bien sabes los desastres de esta guerra
que ha desolado el orbe, y bien presentes
las civiles discordias de la Italia[80]
por nuestro daño en la memoria tienes.
Mi esposo combatió también entonces;
Jerusalén cobrada por dos veces[81]
debió en parte al impulso de su espada
el yugo sacudir de los infieles.
Obscureció la gloria de Acciolino
y tan piadoso, en fin, como valiente,
volvió Bautista a mis amantes brazos
cubierto de esplendor y de laureles.
Voló el tiempo, borróse la memoria
del bárbaro Acciolino, cuando al frente
le vimos de las tropas de Germania:
embiste nuestros muros, lidia, vence
y se resuelve a ser de nuestras vidas
el verdugo crüel; la infausta muerte
de mi esposo modera sus rigores,
pero nunca un tirano nos concede
perdón en su venganza, sino espera
sus fines conseguir más fácilmente
por la astuta piedad y el disimulo.
¡Ah!, yo soy el objeto que merece
tan triste distinción: mira, Felicia,
si con causa mis lágrimas se vierten.

---

80 *Las civiles discordias de la Italia:* Las guerras, ya citadas, entre güelfos y gibelinos, dentro de las que se integra la toma de la ciudad güelfa de Bassano por Ezzelino.

81 *Jerusalén cobrada por dos veces:* Jerusalén fue tomada dos veces por los cruzados, pero es difícil que Bautista tuviera parte en las dos ocasiones. En 1099 Godofredo de Bouillon tomó la ciudad al asalto en una feroz batalla que acabó en un baño de sangre. La segunda fue en 1228, cuando Federico II se hizo dueño de Jerusalén por un acuerdo diplomático. Son 129 años de diferencia: demasiado incluso para un héroe como Bautista.

FELICIA. Y a ti, que has arrostrado en estos muros
el semblante espantoso de la muerte
con tanta intrepidez, ¿valor te falta
para hacer que el tirano de ti tiemble?

BLANCA. Valor tengo, mas temo la violencia
si no puedo morir antes que llegue.
Recelo por mi padre...

(Mirando adentro.)

Pero él entra.

ESCENA II

Dichas, GENARO.

GENARO. Somos felices, hija: esposo tienes.

BLANCA. ¡Ah señor! ¿Qué decís?

GENARO. Bautista vive.

BLANCA. ¡Oh placer!

(Lo abraza.)

Que mis brazos os estrechen
por nueva tan feliz. ¿Quién lo ha salvado?
¿Dónde mi esposo está? ¿Por qué no viene
a calmar con su vista mis tormentos?

GENARO. Blanca, el gozo modera, si no quieres
exponerlo a las iras de Acciolino.

BLANCA. Es verdad, padre mío. ¡Oh qué imprudente
es el placer de amor! Pero mis dudas...

GENARO. Yo las satisfaré. Felicia, vete
y observa cuidadosa si el tirano
viene a esta habitación.

FELICIA. Ya te obedece
mi amistad, que en el júbilo de Blanca
bien sabes cuánta parte mi fe tiene.

(Se va por donde entró GENARO.*)*

ESCENA III

GENARO, BLANCA.

GENARO. Hija: espera un momento en este sitio.

(Yendo hacia la puerta de la izquierda.)

BLANCA. *(Deteniéndolo.)* Pues ¿qué es esto, señor?
[¿Qué? ¿De esta suerte
os vais sin explicarme de mi esposo
el destino? Decidme...

GENARO. Muy en breve
a Bautista verás, y con su auxilio
haremos que la patria se liberte.

(Se va por la izquierda.)

BLANCA. Pero adónde... Gran Dios, ¡qué es lo que miro!
De la lóbrega senda que desciende
al fúnebre panteón de mi familia
la puerta abrió, y el eco sordamente
de sus huellas las bóvedas repiten.

(Se acerca a la puerta y observa.)

Mi corazón palpita y se sorprende
entre el amor, el susto y la esperanza.

Mas ¿por qué me acobardo? Si existiese
mi esposo en la morada de las sombras,
¿pudiera yo un momento detenerme
en seguirlo? La duda me avergüenza;
busquémoslo en el reino de la muerte.

(En ademán de ir tras su padre, sale por la misma puerta BAUTISTA.)

ESCENA IV

BAUTISTA, BLANCA.

BAUTISTA. Amada esposa.
BLANCA. Él es; mi bien, Bautista,
mi tierno esposo, dime ¿quién te vuelve
a mis brazos?
BAUTISTA. El cielo y las piedades
del generoso Alberto: él cautamente
me arrancó del combate, y sus cuidados
ocultaron mi vida dentro de ese
lóbrego panteón, donde reposan
las sombras de mis nobles ascendientes.
En él furioso, sobre el mármol frío
que conserva con rasgos indelebles
su valor y sus nombres, he jurado
libertar a la patria de ese aleve[82]
conquistador feroz; el juramento
sus manes[83] recibieron, y al hacerle[84]
sentí temblar las sepulcrales urnas

---

[82] *Aleve:* «Vale lo mismo que infiel, desleal, pérfido, alevoso y traidor» (AUT).
[83] *Manes:* «Sombras o almas de los muertos» (DRAE).
[84] *Hacerle:* Caso claro de leísmo, forzado por la rima.

y sus heladas losas encenderse
al fuego de mi voto. ¡Oh caras sombras
de virtud y heroísmo, si os conmueve
la ignominia que oprime vuestra cuna,
haced desde la bóveda celeste
donde habitáis, que el Dios de la justicia
salve a Bazano, y mi valor apruebe!

BLANCA. Sí hará, pues te libró del exterminio
para tan noble empresa, y en mi débil
corazón afligido, con tu vista
de nuevo el fuego del amor enciende.
¡Con qué placer para seguirte al riesgo
me cubrirán los bélicos arneses[85]
que a tu lado me hicieron invencible!
Mi cortadora espada de la muerte
vendrá a ser la segur[86]. Dime los medios
que a tan glorioso fin tu honor previene,
nómbrame los ilustres compañeros
cuyo valor la libertad protege,
y en tu mano recibe el juramento
de que primero moriré mil veces
que el tirano consiga con astucias
ni con la fuerza el triunfo que pretende.

BAUTISTA. ¿Cuál es?, dime.

BLANCA. Saciar de su apetito
los infames deseos, pues vilmente
con su amor criminal persigue, insulta
mi constancia y mi fe.

BAUTISTA. Yo haré que tiemble
al nombre de Bautista: ese tirano
su atrevimiento vil llorará en breve.

---

[85] *Arneses:* «Armas de acero defensivas que se vestían y acomodaban al cuerpo, enlazándolas con correas y hebillas para que le cubriese y defendiese» (AUT).

[86] *Segur:* «Hacha grande para cortar» (AUT).

Aun la misma victoria, que lo alienta
a que cubrirme de ignominia intente,
servirá a su escarmiento y mi venganza.

(Mirando a la puerta de la izquierda.)

He aquí el instante: ya Genaro vuelve.

ESCENA V

Dichos, GENARO, ALBERTO, *nobles de Bazano por la puerta de la izquierda.*

GENARO. Venid, nobles guerreros, y en presencia
de este ilustre caudillo *(Señalando a* BAUTISTA.), [cuya frente
coronó la victoria en Palestina,
y cuyo brazo nuestro honor defiende,
disponed la venganza de Bazano:
a este fin os convoco ansiosamente.

BAUTISTA. Gloriosos ciudadanos, compañeros
de mis victorias y mi triste suerte,
¿con qué causa más digna que el sagrado
nombre de libertad, que tantas veces
inflamó vuestros pechos y heroísmo,
os pudiera implorar? Ella padece
dentro de nuestros muros, ella gime
con la oprimida patria, si valientes
no rompen nuestros brazos las cadenas
con que abatidas yacen nuestras leyes.
La destrucción del bárbaro Acciolino
dispongamos briosos; si él perece,
nosotros somos libres, y la gloria
vivirá de Bazano eternamente.
No os intimide el nombre del malvado

ni el poder de su ejército os arredre:
esos mismos soldados que le siguen,
esos que forman las soberbias huestes
de la antigua Germania se avergüenzan
de la necesidad de obedecerle;
ellos miran un déspota inhumano
coronarse a su costa de laureles
faltando a la piedad que Federico,
su emperador ilustre, le previene;
ellos de su crueldad testigos fueron
en los campos de Asia, y si pudiesen
sin hollar la obediencia exterminarlo,
destrozaran el monstruo impunemente.
A nosotros sin duda se reserva
esta gloriosa acción; pues que la muerte
perdonó nuestra vida en los combates,
tantas sombras heroicas e inocentes
intrépidos venguemos; a sus manos
la sangre de Acciolino se les debe;
vertiéndola nosotros, restauramos
la humanidad por su furor doliente,
y de un malvado libertando al orbe,
la eterna fama nuestro nombre eleve.

BLANCA. Y si acaso a la voz de la venganza
vuestras almas dudosas permanecen,
al eco del honor volverá el brío
a inflamar vuestros pechos. ¿Quién no teme
ver ultrajar las tímidas doncellas?
¿Quién habrá que cobarde titubee
a vista del peligro de su honra?
Cuando Acciolino a mi pudor se atreve
con voces amorosas, con ofertas
que su infame apetito le sugiere,
temed por vuestras hijas al tirano,
temed que sus soldados no respeten
vuestras mismas esposas, y que un día

pueda lograr la fuerza... Me estremece
esta espantosa idea. ¡Oh ciudadanos,
ved en Blanca la víctima que quiere
inmolar Acciolino a sus deseos!
Vuestro valor imploro; defendedme,
estorbad que en mi honor logre ese impío
marchitar de mi esposo los laureles.

ALBERTO. No más, Blanca; tu ruego nos agravia.
Cuando la patria y libertad padecen,
el riesgo de tu honor no es necesario
para inflamar nuestro valor ardiente.
Todos los que aquí ves hemos jurado
bañarnos en la sangre de ese aleve,
de ese infame Acciolino; solo falta
señalar sitio y hora. De la muerte
a Bautista salvaron mis cautelas
para que en esta empresa nos gobierne.
Vamos a conseguirlo: habla, Genaro,
tu precepto esperamos solamente.

GENARO. Este mismo palacio será el sitio
que le sirva de tumba: él por albergue
lo ha elegido en mi oprobio; en él perezca.
La hora, amigos, será la en que celebre[87]
con regocijos públicos su triunfo
después que el sol descienda al occidente.
Las sombras de la noche protectoras
serán de nuestra hazaña; entre el alegre
tumulto del festín vuestras espadas
terminarán sus bárbaros deleites.
Halle su fin en medio del desorden
el tirano sumido en sus placeres;
en tanto vuestras armas cuidadosos

---

[87] *La en que celebre:* Se entiende «la hora en que celebre». La construcción es extraña, aunque correcta.

ocultad en el templo, y cuando llegue
la feliz ocasión de la venganza,
por esa misma bóveda valientes
entraréis a matarle; yo el aviso
llevaré al panteón.

ALBERTO. *(A los nobles.)* Amigos fieles,
empuñad las espadas cortadoras
en tanto que mis voces el solemne
juramento pronuncian.

(Los nobles empuñan las espadas.)

Sí, en tus manos
recibe el homenaje que te ofrecen
conmigo estos guerreros:

(Tomando una mano a GENARO *y la otra puesta en su espada.)*

en su nombre
que perezca Acciolino te promete,
Genaro, mi valor.

(Se apartan, soltando las espadas.)

Acepta el voto,
Dios eterno, y destruye a quien te ofende.

GENARO. Él nos protegerá, y el que cobarde
desista de la empresa o la revele
como infame perezca.

ESCENA VI

Dichos, FELICIA.

FELICIA. Huye, Bautista.
Sin duda que Acciolino se previene
a venir a este sitio; el movimiento
de sus guardias lo anuncia, y si te viese
todo estaba perdido.

BAUTISTA. ¿Y de qué sirve
una vida que a Blanca no defiende?
Venga, y tiemble a mi vista.

BLANCA. ¡Oh Dios! Esposo...

GENARO. Bautista, no destruyas imprudente
la empresa a que aspiramos. Ve a ocultarte;
a tu esposa le basta que yo vele
a su lado. Soy padre.

BAUTISTA. Mas si acaso...

BLANCA. Adorado Bautista, no receles;
confía en mi valor.

(Mostrándole un puñal, que vuelve a guardar.)

El puñal mira
que en las marciales lides tantas veces
se bañó con la sangre del contrario.
Si el tirano intentase...

BAUTISTA. Te comprende
mi corazón. No más: seguro parto
al sagrado retiro.

GENARO. *(A los nobles.)* No os encuentre
a ninguno el malvado en este sitio.
A Bautista seguid, y no sospeche
Acciolino la empresa meditada.

ALBERTO. Vamos.
BAUTISTA. A Dios, esposa. ¿Tú enmudeces?
BLANCA. *(Abrazándolo.)* Mis brazos te respondan.
BAUTISTA. Tierna Blanca,
¡qué feliz soy en ellos! ¡Ah! Por siempre,
a pesar de las iras de Acciolino,
este amoroso lazo se conserve.

(Se va con ALBERTO *y los nobles por donde entraron.)*

BLANCA. No son bastantes, no, para romperlo,
el poder, los rigores ni la muerte.
GENARO. Retírate, hija mía, de este sitio.

(Se va BLANCA.)

Felicia, ve con ella.

(Se va FELICIA.)

No conviene
que Acciolino en su rostro las señales
de su ternura y conmoción leyese.
Enmudezca el rencor por un momento
para hablar al tirano; pero él viene.

ESCENA VII

GENARO, ACCIOLINO, LEOPOLDO, *guardias.*

ACCIOLINO. ¿Adónde Blanca está? Venga a mi vista.
Genaro, mis preceptos obedece.
GENARO. Aunque nunca al lenguaje del orgullo
respondió mi nobleza, pues lo quiere

la fortuna, que humilla mi constancia,
es forzoso, Acciolino, responderte.
Blanca llora la muerte de un esposo
a quien tierna adoraba; inútilmente
con lágrimas su pérdida lamenta
cumpliendo con su amor y sus deberes.
Respeta su dolor; no tus rigores
quieran en sus angustias complacerse,
y pues su padre en soledad permite
que gima su desgracia, no inclemente
redobles con tu vista sus martirios.

ACCIOLINO. ¿Con que soy tan odioso a esa rebelde
mujer fiera y hermosa que sus ojos
aun mi presencia soportar no pueden?
Conozco quién la inspira ese desprecio
del amor de Acciolino; sí, tú eres,
implacable Genaro, quien su encono
por tus rencores contra mí sostiene.
Pero mi tolerancia está cansada
de sufrir el tesón con que me ofendes.
Tu vida está en mi mano; no me obligues
a que de mis agravios me recuerde
y se goce mi pecho en la venganza.
Blanca será mi esposa, y si opusieres
a mi amor tu fiereza, como esclava
sufrirá los rigores de la suerte.
Ley será mi placer; la resistencia
el rayo del poder la desvanece,
y yo, para abatir a quien me insulta,
tengo a mi arbitrio deshonor y muerte.

GENARO. Si con morir el deshonor se evita,
en vano me amenazas; cuando llegue
mi fama a peligrar, Blanca a la tumba
descenderá conmigo. Ella aborrece
el amor de un despótico tirano
tanto como su padre; en fin, si quieres

que ceda el odio antiguo, y que algún día
Blanca te pueda amar, usa clemente
de tu poder, procura en las virtudes
imitar a Bautista, y que tus sienes
jamás ciña el laurel enrojecido
con sangre de infelices inocentes.
Entonces serás digno de la gloria
de entrar en mi familia, entonces puedes
tu ventura lograr sin que Genaro
del enlace a que aspiras se avergüence.

(Se va por donde entró ACCIOLINO.)

ESCENA VIII

LEOPOLDO, ACCIOLINO, *guardias.*

ACCIOLINO. Temerario caduco...
LEOPOLDO. No, Acciolino,
ultrajes a un anciano a quien la suerte
aun no puede humillar. El que infelice
en su desgracia con honor procede
debe ser a la vista de los hombres
un objeto sagrado.
ACCIOLINO. ¿Tú te atreves
a defender su encono, que disfraza
con el nombre de honor? ¿Cómo pretendes
que permita se oponga a mis designios
un esclavo insensato? Si el que vence
no logra conseguir con la victoria
el reposo feliz de los placeres,
¿de qué le sirve el triunfo?
LEOPOLDO. De que el orbe
admire su valor, de que respeten

su memoria los siglos. Tú, Acciolino,
debes hacerte amar: haz que no tiemblen
a tu vista los nobles de Bazano,
pues si por el rigor te obedecieren,
ni será tan gloriosa tu conquista
ni acaso tan segura.

ACCIOLINO. Inútilmente
para impedir el yugo de mis armas
lidiaron contra mí nobleza y plebe.
Ya están escarmentados, mas, Leopoldo,
tus consejos un medio me sugieren
de asegurarme de ellos: ve al instante
y harás que la nobleza se congregue
dentro de este palacio.

LEOPOLDO. ¿Y a qué efecto?

ACCIOLINO. Para que el sacro juramento presten
de su fidelidad a Federico.
Quiero en su augusto nombre concederles
una segura paz si por su parte
en mi enlace con Blanca consintieren.
De su padre el encono será en vano
si los nobles lo exigen, y a su suerte
servirá de garante este himeneo.

LEOPOLDO. Complacido Leopoldo te obedece.

(Se va.)

ACCIOLINO. Ve, importuno; la augusta ceremonia
sellarán mis contrarios con la muerte
si mi gusto contrastan. Sí, perezcan
todos los que intentaren oponerse
al poder de Acciolino; solo Blanca
a saciar mi apetito se reserve.
¿Y partiré sin verla de este sitio...
sin hablarla?... Es preciso, no conviene

que un instante de amor de la venganza
destruya los designios cuando en breve,
sin amparo, sin padre y sin esposo,
pondré fin a su vida o sus desdenes.

(Se va con los guardias.)

Acto tercero

ESCENA I

El teatro representa un salón magnífico de la casa de GENARO, *iluminado y adornado de varios trofeos para celebrar la victoria de* ACCIOLINO. ACCIOLINO, *guardias.*

ACCIOLINO. *(A los guardias.)* Valerosos amigos, la memoria
de las grandes hazañas y trabajos
que habéis sufrido tengo bien presente:
sé que de la conquista de Bazano
derramar vuestra sangre a vista mía
es el premio fatal que habéis logrado.
Yo quise que el botín y las riquezas
de esta ciudad rebelde a vuestros daños
fueran la recompensa, mas Leopoldo
se opuso con tesón a mis mandatos.
Sabéis que es su poder igual al mío,
y que el emperador le ha confiado
la suerte de la Italia, porque teme
de mi valor los ímpetus bizarros:
yo lidio y él gobierna; yo conquisto
y él coge los despojos de mis lauros[88];

[88] *Lauro:* «Lo mismo que laurel. Úsase solo en el sentido metafórico por premio, triunfo o alabanza» (AUT).

y en fin, yo por sus órdenes concedo
la paz a los rebeldes sin premiaros.
Pero si no consienten que de Blanca
obtenga los favores con su mano
no gozarán jamás mis beneficios
estos fieros y altivos ciudadanos:
a este fin los convoco; si resisten
mis preceptos, al punto los estragos
vuestro furor renueve, del pillaje
y de la muerte vuelva a ser teatro
esta ciudad, sirviendo sus tesoros
de justa recompensa a mis soldados,
pues quien tiene el derecho de las armas
aniquila al tenaz, desprecia al sabio.

(Mirando adentro.)

Pero Leopoldo...

ESCENA II

Dichos, LEOPOLDO.

LEOPOLDO. Quedan, Acciolino,
a este sitio los nobles convocados.
Regocijado el pueblo con la nueva
de la paz, que asegura por el sacro
juramento que prestan sus caudillos,
por la ciudad discurre alborozado,
aclamando tu nombre y bendiciendo
la piedad de mi augusto soberano.
¡Oh Acciolino!, las jóvenes doncellas,
las madres, las esposas, los ancianos
al templo se encaminan, conduciendo
las prendas de su amor en su regazo.

Allí postrado el pueblo a Dios eleva
de gratitud y gozo el tierno llanto,
y allí repite el inocente niño
el eco fiel con balbuciente labio.
Si los vieses, si oyeras los acentos
del general tropel regocijado
gritar: «La paz llegó, somo felices»,
¡ah!, sin duda espectáculo tan grato
gozar te hiciera de un placer que nunca
tu corazón guerrero ha penetrado.

ACCIOLINO. Yo pudiera en la pública alegría
tener la mayor parte si Genaro,
cediendo a mis deseos, me otorgase
de Blanca bella el amoroso lazo.
Pero su fiero orgullo... ya lo has visto,
Leopoldo, y tú también lo has apoyado.

LEOPOLDO. Te engañas: no defiendo sus rencores
ni tu furor apruebo; los estragos
de la guerra le toca a mi prudencia
prevenir, vuestras iras estorbando.
Cumplo con mi deber si lo ejecuto.
Pero dime, Acciolino, ¿cuál encanto
es el que de tu gloria así te aleja?
¿Es posible que amor con sus halagos
el corazón seduzca de un guerrero
tan fuerte como tú? ¿Qué? ¿Sus engaños
pudieron extender su poderío
sobre un ánimo heroico, que en los campos
de Marte...?

ACCIOLINO. En ellos fue donde su llama
renovó en este pecho desgraciado.
Yo vi a Blanca, Leopoldo, en otro tiempo
como una tierna flor que, desplegando
sus hojas al rocío de la aurora,
inspira un placer puro, dulce y grato,
pero no duradero ni temible;

y aunque por ella entonces despreciado,
más que el amor se resintió el orgullo,
pues, la débil terneza abandonando,
volé a buscar la gloria en los combates.
Mas ¡ay!, que del amor el pecho humano
con la ferocidad no se liberta:
él postró mis furores sanguinarios
dentro de estas murallas; yo vi en ellas
a Blanca destrozar con fuerte brazo
mis valientes guerreros. ¡Ah!, recuerda
su celestial belleza, su bizarro
adorno y marcial pompa, aquel semblante
que descubriste tú cuando, saltando
roto en mil partes el brillante yelmo,
presentó a nuestros ojos el encanto
de una diosa en beldad: yo la vi entonces.
Sin duda fue, Leopoldo, por mi daño
digna de ser esposa de Acciolino;
su valor, su fiereza, el aparato
del acerado arnés, y hasta el cabello,
de polvo y sangre y de sudor bañado,
mi corazón rindieron, no de amores,
sino de un nuevo ardor en que me abraso,
que mitigar no puedo, que consume
mi pecho con furor desesperado.
Pero yo apagaré su horrible llama
a pesar del tesón con que insensatos
a mi poder se oponen; yo...

(LEOPOLDO *hace un extremo de admiración;* ACCIOLINO *vuelve sobre sí.)*

Leopoldo,
no temas, no serás tú el temerario.

LEOPOLDO. Desconozco el temor, mas tus extremos
envilecerte pueden, pues acaso

logrará conducirte a ser impío
esa pasión funesta, degradando
la gloria de un guerrero.

ACCIOLINO. *(Mirando adentro.)* No prosigas,
que a este sitio los nobles van llegando.

ESCENA III

Dichos, ALBERTO, GENARO, *nobles de Bazano desarmados.*

GENARO. Ya tienes, Acciolino, en tu presencia
los valientes caudillos de Bazano.
Excusarles debieras generoso
asistir al magnífico aparato[89]
que anuncia tu victoria y su desgracia:
la suerte de las armas no te ha dado
derecho de abusar de su infortunio;
permite que lamenten retirados
la ruina de su patria sin que sean
testigos de su afrenta en el palacio
donde otra vez en más felices tiempos
su grandeza y su gloria celebraron.

ACCIOLINO. Cese tu obstinación de seducirlos
con inútiles quejas; tú, Genaro,
ofendes mi piedad, y no contento
pretendes que me tengan por tirano.
Ellos me juzgarán; yo solo aspiro
a que de la paz gocen el descanso.

(A ALBERTO *y los nobles.)*

Escuchadme vosotros: mis deseos
no son injustamente doblegaros

[89] *Aparato:* «Prevención, adorno, pompa, suntuosidad» (AUT).

con la ley de la fuerza, ni tampoco
en vuestra humillación fundar mi aplauso.
Pretendo que gocéis la exenciones[90]
de vuestra libertad; yo de Bazano
protegeré las leyes y el gobierno
con que os hizo felices el senado.
Caudillo de las huestes de Germania
me hizo el emperador, porque arrancando
la discordia civil de vuestro suelo
os ofrezca la paz bajo su amparo.
Vuestra obstinada loca resistencia,
origen del furor y los estragos,
de su heroica piedad os hace indignos,
pero si mi valor supo humillaros,
también sabe después compadeceros.
Jurad reconocer por soberano
al grande Federico; él solo exige
vuestra fidelidad para dejaros
libremente gozar de las ventajas
de vuestros institutos[91]. *(A* GENARO.)
[Y en tu mano
hoy consiste, Genaro, se confirme
en favor de tu patria este contrato.

GENARO. ¿De qué forma?

ACCIOLINO. Otorgándome de Blanca
el enlace feliz; con este pacto,
que como vencedor exigir puedo
y que para mi dicha ansioso aguardo,
conservaré los justos privilegios
de vuestra libertad tan suspirados.

[90] *Exención:* «Franqueza y libertad que uno goza para no ser comprehendido en alguna carga u obligación» (AUT).

[91] *Instituto:* «Establecimiento, regla, forma y método particular de vida, con firmeza e inmovilidad de estado» (AUT).

GENARO. Te comprendo, mas sabe que a mi arbitrio
no está su corazón para entregarlo:
la voluntad, la inclinación de Blanca
son libres. Si consiente en este lazo
no se opondrá su padre.

ACCIOLINO. Ve, Leopoldo,
condúcela a mi vista.

GENARO. Sus quebrantos,
sus penas y su amor son muy recientes
para que de su pecho el triste estado
te conceda la unión que tanto anhelas.

ACCIOLINO. Obedece, Leopoldo, yo lo mando.

(*Vase* LEOPOLDO.)

ESCENA IV[92]

Dichos, menos LEOPOLDO.

GENARO. Inútilmente del poder te vales;
Blanca, cubierta de dolor y llanto,
desdeñará tu amor.

ALBERTO. Piensa, Acciolino,
que nosotros rendimos confiados
en tu nobleza las sangrientas armas,
que prometiste entonces conservarnos
honor, vida, riqueza y privilegios,
y que este ofrecimiento tan sagrado
fue del amor de Blanca independiente.
Si ahora altivo intentases quebrantarlo,
expones tu poder y tu conquista:
aún hay almas feroces, aún hay brazos
que opongan su valor a la violencia.

---

[92] En OP, «Escena VI», corregido a mano.

ACCIOLINO. ¿Dónde están? ¿Quiénes son los temerarios
que no tiemblan al nombre de Acciolino?
¿Quiénes los miserables que humillados
por mi furor se atreven a oponerse
a la ley de mi gusto? Dime, osado,
¿eres tú?

ALBERTO. Yo pudiera...

GENARO. Alberto, calla;
modérate, Acciolino. ¿Qué logramos
con despertar el odio entre nosotros
la voluntad de Blanca disputando?

(Mirando adentro.)

Ella se acerca.

ACCIOLINO. *(Aparte.)* (¡Oh cielos! Con su vista
mis iras implacables se calmaron.)

ESCENA V

Dichos, LEOPOLDO, BLANCA, *vestida de negro.*

BLANCA. ¿Qué pretendes de mí? ¿Por qué, Acciolino,
no respetas el tiempo más amargo
de mi espantosa soledad? ¡Ay triste!
Las lágrimas mis penas consolaron
lejos de esta vil pompa que celebra
la muerte de un esposo que idolatro.
¡Ah cruel! ¿Y aun me privas de este alivio?
No; déjame volver...

ACCIOLINO. Detén el paso,
mujer fiera, y escucha. De tu patria
la gloria o la rüina está en tu mano:
la paz, la libertad que a concederla
dispuesto estoy por reparar sus daños

tendrá efecto si logro tu desgracia
desvanecer amante con el lazo
de un feliz himeneo.

BLANCA. ¿Y qué, Acciolino,
será mi eterno oprobio necesario
para tan noble acción?

ACCIOLINO. ¿Tu oprobio? ¿Cómo?

BLANCA. Como[93] si mi constancia a los halagos
de tu pasión cediera, envilecida
Blanca fuera por siempre: en el estado
de mi inmensa aflicción, con el adorno
del luto y del dolor, y de mi llanto
mis tristes ojos aún enrojecidos,
por mi desgracia de llorar cansados,
y en fin, sin que al cadáver de un esposo
se tributase el fúnebre aparato
debido a su valor, ¿pudiera Blanca
su memoria ultrajar en otros brazos?
¡Ah!, no es posible; si mi amante pecho
fuera capaz tan pronto de olvidarlo,
yo con mis propias manos me arrancara
el corazón infiel, y destrozado
sobre la helada tumba de mi esposo
lo ofreciera a su sombra en holocausto[94].

ACCIOLINO. Pues bien...

GENARO. Oye, Acciolino. Deja al tiempo
de conseguir tus ansias el cuidado:
procede compasivo y generoso
con el ilustre pueblo de Bazano.
Harás con tu clemencia intercesores
para el logro feliz de tus halagos
sus mismos habitantes, y no dudes

---

[93] *Como:* Conjunción causal. Hoy se emplearía en este caso «porque».

[94] *Holocausto:* «Sacrificio especial, en que se consumía enteramente toda la víctima por medio del fuego» (AUT).

que de tu compasión movida acaso
Blanca...

ACCIOLINO. Cesa, caduco miserable;
yo no escucho consejos de un esclavo,
ni tampoco de astucias femeniles
me dejo seducir. Blanca, es en vano
alucinar[95] mi amor con esperanzas,
mi dicha y mis placeres dilatando.
Resuelve en este instante ser mi esposa
o entrego de la guerra a los estragos
esta odiosa ciudad.

BLANCA. ¡Tu esposa! Nunca.

ACCIOLINO. Yo abatiré tu orgullo.

(A los soldados, que se acercan a BLANCA *y su padre.)*

Hola, soldados,
a la prisión más fuerte de este alcázar
conducid luego a Blanca y a Genaro.

BLANCA. Crüel, no triunfarás de mi constancia.

ACCIOLINO. La muerte de tu padre en breve espacio
te obligará a ceder a mis deseos.

GENARO. Nada importa mi vida. Blanca, vamos.

BLANCA. ¡Ah!, que ella de mi honor es la defensa.

(A los guardias.)

Esperad. ¡Justo Dios!

(A ACCIOLINO.*)*

Oye, inhumano.
Si me concedes tiempo, yo...

---

95 *Alucinar:* «Ofuscar, seducir o engañar haciendo que se tome una cosa por otra» (DRAE)

ACCIOLINO. Resuelve
aquí, en este momento.
ALBERTO. (*A* BLANCA.) No en tu daño
te dejes humillar; todos los nobles
a quienes tu valor ha libertado
tantas veces la vida en la defensa
de tu honor y la gloria de ese anciano
la perderán gustosos. Acciolino,
el Supremo Hacedor está cansado
de sufrir tus delitos; no provoques
con la violencia...
ACCIOLINO. Infame, sella el labio.
¿Quién eres tú? ¿Qué sois vosotros todos
para oponer al fuego en que me abraso
vuestras débiles locas amenazas?
¿Cómo vuestra osadía llega a tanto
que insultáis mi furor, cuando a mi arbitrio
estáis en mi presencia desarmados?
ALBERTO. La virtud ofendida nos da fuerza,
nos da resolución el falso trato
de tu perfidia. Teme al justo cielo,
él tiene ya los medios preparados
para tu destrucción; sobre tu frente
está de su poder suspenso el rayo.
ACCIOLINO. Descienda, si se atreve, a castigarme;
Acciolino lo insulta, y quiere en tanto
triunfar de esa virtud feroz y débil.
¿Así olvidáis que puedo aniquilaros?
Pagaréis con la vida vuestra audacia.

(A los soldados, que desnudan las espadas.)

Vuestros aceros esgrimid, soldados;
sufran estos traidores a mi vista
la muerte que merecen.

LEOPOLDO. ¡Qué he escuchado!
BLANCA. *(Interponiéndose.)* ¡Ah!, no; piedad.
ACCIOLINO. *(A los guardias.)* Obedecedme luego.
LEOPOLDO. *(Poniéndose delante de los nobles y hablando a [los guardias.)*
¿Qué es lo que hacéis, cobardes? Insensatos,
suspended los aceros: no la infamia
con esta horrible acción llegue a mancharos.
¿Qué hazañas de ignominia y de vergüenza
vais a ejercer con estos ciudadanos?
¿No los veis indefensos y vencidos?
¿No sabéis que aquí fueron convocados
para jurar la paz y la concordia
en mi noble palabra confiados?
¿Pensáis que yo tolere que a mi vista
vuestro furor consiga asesinarlos?
No será, ni lo espero de vosotros;
os conoce Leopoldo. Avergonzados
estáis al escucharme.

(Los guardias se retiran al foro.)

Los aceros
se reserven a empeño más bizarro,
y el amor de Acciolino no consiga
la fama obscurecer de sus soldados.
ACCIOLINO. Pues ¿cómo tú...?
LEOPOLDO. Yo soy quien de Germania
el militar honor tiene a su cargo.
Estas tropas que ves te obedecieron
en las marciales lides, en el campo
donde el laurel glorioso disputaban
en favor de su augusto soberano.
A este fin te siguieron valerosos
en los duros combates, y arrancaron

la discordia del seno de la Italia;
pero no su obediencia degradarlos
podrá para servirte de ministros[96]
en las hazañas dignas de un tirano.
No te abandonarán en la campaña,
pero sí en la ignominia; yo te salvo
de sufrirla, Acciolino, y de perderte
impidiendo este exceso sanguinario.

(Los guardias envainan las espadas.)

ACCIOLINO. Yo basto solo a conseguir...
LEOPOLDO. Te engañas:
yo la virtud defiendo.
ACCIOLINO. *(Aparte, observando los guardias.)* (Me [faltaron:
estoy vendido. El disimulo importa
para evitar mi afrenta.)

(A los nobles.)

Ciudadanos,
me arrebató de mi pasión el fuego.
Leopoldo, he conocido de tu sabio
discurso la razón; ella me rinde.
(Con intención.) Comprende la razón de los [soldados
que el honor me conservan; sed dichosos,
que el tiempo de mi amor formará el lazo.
Blanca, de mis rigores me arrepiento.
Ilustres habitantes de Bazano,
¿juráis fidelidad a Federico

---

[96] *Ministro:* «Se llaman también los alguaciles, corchetes y demás oficiales inferiores que ejecutan los mandatos y autos del juez» (AUT).

sin otra condición, sin otro pacto
que obedecer a su benigno imperio
para vivir felices?

ALBERTO. Sí juramos.

ACCIOLINO. Pues a vuestros pacíficos hogares
volved en libertad.

LEOPOLDO. Mi soberano
os ampara; Acciolino lo confirma.
Sed leales; ninguno tan osado
será que de sus órdenes se olvide
para tener la audacia de insultaros.

ALBERTO. *(A* LEOPOLDO.) Mi gratitud recibe. Y tú,
[Acciolino,
consérvanos a Blanca y a Genaro,
pues sus virtudes merecieron
nuestra veneración.

(A los nobles, y se va con ellos.)

Amigos, vamos.

ESCENA VI[97]

ACCIOLINO, LEOPOLDO, BLANCA, GENARO, *guardias.*

BLANCA. Acciolino, ¿es verdad que tú, cediendo...?

ACCIOLINO. Tu padre y tú sois libres: retiraos
a vuestra habitación; gozad en ella
los alivios que el tiempo fuere dando
a vuestra desventura.

LEOPOLDO. Y yo os ofrezco
velar continuamente en vuestro amparo.

---

[97] En OP, por error, «ESCENA VII».

GENARO. ¡Hombre de probidad!
BLANCA. Hombre sensible,
tú conservas mi honor en este anciano.
¡Oh Dios justo y clemente, recompensen
tus bendiciones su valor bizarro!

(Se va con su padre.)

ESCENA VII[98]

LEOPOLDO, ACCIOLINO, *guardias.*

ACCIOLINO. Tú me vendes, Leopoldo, me arrebatas
de mi victoria el premio: ya has logrado
que me nieguen rebeldes la obediencia
las victoriosas tropas que yo mando,
las tropas que han debido sus conquistas
al esfuerzo invencible de mi brazo.
¡Oh furor!

(A los guardias.)

Completad vuestros insultos
contra Acciolino. ¿A qué esperáis, malvados?
Solo falta esgrimir vuestros aceros
para mi destrucción.
LEOPOLDO. Extremos vanos
que obscurecen tu gloria. Oye, Acciolino,
modera tu despecho, y del aplauso
tranquilo gozarás de tu victoria.
ACCIOLINO. ¡Ah!, que desaparezca ese aparato
con que pensaba celebrar mi dicha;

---

98 En OP, por error, «ESCENA VIII».

a su vista me siento avergonzado
de mi débil poder. Dejadme todos.

LEOPOLDO. *(A los guardias.)* Venid: la soledad podrá
[calmarlo.
Por mi parte os ordeno en el silencio
sepultar para siempre su atentado[99].

(Se va con los guardias.)

ACCIOLINO. ¿Qué es esto? ¿Dónde estoy? ¿Será posible?
¡Oh noche!..., los placeres que esperaron
gozar en tus tinieblas mis deseos
¿son estos? ¿Y se atreven a estorbarlos
los mismos que debieran a mi vista
de sumisión, de horror estar temblando?
Vil Leopoldo... traidores... ¿quién os dijo
que ostentéis en favor de esos esclavos
la insubordinación? ¡Oh Blanca, oh fiera!
Por tu causa me encuentro abandonado,
por tu orgullo padezco estos ultrajes,
pues si en ti mi venganza satisfago
no me llames crüel: fui generoso
cuando rendido te ofrecí mi mano;
me despreciaste altiva... ¿A quién acuso
de mi debilidad? Desengañado
ya, y ofendido por tu fiero padre,
a gozar tus favores me preparo
con la ley de la fuerza. Sí, busquemos
para lograr mi intento los soldados
que siguieron mi suerte en Palestina;
ellos cumplirán fieles mis mandatos,

---

[99] *Atentado:* «También se llama por ampliación el acto y procedimiento que uno ejecuta, excediendo de lo que en razón puede y debe, y faltando o contraviniendo a la autoridad de su superior» (AUT).

y antes que de esta noche de ignominia
acabe el lento giro, entre mis brazos
de la altivez de Blanca a su despecho
mi violencia y furor habrá triunfado.

(Se va.)

Acto cuarto

ESCENA I

El teatro representa la habitación de Blanca, *en los mismos términos que en el acto segundo. Luces en la escena.*

Blanca *(Sola.)* Aún no vuelve Felicia, y de mi pecho
no calman un momento los pesares.
¿Qué intentará Acciolino? No es posible
que un tirano tolere sin vengarse
la oposición de la virtud sagrada.
De Leopoldo ofendido, su desaire
dictar podrá al impío pensamientos
sanguinarios, atroces. ¡Ah!, mi padre
no logrará su intento, y si Acciolino
por mi desgracia acaso sospechase
que mi esposo respira... si algún día
fuese objeto infeliz de sus crueldades,
yo... ¡qué horror! Esa idea me estremece.
No será, no, gran Dios; primero acabe
mi vida una y mil veces... ¿Quién se acerca?

(Mirando a la puerta del foro.)

ESCENA II

BLANCA, FELICIA.

BLANCA. Fiel amiga, ¿eres tú? Ven a sacarme
de mis horribles dudas. ¿Qué medita
Acciolino? ¿El festín abominable
de su triunfo celebra? ¿Ha sospechado
que aún existe mi esposo?

FELICIA. Su cadáver
manda buscar al despuntar la aurora,
y a este fin presuroso sus parciales
fue a convocar, dejando enfurecido
orden de suspender en todas partes
el público festejo de esta noche.
Me informo de Leopoldo, pero en balde;
en la vasta mansión de este palacio
reina un triste silencio: no hubo nadie
que, sin temblar al verme, respondiese
a mis indagaciones.

BLANCA. Mas mi padre
¿adónde está? ¿Los nobles ciudadanos
y Alberto qué se hicieron?

FELICIA. No te afanes
inútilmente: acaso ya en el templo
la venganza concierta su coraje,
porque si la ocasión faltó esta noche,
en otras circunstancias pueda hallarse.
Yo espero en sus esfuerzos.

BLANCA. ¡Ah! Felicia,
tú consolar pretendes mis pesares,
pero mi corazón solo me anuncia
horrores, infortunios y desastres.

FELICIA. Desecha como indigno de tu pecho
el temor que tu espíritu combate,

y si para calmar tus inquietudes
te pudiese prestar seguridades,
dispón de mi amistad.

BLANCA. Confío en ella.
¿Tendrás valor?

FELICIA. Dudarlo es agraviarme.
¿Qué puedo hacer por ti? Resuelve, manda.

BLANCA. Pues arrostra animosa en el instante
de esa profunda bóveda las sombras,
desciende entre el horror y obscuridades
al panteón; si encuentras a mi esposo
en su lóbrego seno, él informarte
de Genaro podrá. Dile que ansiosa
espero de su suerte asegurarme,
dile que venga a mis amantes brazos
a consolar mi amor. Ve, no dilates
este alivio a mis penas... Pero aguarda...

(Deteniendo a FELICIA.*)*

Amiga, no me atrevo a separarme
de tu lado un momento: iré contigo.

(Se encaminan a la izquierda; ruido dentro, y se detienen.)

Mas... ¿qué rumor?..., escucha. ¡Oh, qué [cobarde
mi corazón palpita!

ESCENA III

Dichas, ACCIOLINO *y guardias por la puerta del foro.*

BLANCA. ¡Oh Dios, qué veo!
Acciolino... Felicia, no te apartes
de este lugar.

ACCIOLINO. *(A los guardias.)* Soldados, sin mi orden
no permitáis que se introduzca nadie
en esta habitación.

BLANCA. ¿Qué atrevimiento,
Acciolino, es el tuyo? ¿De qué nace
la osadía de entrar en este sitio
adonde gimo en soledad los males
que causa tu rencor?

ACCIOLINO. Quedemos solos.

(Los guardias se retiran enteramente.)

BLANCA. ¿Qué profieres? ¿Intentas insultarme[100]
impunemente? Amiga, no te vayas.

ACCIOLINO. Retírate, mujer, sin obligarme
a que use del rigor.

(FELICIA *se encamina a la puerta de la izquierda.)*

BLANCA. ¡Cielos! Felicia...
¿Dónde... donde?

FELICIA. *(Aparte.)* (Busquemos quien la ampare.)

(Se va por la izquierda.)

ESCENA IV

ACCIOLINO, BLANCA.

BLANCA. La fuga me valdrá.

(Quiere irse.)

ACCIOLINO. *(Deteniéndola.)* ¿Y adónde piensas
segura estar de un poderoso amante?

---

[100] *Insultar:* «Acometer con violencia o improvisamente» (AUT).

BLANCA. ¡Oh Dios!, defiende mi inocencia.

ACCIOLINO. Escucha.

No vengo, aunque ofendido, a lamentarme
de tu fiero desdén, porque Acciolino
ignora de las quejas el lenguaje;
tampoco a recordar la preferencia
con que te complaciste en mi desaire,
eligiendo a Bautista por esposo,
pues no consiguió entonces agraviarme
como mujer tu femenil capricho,
mas, como vencedor, quiero el ultraje
vengar con que una débil prisionera
se atreve a mi poder para insultarme.
Tú has despreciado en público, insensata,
la oferta de mi mano y mis piedades,
tú preferiste que tu patria fuese
objeto de mis iras al enlace
con que yo, degradando mi grandeza,
olvidé mis rencores para honrarte.
Por tu obstinada resistencia he visto
mi clemencia ofendida por tu padre,
he sufrido las necias amenazas
de tus conciudadanos miserables,
y en fin, he tolerado que Leopoldo,
protegiendo su audacia, rebelase
contra mí la obediencia de las tropas
que siguieron mi suerte en los combates.
De mi bondad estoy avergonzado;
mis continuos agravios son tan grandes
que con la posesión de tu hermosura
apenas lograrán recompensarse.
A ella aspiro: resuelto a conseguirla
estoy como enemigo o como amante;
entre la fuerza y el amor elige
cómo tu corazón has de entregarme.

BLANCA. Tirano... *(Aparte.)* (Mas ¡qué digo!, yo me pierdo
si excito su furor.)

(Sigue hablando con ACCIOLINO.)

Deja que extrañe,
Acciolino, los medios afrentosos
y el injusto rigor de que te vales.
¿Quién te ha dicho que pueden con la [fuerza
las almas generosas conquistarse?
La violencia en amor confirma el odio:
el rendimiento...

ACCIOLINO. El mío ha sido en balde.
Preferiste a Bautista.

BLANCA. Tú conoces
que un femenil capricho es despreciable.

ACCIOLINO. Lo dije y lo confirmo, pero entonces
tu beldad, tu candor pudo inspirarme
un sentimiento débil; no eras digna
de seguir a Acciolino en los combates.
Te olvidé como hermosa en breve tiempo,
pero después te he visto en las marciales
campañas del honor, y tu heroísmo
de nuevo ha conseguido que se inflame
mi corazón por ti; si depusieras
el tesón con que intentas despreciarme,
los dos unidos, la feroz Germania
temblara nuestros nombres formidables.
La ciudad de Bazano su grandeza
cobrara y su esplendor, y el mismo Marte
ornara nuestras sienes victoriosas
de palmas y laureles inmorales.
¡Oh Blanca!, si el aspecto lisonjero
de la pompa marcial puede obligarte,
cede a mi amor, sí, cede a la fortuna

de hacer felices estos habitantes.
¿Por qué has de desdeñar al lado mío
de la fortuna infiel vivir triunfante?

BLANCA. Porque no me permite mi decoro
que tan pronto mi fe puede entregarse
a quien causó la muerte de mi esposo
y a quien para rendirme al fin se vale
de la violencia y no de la ternura.

ACCIOLINO. Mi corazón desdeña ese lenguaje
impropio de un guerrero, y no consienten
tampoco mis ofensas que dilates
la posesión que anhelan mis deseos.
Ya eres libre; la muerte de tu enlace
en mi favor ha roto la coyunda[101].
La sombra de tu esposo no es bastante
a impedir mis placeres.

BLANCA. Yo la adoro
esa sombra infeliz; vive su imagen
en mi fiel corazón, en él grabada,
a mi vista presente en todas partes,
me recuerda la fe que le he jurado.
No la quebrantaré sin ser infame,
y esta afrentosa mancha, a quien has visto
arrostrar en los campos militares
la muerte y el terror, es espantosa.
Pues tú conoces mi valor constante,
deja que el tiempo a tu pasión conceda,
sin mi oprobio, de amor felicidades,
y deja que de un héroe que idolatro
mi llanto a la memoria se consagre.

ACCIOLINO. Agraviado y celoso, ya ¿qué espero?
Resuelto estoy a todo.

---

[101] *Coyunda:* «Metafóricamente se llama la unión o ligazón de dos personas por el matrimonio» (AUT).

(Se quita el morrión, lo pone sobre la mesa y se acerca a BLANCA.)

BLANCA. Favor.
ACCIOLINO. Nadie
estorbará consiga...
BLANCA. *(Sacando un puñal.)* Sí, mi muerte.
ACCIOLINO. *(Quitándola[102] el puñal, y guardándolo.)*
Suelta, fiera; ni aun ella liberarte
puede de mi poder.

ESCENA V

Dichos, BAUTISTA *por la puerta del panteón con la espada desnuda.*

BAUTISTA. Podrá su esposo.
ACCIOLINO. *(Confuso.)* ¡Qué miro! ¡Del sepulcro tú...!
BAUTISTA. Cobarde,
tiembla; yo vivo para confundirte,
para que no consigan tus maldades
tu criminal deseo.
ACCIOLINO. *(Aparte.)* (¡Oh rabia!)
BAUTISTA. Vivo
para que mi valor de tus crueldades
tome venganza, para que castigue
esta acción tan horrible como infame.
Desnuda el vil acero si te atreves
la posesión de Blanca a disputarme.
Solos estamos; lidia sin ventaja

[102] *Quitándole:* Asi en OP. Sin ser general, la autora en ocasiones incurre en este tipo de laísmo.

cuerpo a cuerpo conmigo, y si lograres
vencerme, sacia entonces tu apetito
a costa de mi honor y de mi sangre.

BLANCA. *(Aparte.)* (Yo tiemblo.)

ACCIOLINO. *(A* BAUTISTA.) ¿Y tú has pensado que [Acciolino
aceptaría el singular combate
de un prófugo vencido, que se esconde
con viles artificios despreciables
de mi venganza? Yo me avergonzara
de esgrimir esta espada fulminante
contra quien, de su esposa[103] guarecido,
temiendo mi valor, pensó engañarme.
Ya estás en mi poder, ya las cautelas
de tu fingida muerte no te valen
sino para aumentar mis justas iras.
Yo ofrecí tributar a tu cadáver
los últimos deberes; pues te encuentro,
Blanca verá tus pompas funerales.

BLANCA. ¡Ah cruel!

BAUTISTA. ¡Oh malvado!, yo respiro;
si me vences, podrás vanagloriarte.

ACCIOLINO. Ya verás a mi voz...

BLANCA. Detén la lengua.
¡Ay triste! No, Acciolino, el odio manche
la carrera feliz de tus hazañas,
olvida generoso los fatales
extremos del rencor, oye mis ruegos
y, si es que Blanca mereció agradarte
alguna vez, excúsale a tu gloria
de una venganza vil la nota infame.
Si en el amor es tu rival Bautista,

---

[103] *Esposa.* En OP, «esposo», lo que no tiene sentido. Es Bautista quien se ha escondido, no Blanca.

yo soy la delincuente; en mí se sacie
toda tu indignación, pague el delito
Blanca que ha cometido en ser constante.
Si con mi honor desciendo hasta el [sepulcro,
contenta moriré porque se acaben
con mi existencia el odio y los rencores
de dos guerreros en valor iguales.

BAUTISTA. ¡Yo igual suyo! ¿Qué dices, fiel esposa?
¿Cómo esta ofensa tu dolor añade
a mi desgracia?

ACCIOLINO. Escucha, temerario.
Solo te resta un medio de aplacarme
que tu supuesta muerte facilita:
resuelve abandonar estos lugares
si has de salvar tu vida. Un confidente
a mis mandados fiel, para llevarte
hasta Germania, partirá contigo;
allí podrás gozar de mis piedades
ocultando a los hombres tu existencia
mientras que yo los tristes habitantes
de esta ciudad procuro hacer felices.
De tu vida el secreto es importante
para que no conspiren en mi daño
y para conseguir el tierno enlace
que a Blanca le destino: si la adoras
no impedirás que un poderoso amante
desde esclava la eleve a ser su esposa.
Y piensa que si altivo te negares
al medio que te dicta mi clemencia,
pagarás la osadía con tu sangre.

BAUTISTA. Tu clemencia es bien digna de un tirano;
tu corazón de bronce muy distante
está de conocerla, pues propone
por precio de ella un crimen detestable.
¡Yo abandonar a Blanca! ¡Yo mi vida

ocultar con infamia por privarme
del nombre de su esposo en favor tuyo!
No lo esperes jamás, malvado; antes
mil vidas que tuviera desperdicio
fueran de tus furores. ¿Qué pensaste
de mí? ¿Blanca tu esposa ni tu esclava?
Nunca será.

ACCIOLINO. Será lo que yo mande.

(Llamando.)

Guardias.

ESCENA VI

Dichos, guardias por el foro.

BLANCA. ¡Oh Dios!
¿Qué intentas, Acciolino?

ACCIOLINO. Acabar de una vez con mis ultrajes.

(A los guardias.)

A ese traidor, que oculto en este sitio
intentó cauteloso asesinarme,
arrastrad a morir.

BLANCA. *(Interponiéndose.)* Piedad, clemencia,
Acciolino...

BAUTISTA. *(A* BLANCA.) No ruegues a ese infame
impostor. Deja, esposa, que esta espada
en sus ministros viles y cobardes
empiece tu venganza.

ACCIOLINO. Ni aun la gloria
tendrás en mi presencia del combate.
Ríndete a mi rigor.

(Sujetando a Blanca *y amenazándola con el mismo puñal que la*[104] *quitó.)*

Mira este acero
pronto de Blanca a derramar la sangre
si te defiendes.

Bautista. No; suspende el golpe.

Blanca. No, esposo, te detengas vacilante
por mi peligro; piensa que la muerte
de un eterno baldón puede salvarme.

Acciolino. Calla, fiera.

Blanca. *(A* Bautista.) Defiende valeroso
tu vida, que es la mía; si triunfante
quedas de ese tirano, nada importa
que yo perezca, y si murieses antes
volveremos a unirnos en la tumba.

Acciolino. Resuelve o la[105] traspaso en el instante
el corazón.

Bautista. ¡Ah bárbaro!, detente.
No hay en mi pecho, no, fuerza que alcance
a soportar su muerte ante mis ojos.
Ve aquí mi espada.

(La arroja a los pies de los guardias.)

¡Oh Dios! Guardias, llevadme.

Acciolino. *(A* Blanca, *guardando el puñal.)*
Ya he triunfado: estás libre. Oíd vosotros.

(Habla en secreto a los guardias, mientras representan Blanca *y* Bautista.)

Blanca. Bautista, me has perdido; más constante
pensé que era mi esposo. Con mi vida

[104] *La quitó:* De nuevo un laísmo, usual en la autora.

[105] *La traspaso:* Nuevo caso de laísmo.

de una vez terminaban mis afanes,
mas tú en poder de un monstruo aborrecido
me abandonas.

BAUTISTA. ¡Ah! Blanca, yo...

ACCIOLINO. *(A los guardias.)* Llevadle.

(Da a los guardias el puñal que quitó a BLANCA.)

BAUTISTA. Aprende a respetarla de su esposo,
pues mi muerte tus iras satisface.
Blanca, adiós para siempre.

(Los guardias se lo llevan.)

ESCENA VII

BLANCA, ACCIOLINO.
BLANCA *quiere seguir a* BAUTISTA: ACCIOLINO *la detiene.*

BLANCA. No; tu esposa
te seguirá al sepulcro: en él mis males
acabarán conmigo.

(Lo que sigue a ACCIOLINO.)

No me impidas
vaya a morir con él.

ACCIOLINO. Si lo intentares
apresuras su fin.

BLANCA. ¡Qué! ¿Tan impío
será tu corazón, fiera implacable?
Aborto del averno, ¿qué pretendes?
¿No se sacian de estragos tus maldades?

ACCIOLINO. No, pérfida, me resta la venganza:
ella sola podrá desagraviarme
de tu astucia, tu engaño y fingimiento.
La causa de ese llanto abominable
he descubierto al fin, se ha desgarrado
el velo que ocultaba mis ultrajes.
Sí, tú lloras la muerte de Bautista;
muy en breve sangriento su cadáver...
BLANCA. No, Acciolino, perdón.

(Se arrodilla.)

Heme a tus plantas
invocando postrada tus piedades:
mi llanto te enternezca, compadece
mi dolor y mi estado lamentable.
¿Por qué te ha de ofender que de tus iras
la vida de mi esposo libertase?
Él viva y yo perezca, si mi engaño
es delito que puede condenarme.
¡Ah!, mírame a tus pies en mis angustias,
abatida, llorosa y suplicante;
mira a Blanca de Rossi adonde nunca
pensó que su desgracia la humillase.
Suspéndase el decreto sanguinario
de tu rigor; que vuelan los instantes
considera, y el golpe... ¡oh Dios!... resuelve.
ACCIOLINO. ¿Y cómo piensas tú recompensarme
de mi piedad si su perdón concedo?
BLANCA. Yo seré por mi esposo... por pagarte
tu clemencia seré...
ACCIOLINO. ¿Qué? Di.
BLANCA. Tu esclava.
Mi gratitud...
ACCIOLINO. No logrará obligarme.
Resuelve ser mi esposa.

Blanca. *(Levantándose con furor.)* Tu enemiga,
bárbaro, eternamente. ¿Te complaces
en mis tormentos? ¡Qué! ¿Me ves postrada
y tú insistes feroz en insultarme?
Monstruo, yo te abomino.

ESCENA VIII

Dichos, guardias que entregan a Acciolino
el puñal ensangrentado.

Acciolino. *(Mostrando a* Blanca *el puñal.)* Mujer fiera,
observa este puñal.

Blanca. ¡Oh Dios! su sangre...
¡Ah crüel!..., ¡ay esposo!..., yo fallezco.

(Cae desmayada.)

Acciolino. He aquí rendida a su dolor infame
esta beldad soberbia.

(Observándola.)

Ella respira
sin que de mi poder pueda librarse.
Aun el desmayo aumenta su hermosura,
pero este abatimiento es el desaire
mayor de mi pasión... ¿Y qué placeres
pudiera yo gozar en esta imagen
de la muerte?

(Tomándola[106] *la mano.)*

[106] *Tomándola:* Nuevo caso de laísmo.

Insensible... Reservemos
mi amor a la venganza: ante el cadáver
de mi rival, al pie de su sepulcro
mis esperanzas deben coronarse.

ESCENA IX

Dichos, FELICIA *por la puerta del panteón.*

FELICIA. Yo vuelvo a ver... ¡Gran Dios! ¡Blanca infelice!

(Corre a BLANCA *y la incorpora en su regazo.)*

¡Oh Acciolino! ¿llegaron tus crueldades
hasta verla morir?

ACCIOLINO. Blanca respira
para premiar las ansias de su amante.
Cuida de su existencia, y si se informa
de su traidor esposo, asegurarle
podrás que en la morada de la muerte
por mi venganza eternamente yace.
Y dile que disponga en favor mío
su altivo corazón para entregarme
la posesión feliz de su hermosura
sin que mis iras su decoro manchen.

(Lo siguiente a los guardias al irse.)

Venid vosotros; velaréis, amigos,
en torno del palacio vigilantes,
en tanto que consigue mi cautela
a Leopoldo alejar de estos lugares.

(Se va con los guardias por el foro.)

ESCENA X

FELICIA, BLANCA *desmayada.*

FELICIA. ¡Ah!, ¡qué horrible discurso! ¡Triste amiga!
¿Qué la[107] podré decir?

(BLANCA *empieza a volver en sí.)*

Pero a cobrarse
de su desmayo empieza: de la muerte
la palidez retrata su semblante.
Blanca.

(Llamándola y ayudándola a levantar.)

BLANCA. *(Volviendo en sí.)* Esposo... ¡ay de mí! Bautista, [vuelve...
¡Cielos! ¿Quién es? Felicia, dime: ¿sabes
toda mi desventura? Tú la causas.
FELICIA. ¡Yo! ¿Qué dices?
BLANCA. Sí, amiga, por salvarme
expusiste a la saña de ese monstruo
la vida de Bautista.
FELICIA. Ni tu padre
ni Alberto, ni otro alguno de los nobles
hallé en el panteón que te amparase;
solo tu esposo estaba, y tu peligro
leyó en mi turbación. Yo quise en balde
impedir que a este sitio...

---

[107] *¿Qué la podré decir?:* De nuevo la autora incurre en el laísmo habitual.

BLANCA. En él he visto
un acero teñido con su sangre.
FELICIA. ¡Qué horror!
BLANCA. Sigue mis pasos, ven.
FELICIA. ¿A dónde?
BLANCA. Adonde entre las sombras sepulcrales
vuelva a unirme con él eternamente,
y adonde, si mis ansias no llegaren
a recoger sus últimos suspiros,
mi corazón la angustia despedace.

(Se van por la puerta del panteón.)

Acto quinto

ESCENA I

El teatro representa el panteón de la familia de BLANCA, *con puerta y escalera en el foro, que supone la entrada principal, otra a la izquierda, que comunica a la habitación de* BLANCA, *y otra a la derecha, que conduce al templo. Se verán varios sepulcros con inscripciones del nombre de Rossi: a la izquierda, cerca del proscenio, se ve el de* BAUTISTA, *cuya losa estará entreabierta, y apoyada por el frente sobre una barra de hierro a la altura de una vara*[108]*: al pie del sepulcro estará la armadura y manto de* BAUTISTA. *La escena no tiene más luz que la de una lámpara, que está suspendida en medio de las bóvedas.*

ALBERTO, *nobles por la bóveda*[109] *del templo.*

ALBERTO. Cierta es la desventura, compañeros.

(El verso siguiente mirando a la puerta del foro, que está abierta.)

---

[108] *Vara:* Antigua medida de longitud anterior a la implantación del sistema métrico decimal. La vara castellana correspondía a 0'768 metros.

[109] *Por la bóveda del templo:* Es una forma extraña de indicar que los nobles entran «por la puerta del templo»; es probable que la autora se refiera a que entran «por la zona que está bajo la bóveda que da al templo».

Franca está de este seno pavoroso
la entrada en el palacio; a los reflejos
de esa pálida luz, abierta noto
la losa sepulcral.

(Se acerca al sepulcro de BAUTISTA *y reconoce su armadura y manto.)*

¡Oh Dios!..., ¡qué miro!
¡Las armas de Bautista... sus despojos...
destrozados, sangrientos...! ¡Oh barbarie!
¡Oh caudillo infeliz! Mientras nosotros,
perdida la ocasión de la venganza,
por la ciudad vagamos presurosos
en busca de Genaro, la perfidia
ha consumado el crimen: ya en el fondo
de la tumba abismóse para siempre
la existencia del héroe valeroso.
¿Cómo pudo lograr la tiranía
poner fin a su vida, cielos? ¿Cómo
el bárbaro Acciolino ha descubierto
en nuestro daño a su rival glorioso?
Yo observé desde el templo a ese tirano
girar errante de este sitio en torno,
vi a sus parciales[110] profanar la entrada
de esta sacra mansión, y receloso
prevenir se custodie este palacio
contra las intenciones de Leopoldo.
A buscaros entonces me apresuro,
mas ¡oh desgracia!, ¿spara qué os convoco?
¿para ver en la muerte de Bautista
el triunfo del tirano y nuestro oprobio?

110 *Parcial:* «Vale también el que sigue el partido de otro, o está siempre de su parte» (AUT).

¿Quién duda que Acciolino ha descubierto
nuestra conspiración? Se perdió todo.
Vendidos estaremos; de Genaro
el destino se ignora, mas nosotros
venderemos bien caras nuestras vidas
en el último trance...

(Rumor adentro.)

Pasos oigo.

ESCENA II

Dichos, GENARO *por la puerta del templo.*

ALBERTO. He aquí el momento. ¿Quién?
GENARO. Fieles amigos,
yo soy; no reveléis.
ALBERTO. ¡Tú del furioso
Acciolino estás libre! Di, Genaro,
¿a quién la vida debes?
GENARO. A Dios solo:
él me reserva a ser el instrumento
de su eterna justicia.
ALBERTO. ¿De qué modo,
si el infeliz Bautista...?
GENARO. Fui testigo
de su bárbara muerte: entre el asombro,
entre el dolor mi corazón recuerda
temblando el espectáculo horroroso.
Apenas a las puertas de este alcázar
volví, cuando admirado desconozco
las guardias que lo cercan; sus aceros
a que penetre en él fueron estorbo.
Indago en el umbral por qué me impiden,
y en tanto que me observan silenciosos

con semblante feroz, veo en el atrio,
de las hachas[111] al brillo luminoso,
conducir a Bautista desarmado
por los viles ministros del encono.
Allí darle la muerte resolvieron
los infames verdugos; valeroso
Bautista se defiende largo tiempo
con los esfuerzos de su brazo heroico.
Yo, viendo su peligro inevitable,
me afano por llegar, grito «socorro»,
ruego, amenazo, gimo, y todo en vano:
a mis lamentos y a mis quejas sordos
esos tigres lograron oprimirlo
y a mi vista uno de ellos, más furioso,
con un puñal el pecho le atraviesa.
La sangre salta en humeante arroyo
sobre el vil asesino, que se goza
en ver el espectáculo espantoso.
Cayó Bautista exánime, y su cuerpo
arrastraron crüeles con oprobio
hacia este panteón; horrorizado,
del palacio las puertas abandono
y por el templo hasta este sitio llego
respirando venganza; yo la imploro,
y el momento se acerca de lograrla.
Acciolino perezca, caiga el monstruo
destrozado a la vista de esta tumba:
vuestras espadas de su pecho odioso
se bañen en la sangre, que brotando
sobre este pavimento ante mis ojos
sirva para calmar la triste sombra
de un caudillo infeliz y virtuoso.

[111] *Hacha:* «La vela grande de cera, compuesta de cuatro velas largas juntas y cubiertas de cera, gruesa, cuadrada y con cuatro pabilos» (AUT).

ALBERTO. Todos pereceremos si a ese impío
no logramos rendir; bastantes somos
para la empresa, amigos, no esperemos
los parciales a quienes cuidadoso
fue a convocar por la ciudad Genaro,
pues dilató su ausencia nuestro enojo
y por ella Bautista ha perecido.
Pero si en este sitio pavoroso
hemos de aniquilar a ese malvado,
indícanos, Genaro, de qué modo.

GENARO. Aquí vendrá buscando su castigo:
a los guardias oí que, receloso
de estar obedecido, de Bautista
quiere ver el cadáver lastimoso.
Vosotros en las bóvedas inmensas
de este lóbrego sitio, cautelosos
os podéis ocultar; yo prevenido
observaré si llega el alevoso

(El verso siguiente señalando la puerta del foro.)

a esa entrada, la sola que él conoce:
si por ella desciende, yo animoso
repetiré «Acciolino», y a su nombre,
que es la señal de muerte que dispongo,
le asaltaréis intrépidos, dejando
en leves piezas su cadáver roto.
Para que las tinieblas no malogren
nuestra venganza, algunos de vosotros
por la puerta del templo prevenidos
con hachas, a mi voz estaréis prontos.
Cuando haya perecido, gritaremos
«¡Libertad!», y asaltando valerosos
sus guardias con las armas en la mano,
sembraremos el susto y el asombro
en la ciudad: entonces sus esfuerzos

entre la confusión y el alboroto
unirán a los nuestros los que ahora
esperan de la empresa el feliz logro.
Bazano, libertada por sus hijos,
cobrará en breve su esplendor glorioso,
y el cuerpo de Acciolino destrozado,
revolcado en su sangre y en el polvo,
a las plantas de Blanca arrastraremos
porque consiga en su mortal ahogo
templar con la venganza las angustias
que sufre por la muerte de su esposo.
ALBERTO. ¿Acaso sabe Blanca que Bautista
ha perecido?
GENARO. Alberto, yo lo ignoro,
ni sé cómo ha logrado su existencia
descubrir el tirano, pero todo
lo sabremos después. Fieles amigos,
no perdamos un tiempo tan precioso
en vanas discusiones.
ALBERTO. A vengarnos:
pero nuestro furor debe a Leopoldo
la vida perdonar.
GENARO. Él compasivo
fuera de estas murallas, cuidadoso
para hallar el cadáver de Bautista
del sol espera el astro luminoso.
ALBERTO. Pues está lejos del común peligro
no dejemos con vida en el destrozo
ninguno de los bárbaros verdugos
después que a nuestros golpes caiga el
[monstruo.
Parte, Genaro.
GENARO. Sombras inmortales
de los valientes Rossis, si mis votos
penetran la morada del sepulcro,
prestad a nuestros brazos el heroico

valor con que otro tiempo defendisteis
vuestra abatida patria.

(Lo que sigue mirando al sepulcro de Bautista.)

Y tú, glorioso
espíritu del héroe que lloramos,
acepta la venganza que dispongo.

(Se va por la puerta del templo con dos de los nobles.)

ESCENA III

Alberto, *nobles.*

Alberto. En tanto que el momento se avecina
retiraos, amigos, y estad prontos
a la voz de Genaro.

(El resto de los nobles se retira detrás de los sepulcros.)

¡Infeliz Blanca!
Yo contemplo su estado lastimoso;
quizá ignora la muerte de Bautista
o la llora en secreto.

(Rumor dentro.)

Rumor oigo
en la bóveda oscura que conduce
hasta su habitación.

ESCENA IV

Alberto, Blanca, Felicia, *aquella apoyada en los brazos de esta, el cabello suelto en el mayor desorden y abatimiento; ambas salen por la bóveda que conduce a su habitación.*

Felicia. ¡Oh qué espantoso
sitio!
Alberto. *(Aproximándose.)* ¿Quién va, quién es?
Blanca. Alberto, amigo,
la desgraciada Blanca.
Alberto. En tu socorro
los nobles y tu padre...
Blanca. ¿Acaso vive?
Alberto. Sí, nuestras esperanzas en él solo
consisten; él dispone la venganza
que la ocasión perdida...
Blanca. Lo sé todo.
Tarde será, bien tarde.
Alberto. ¿Pues acaso
de Bautista el destino...?
Blanca. No lo ignoro:
pereció por salvar la triste vida
de su mísera esposa.
Alberto. ¡Por ti! ¿Cómo?
Blanca. Mis abatidas fuerzas no permiten
que ahora repetir pueda el horroroso
origen de mis penas. Vete, amigo,
y deja que a la sombra de mi esposo
mi llanto se consagre.
Alberto. Tu peligro
en este panteón...
Blanca. Ninguno corro:
estos fríos sepulcros me aseguran.

ALBERTO. Si te hallase tu padre...

BLANCA. Será corto
el tiempo de mis lágrimas; si vuelve
antes que calme mi dolor penoso,
a su voz yo me ofrezco retirarme.

ALBERTO. En fe de esa palabra no te estorbo.

(Se va por donde los nobles.)

ESCENA V

BLANCA, FELICIA.

BLANCA. Heme en tu seno al fin, mansión sagrada
de la eterna quietud, donde el reposo
termina los tormentos. ¡Ah!, mis plantas
agobiadas del peso del oprobio
y la aflicción apenas me sostienen.
¡Ay Felicia!, este seno tenebroso,
este sacro silencio de la tumba
que asusta a los mortales reconozco
que alivia mi dolor; él es conforme
a este recinto triste y pavoroso.
Cara amiga, en él yace para siempre
el héroe ilustre cuya sombra adoro,
y en él mi corazón viene a ofrecerle
mis angustias, mi llanto y mis sollozos.

FELICIA. ¿Tan poco puede mi amistad contigo
que desprecias mi ruego afectuoso?
¿Por qué empeñada en aumentar tus penas
renovarlas intentas en el fondo
de este lúgubre sitio?

(El verso que sigue señalando a la bóveda por donde salieron.)

Por dos veces
entre las densas sombras de ese ignoto
camino de la muerte, desmayada
te sostuve en mis brazos cariñosos;
te vi casi expirar, pero al cobrarte
no sirvieron mis súplicas de estorbo
a tu funesto amor. ¡Ah!, retrocede,
amiga, que aún es tiempo; vamos pronto
lejos de estos horrores. ¿Qué consigues
con que su vista aumente tus ahogos?

BLANCA. Siento que me consuela; sí, mis fuerzas
renacen por momentos.

(Se separa de FELICIA *y se adelanta en la escena.)*

Sin apoyo
puedo mover mis plantas vacilantes.

FELICIA. ¿Adónde vas?

BLANCA. No temas.

(Señalando los sepulcros del foro.)

Ve aquí el trono
de la virtud: la tumba. ¡Oh qué felice
descansa en ella el hombre virtuoso!
Mis nobles ascendientes, que lo fueron,
en una eternidad ya son dichosos,
y yo vivo... ¡ay de mí!, porque mi vida
espera conseguir el triste gozo
de ver difunto a quien amé constante
y después expirar.

FELICIA. ¡Cielos, qué oigo!
¿Y es ese tu designio? ¿Y que pretendes,
crüel, ejecutarlo ante mis ojos?
¿Qué se hizo tu valor? Di ¿qué se hicieron
los sentimientos puros, religiosos,

que el Dios que te ha formado de la nada
de tu obediencia exige? Desconozco
tu virtud: ya no es Blanca la heroína
que mis cuidados mereció amistosos;
la desesperación entró en su pecho,
por ella busca el medio criminoso[112]
de acabar con la vida su desgracia
usurpando al Eterno de este modo
el supremo poder.

BLANCA. Felicia, cesa.
Yo tiemblo, yo me humillo ante su trono;
Él ve mi corazón, a sus decretos
sabios, incomprehensibles, ya me postro,
y ofreciéndole humilde mis angustias
Él este error perdonará piadoso.

FELICIA. Sí hará, pero volvamos.

BLANCA. ¿Dónde, amiga,
dónde estaré segura si no logro
estarlo en este sitio? Ya en la tierra
no hay para mí defensa: sin apoyo,
sin amparo, sin fuerzas, tú lo sabes,
y en fin, cara Felicia, sin esposo.

FELICIA. ¡Infeliz!

BLANCA. *(Acercándose al sepulcro de* BAUTISTA.)
De esa luz a los reflejos
en esta oscuridad ya ven mis ojos
la urna adorada que mis ansias buscan.

FELICIA. *(Interponiéndose.)* No te acerques, espera.

BLANCA. [¿Aun este corto
alivio has de impedirme? Cruel Felicia,
déjame por piedad.

---

[112] *Criminoso:* «Lo mismo que criminal» (AUT). Es una forma eufemística para referirse al suicidio, sospecha de Felicia que sobrevuela toda la escena.

Felicia. Mira que estorbo
que tu dolor la muerte te apresure.
Blanca. No, te engañas, amiga; de este modo
consolaré mis penas, y te juro
que mientras no peligre mi decoro
no atentaré a mi vida. Tú sin duda
no has amado jamás, pues si no ¿cómo
fueras tan inhumana? Si me impides
la vista de ese objeto lastimoso
me verás expirar.
Felicia. ¡Desventurada!
No puedo resistir.

(Se aparta.)

Blanca. *(Acercándose al sepulcro reconoce la armadura de* Bautista.*)*
Estos despojos...
Mi corazón de nuevo se estremece.
¡Ah!, suyos fueron... Sí. ¡Gran Dios!

(Cogiendo el manto.)

Yo toco
en ellos con horror su helada sangre.
Mira, Felicia, en la armadura el rojo
esmalte de sus venas.
Felicia. ¡Oh infelice!
Blanca. No hay duda; mi dolor llegó a su colmo.
Felicia. Blanca, si de este sitio no te alejas,
yo te dejo.
Blanca. ¿Y qué importa tu abandono
a quien todo en la tierra lo ha perdido?

(Volviéndose al sepulcro.)

¿Son estas las delicias, tierno esposo,
que en tus brazos pensó la triste Blanca
gozar mientras viviese? ¿Es este el solio
de la fe conyugal? ¡Qué! ¿Serán estos
los eternos laureles victoriosos
con que pensabas coronar tu frente?
¿Qué se hizo el aparato, qué el adorno
de las pompas de Marte? ¿Qué se hicieron
tus virtudes, tu amor...? ¡Ay!, todo, todo
despareció como fugaces sueños.
¡Oh ilusiones del bien que en vano lloro!
¡Oh esperanzas mentidas de fortuna
fuisteis por siempre! Víctima del odio,
yace el héroe de Italia, y a mis quejas,
a mis lamentos en la tumba sordo
descansa, y yo respiro... y yo no puedo
con el fuego animar de mis sollozos
la vida que en un tiempo fue la mía.

(Se arrodilla junto al sepulcro.)

Helado mármol, que insensible toco,
enciéndete en la llama de mi pecho;
yo te abrazo, tú encierras mi tesoro.
Vuélvemelo[113], crüel; sí, yo te pido
mi cara prenda, vuélveme mi esposo.

(Se levanta.)

¡Mísera! Yo deliro. Es una piedra,
no puede enternecerse, ni tampoco
puedo morir sin ofender al cielo.

---

113 *Vuélvemelo:* En OP «vuélmelo», por errata.

¿Esperaré, cobarde, que a mis ojos
el bárbaro Acciolino se presente
a exigir por la fuerza mi desdoro[114]?
¿Podré por su violencia deshonrada
pasar mis días en perpetuo oprobio?
No será... no será. Blanca, la muerte
primero que toleres de ese aborto
infernal los halagos, ni aun la vista:
no triunfará jamás de mi decoro.
Óyeme, sombra amada: fui tu esposa;
no quebrantará Blanca el tierno voto
de su fe conyugal hasta que logre
unirse a ti en el seno del reposo.

FELICIA. Su dolor me penetra. Vamos, Blanca.

BLANCA No, déjame. Ya siento que recobro
para ver su cadáver mis esfuerzos.

FELICIA. *(Mirando a la puerta del foro.)*
¡Qué resplandor! ¡Qué estruendo!

ESCENA VI

Dichas, ACCIOLINO, *dos guardias con hachas.*

ACCIOLINO. Falta solo
hallar a Blanca; vamos.

GENARO. *(Dentro.)* ¡Acciolino!

BLANCA. Acciolino... la muerte.

[114] *Desdoro:* «Mancha, nota, deslustre, menoscabo de la opinión, estimación o fama» (AUT). Se trata siempre de eufemismos por «violación». En toda la obra está presente la amenaza de la agresión sexual por parte de Acciolino, que es uno de los temas básicos del teatro de María Rosa de Gálvez. Ver «Introducción».

(Al nombre de ACCIOLINO *vuelve la cabeza, lo ve, se inclina dentro del sepulcro, separa la barra que sostenía la losa; esta cae, y muere.)*

FELICIA. ¡Oh Dios! ¡Socorro!
ACCIOLINO. *(Suspenso en medio de la escena.* FELICIA *inmediata al sepulcro.)*
Mi nombre... aquel lamento...

ESCENA VII

Dichos, ALBERTO *y nobles con las espadas desnudas.*
Por la puerta del templo GENARO *y dos nobles con hachas.*

ALBERTO. Infame, tiembla.
ACCIOLINO. Traidores...
FELICIA. ¡Ah! favor... Socorred todos
a Blanca, que perece.
GENARO. ¡Qué he escuchado!
Hija mía..., ¡qué miro!... Venid pronto,
levantemos la losa.

(GENARO *y nobles sacan a* BLANCA *del sepulcro; queda en brazos de su padre.)*

ACCIOLINO. *(En ademán de querer irse.)* Estoy vendido...
Ella muere.
ALBERTO. *Impidiéndole la salida.)* Detente, horrible
[monstruo;
no has de salir con vida de este sitio.
GENARO. No hay remedio: expiró. Ya está en su rostro
la muerte impresa. ¡Desgraciada hija!
¡Padre desventurado!

ACCIOLINO (*Observando a* BLANCA.) Sí, el hermoso
objeto de mi amor y mis rencores
inanimado yace... yo...

(*Horrorizado, creyendo ver la sombra de* BAUTISTA.)

¡Qué asombro
hiela mi corazón!... Bautista... tente.
¡Qué horror!..., tu sombra veo... reconozco
las sangrientas heridas de tu seno...
¡Oh vista!..., ¡oh crimen!... Implacable esposo...
¿Señalas su cadáver y el sepulcro?
No soy la causa.

GENARO. (*A los nobles.*) ¿A qué esperáis vosotros?
Esta víctima ved; su sangre corre
por libertar su honor de ese furioso.
El cielo con prodigios lo amenaza;
cúmplase su castigo.

(*Los nobles hacen ademán de acometer a* ACCIOLINO.)

ACCIOLINO. (*A los nobles.*) No, alevosos.

(*Saca el puñal que quitó a* BLANCA.)

Este puñal, que cometió el delito,
es a quien toca la venganza solo.

(*Se hiere, y cae muerto.*)

Ann Zingha, litografía de Achille Devéria (s. XIX).

Zinda

Drama trágico en tres actos

Actores

Zinda[115], *reina de Congo*[116].
Nelzir, *su esposo.*
Zelido, *hijo de entrambos, niño de cinco años, que no habla.*
Alcaypa, *guerrero negro.*
Pereyra[117], *comandante del fuerte portugués de Santo Tomás.*
Ángela, *su hija.*
Vinter, *holandés*[118], *comandante del fuerte en ausencia de Pereyra.*
Vasco, *oficial portugués.*
Comparsas de negros con Zinda y Nelzir,
de soldados portugueses con Vinter.

---

[115] *Zinda:* La protagonista del drama de María Rosa de Gálvez está inspirado en un personaje real, Nzinga Mbandi (1583-1663), que fue reina (ella tomó el título de rey, «Ngola» al tomar el poder) de Ndongo y Matamba y libró una constante lucha contra los portugueses para mantener la independencia de su país y evitar el tráfico de esclavos.

[116] *Congo:* El reino de Congo, que corresponde a parte de la actual República del Congo y el norte de Angola, existió entre 1390 y 1914, aunque en sus últimos tiempos estuvo sometido a Portugal. En realidad, Nzinga nunca fue reina de Congo, que estaba al norte de sus territorios, sino de Ndongo, la actual Angola.

[117] *Pereyra:* Personaje inspirado en Manuel Pereira Coutinho, capitán general de la colonia portuguesa de Angola de 1630-1635.

[118] *Holandés:* Desde 1641 a 1648 los holandeses, en guerra con Portugal por el dominio de las colonias africanas, ocuparon Luanda.

La acción es en el reino del Congo, en las inmediaciones y en lo interior del fuerte portugués de Santo Tomás[119].

[119] *Fuerte de Santo Tomás.* La construcción de fortalezas desde las que asegurar la posesión del territorio fue clave en la colonización portuguesa. En Luanda llegó a haber tres fortalezas, la de San Pedro de la Barra, la de San Miguel y la de San Francisco. De ellas se conserva todavía todavía la fortaleza de San Miguel, que puede ser el modelo del fuerte que tanta importancia tiene en el drama de María Rosa de Gálvez.

Acto primero

ESCENA I

Decoración de bosque sombrío, con vista de una hoguera en el foro y algunas cabañas a los lados. A la derecha, asiento cubierto de yerbas bajo de un árbol; PEREYRA. *atadas las manos a otro;* ALCAYPA. *y negros que avivan la hoguera del foro*[120] *y guarnecen la escena.*

ALCAYPA. La hoguera disponed, valientes negros;
hoy nace el sol a ver nuestra venganza.
La aborrecida sangre de este blanco
avivará la abrasadora llama
mientras su corazón abominable,
arrancado del pecho por la espalda,
se ofrece en sacrificio a nuestros dioses.
Ninguna ofrenda les será más grata
ni a nosotros ninguna más propicia.
Quede en nuestra región, quede en las playas
de Congo la memoria aterradora

[120] *Foro:* «En las comedias de mutaciones, es la parte más retirada del teatro, que se forma de bastidores en perspectiva» (AUT). Probablemente pensaba la autora en una hoguera pintada, ya que los fuegos en escena eran —y siguen siendo— un peligro en los teatros de madera como eran los coliseos madrileños.

del escarmiento atroz que les preparan
los valerosos negros a los blancos,
que nuestra esclavitud[121] astutos labran.

PEREYRA. Jamás vuestros pacíficos hogares
insultaron los filos de mi espada,
ni vuestra libertad por mí oprimida
en África se vio: vuestras moradas,
estos campos, en fin, vosotros mismos,
tan crüeles conmigo en mi desgracia,
habéis de mi piedad gozado el fruto
en mis felices tiempos, pero...

ALCAYPA. Basta
de inútiles lamentos. Si el semblante
de la espantosa muerte te acobarda,
súfrela con valor, porque tus quejas
y tus reconvenciones serán vanas.

PEREYRA. La muerte no amedrenta un alma noble
que sin recelo la buscó en campaña
por su dios y su rey.

ALCAYPA. Por tu codicia.

PEREYRA. No insultes, africano, mi desgracia.
Tú no sabes el hombre a quien ofendes,
mas Zinda, tu gloriosa soberana,
bien conoce a Pereyra, y tu barbarie
será por su justicia castigada.

ALCAYPA. *(A los negros, que lo desatan.)*
A la hoguera llevadlo. Así respeto
tus débiles, tus necias amenazas.
¿Qué me importa tu nombre? Eres un blanco;
para ser un tirano esto te basta.

PEREYRA. Eterno Dios, desde tu excelso trono
a mis amados hijos siempre ampara

---

121 *Esclavitud:* Desde la primera intervención de Alcaypa queda manifiesto el tema fundamental de *Zinda.*

y en mi postrero instante fortalece
mi espíritu sensible con tu gracia.

ALCAYPA. *(Mirando adentro.)* Zinda viene a este sitio.
[Compañeros,
apresurad su muerte.

ESCENA II

Dichos, ZINDA, *guerreros negros.*

ZINDA. Tente, Alcaypa.
Esperad... ¡Qué aparato[122] tan horrible!
¿Quién es el miserable[123] a quien prepara
vuestro furor...?

PEREYRA. ¡Oh Zinda!

ZINDA. ¡Santos dioses!
¿Sueño? Pereyra, tú... Quítale, Alcaypa,
esos funestos lazos.

(Lo desatan.)

¿Quién te ha puesto,
amigo, en tal estado?

PEREYRA. La inhumana
furia de tus vasallos.

ZINDA. Atrevidos,
¿es esta la clemencia que os encarga
vuestra reina? Decid, ¿cómo las leyes
de la hospitalidad así se ultrajan
en ausencia de Zinda, que en el orbe
son con tanta justicia respetadas?

---

[122] *Aparato:* «Apresto, prevención y lo que es necesario para una obra u otra cosa, como un ejército, armada, viaje, etc.» (AUT)

[123] *Miserable:* «Desdichado, infeliz y desafortunado» (AUT).

Pereyra me ha enseñado a ser piadosa;
cuando llegó su nave a estas comarcas
por la primera vez, en nuestro suelo
reinaban las costumbres sanguinarias
de la ferocidad; pero vosotros,
al mirar sus virtudes, la tirana
fiereza depusisteis, y yo misma
imité la clemencia que enseñaba.
Pues ¿cómo os olvidáis de estos ejemplos?
¿Queréis que cuente el eco de la fama
que mi poder convierto en tiranía?
No lo conseguiréis: la horrible mancha
de bárbara y crüel jamás mi nombre
teñirá con los hechos de la infamia.

ALCAYPA. Mejor te fuera, Zinda, las costumbres
conservar rigurosa de tu patria
que ser tan compasiva; tus piedades
abrieron a los blancos de estas playas
los escondidos senos[124], y por ellos
hoy nuestra libertad se mira esclava.

PEREYRA. Yo nunca...

ALCAYPA. Tú, Pereyra, cauteloso
ganaste la sencilla confianza
de Zinda a los principios; mereciste
que elevar te dejase esa morada
de altas torres y muros guarnecida
que el mar undoso con sus olas baña;
fijaste en ella el portugués dominio
y después la dejaste abandonada
a la ambición y al robo; hoy es caverna
de fieras insaciables que sus armas
vuelven contra los mismos que albergaron
en esta simple costa su arrogancia.

---

[124] *Seno:* «Se toma también por la parte de mar que se recoge entre dos puntas o cabos de tierra» (AUT):

Zinda, tú también sufres sus traiciones.
Por librar a tu hijo, a la campaña
convocas tus guerreros; con astucias
los blancos de tu seno lo arrebatan.
Yo perderé mi vida por salvarlo;
Zélido es hijo tuyo, es mi monarca;
lidiaremos por él, pero no impidas
que en Pereyra comience la venganza.

ZINDA. Pereyra está inocente; el atentado
que causa tus furores y mis ansias
se cometió en su ausencia.

ALCAYPA. ¿Y con qué intento
vuelve a nuestro país? En estas playas
al despuntar la aurora lo encontramos
cauteloso espiando las cabañas
del campamento. Di ¿quién te condujo?
Justifiquen, si pueden, tus palabras
la piedad de la reina.

PEREYRA. Mis cuidados
por la paz de este reino suspirada
a partir me movieron. Con vosotros
en el fuerte dejé dos prendas caras
a mis cansados años, mis dos hijos,
garantes de mi noble confianza.
Pues ¿qué más pude hacer? ¡Ah!, yo volvía,
Zinda, a ratificar nuestra alianza,
que mi rey poderoso ha confirmado,
pero apenas mis ojos las lejanas
orillas de tu imperio descubrieron
cuando el vil comandante, que guiaba
el rumbo de la nave hacia la costa,
el esquife[125] ordenó lanzar al agua
y que en él solo, sin socorro alguno,

---

[125] *Esquife:* «Barco pequeño que se lleva dentro de los navíos grandes, para saltar en tierra y para otros ministerios» (AUT).

a merced de las ondas me entregaran.
En vano resistí; la infame chusma[126]
cumplió el crüel mandato, y en la barca
desamparado el piélago salobre
sulqué[127] cercado de mortales ansias.
Las corrientes, piadosas, dirigieron
el rumbo del esquife hacia estas playas;
piso su arena en fin desfallecido;
llego a buscar socorro a las cabañas
de tus vasallos, y ellos desconocen
en mí a su bienhechor; mis manos atan,
no escuchan mis lamentos, y a la muerte
feroces e implacables me arrastraban
si tú, piadosa Zinda, en este instante
a impedir su barbarie no llegaras.

ZINDA. ¡Ah cobardes!, pues ¿cómo a la desdicha
negáis la compasión? ¿Es digna hazaña
del valor que os anima, el sacrificio
de un mísero inocente? ¡Qué venganza
tan vil, tan horrorosa, a mis agravios
vuestra ferocidad le preparaba!
Extinguid esa hoguera.

(Los negros la apagan.)

Mis tormentos
no puede consumir su activa llama,
aunque Pereyra en ella pereciese.
La sangre portuguesa que mis armas
deben verter se encierra en esos muros:

---

[126] *Chusma:* «Los galeotes, forzados y buenasvoyas que reman en las galeras» (AUT). Por extensión, la marinería, a la que Pereyra se refiere despectivamente a causa de su infame conducta.

[127] *Sulcar:* «Lo mismo que surcar, que es como más comúnmente se dice, aunque esta voz es más conforme a su origen» (AUT).

quiero verla en arroyos derramada
inundar estos campos; vuestro brío,
las voladoras flechas y las hachas
destruyan los contrarios combatiendo,
sus miembros, sus cabezas destrozadas,
anunciarán la lid y la victoria,
señalarán la afrenta y la venganza.
Entonces esa altiva fortaleza
quedará reducida en polvo, en nada,
y entonces serán dignos de vosotros
los medios de salvar vuestro monarca.

ALCAYPA. Por él pereceremos, pero, Zinda,
no des fácil oído a las palabras
de Pereyra; la paz que te propone
tus vasallos no pueden aceptarla.
Guerra, exterminio y muerte le juramos:
esto nos ha enseñado su alianza
y estos los pactos son que prevenimos
a sus conciudadanos en campaña.

PEREYRA. Zinda, dime, ¿qué es esto? ¿Cuál origen
tienen tantos estragos?[128].

ZINDA. Vete, Alcaypa,
conduce esos guerreros a sus puestos:
que esperen la señal de la batalla.
Nelzir, mi esposo, en breve con sus tropas
llegará victorioso a estas moradas
y entonces el valor logrará el triunfo.

ALCAYPA. ¡Oh cuánto del combate el tiempo tarda!

(Se va con los comparsas.)

---

[128] *Estrago:* «Por traslación, vale corrupción, malicia y corruptela de las cosas que miran al ánimo y naturaleza humana» (AUT).

ESCENA III

PEREYRA, ZINDA.

PEREYRA. ¡Cuál es mi confusión! ¿Será posible,
Zinda, que por mi ausencia se olvidara
mi hijo de su deber? A mi partida
yo le encargué el gobierno de esa plaza.
yo le encargué la paz, ¿cómo ha faltado
a lo que un tierno padre le mandaba?

ZINDA. Tu hijo no existe ya.

PEREYRA. ¡Qué escucho, cielos!
¡Oh dolor! Este golpe solo falta
para postrar el corazón de un padre.
Dime, Zinda... ¿Mas tú también la espalda
me vuelves?

(ZINDA *hace lo que dicen los versos.)*

¡Ah! tú lloras... No me ocultes
un llanto que consuela mi desgracia.
¿Cómo murió? ¿Quién, dime, habrá
[cuidado
de mi infelice hija, de su hermana,
que a su lado quedó? Responde, Zinda,
¿qué puedo ya temer? ¿Por qué no hablas?

ZINDA. Tus lamentos arrancan de mis ojos
lágrimas de furor. Soy desdichada,
Pereyra, pero el llanto de la queja
no derramó jamás una africana.
Escucha la traición que ha cometido
Vinter, ese malvado que de Holanda
se vino a la colonia portuguesa
prófugo y desterrado de su patria:

tú en el fuerte le distes[129] acogida
y en pago de tu necia confianza
en tu ausencia la muerte dio a tu hijo.
PEREYRA. ¿Y ese vil tiene vida?
ZINDA. Su tirana
ambición y su astucia consiguieron
que todos los soldados le nombraran
para el mando del fuerte, y que ninguno
el vil asesinato penetrara.
Mi hijo Zélido entonces con el tuyo
se halló en la fortaleza, mas su infancia
no pudo libertarlo del tirano.
La muerte de tu hijo fue juzgada
por el traidor; él declaró culpables
en ella a los esclavos que escoltaban
al príncipe mi hijo en el castillo;
Vinter lo aprisionó, dobló las guardias
y astuto publicó que era forzoso
mantener su persona asegurada
hasta vengar la muerte de tu hijo.
Un negro fugitivo de la plaza
me avisó la traición; vuelo al socorro
del príncipe, me acerco a las murallas,
Vinter en las almenas se presenta
y con astuta compasión me habla:
«¡Oh Zinda!», dijo, «en vano el hijo tuyo
vienes a reclamar; no está vengada
la sombra del caudillo que lloramos,
mas vive en mis piedades confiada
y aléjate del muro, que su suerte
sabrás en breve tiempo en tus cabañas».
No pude responder, porque mis iras
me echaron un dogal a la garganta,

[129] *Distes.* Sic en el original.

pero la horrible trompa de la guerra
por mí le respondió, y esta campaña,
cubierta de mi ejército invencible,
su destrucción le tiene asegurada.

PEREYRA. El maternal cariño te conduce
a un extremo funesto; si a mis ansias,
si a mi dolor atiendes, sin que vuelva
la guerra a destrozar estas comarcas
recobrarás al príncipe tu hijo.

ZINDA. ¿De qué modo?

PEREYRA. Permite que escoltada
mi persona a la vista se presente
de los soberbios muros de la plaza
y que los portugueses reconozcan
a su caudillo en mí; tengo las cartas
en mi poder que el mando me confirman
y el tratado que encierra la alianza
de Congo y Portugal. Deja que logre
confundir los traidores.

ZINDA. No; te engaña,
Pereyra, tu nobleza. Los soldados
quieren a ese holandés, sus vicios aman
porque la libertad que les concede
de cometer los crímenes halaga
y aumenta su fortuna; el comandante
que a vista de estas costas en la barca
te lanzó con violencia, seducido
por Vinter estaría; a tu[130] llegada
el traidor no sabemos de qué astucia
intentará valerse.

PEREYRA. Yo sus tramas
puedo desconcertar; déjame, Zinda,

---

[130] En el original, «a su llegada». El sentido pide la corrección que hacemos.

que a confundir con mi presencia vaya
los infames.

ZINDA. Pereyra, será en vano.
sábelo todo: ciego Vinter ama
y espera ser esposo de tu hija.

PEREYRA. ¡Cielos! ¿Y que podrá desamparada
ser Ángela su esposa? No, primero...

ZINDA. Primero llegará de mi venganza
el golpe asolador. Deja a mi brío
el esplendor del triunfo... Pero Alcaypa...

ESCENA IV

DICHOS, ALCAYPA.

ALCAYPA. Nelzir tu esposo llega en este instante
de Angola[131] vencedor a estas moradas.

ZINDA. Vuelva en hora feliz, para que logre
mi corazón consuelo. A tu cabaña
lleva en tanto a Pereyra, y su persona
cuida y respeta: que mi esposo nada
sepa de este suceso; yo lo mando.

ALCAYPA. Ya te obedezco. Ven.

PEREYRA. Mis esperanzas
en humo se convierten, y mi vida
acabará entre penas y desgracias.

(Se va con ALCAYPA.)

ZINDA. He aquí el momento. En vano de Pereyra
pretende la virtud que con mis armas

---

[131] *Angola:* Aunque la acción sucede en el territorio que hoy en día es Angola, en su momento estaba dividido en los reinos de Congo, Ndongo, Matamba y Jaga. Ningún reino se llamaba Angola, sino que Ngola era el título que recibía el rey, como lo tomó para sí Njinga.

no extermine los viles europeos:
el amor maternal a la venganza
conduce mi valor; perezcan todos;
eternice el estrago de su infamia
la execrable maldad, y el universo
tiemble al furor[132] atroz de una africana.

ESCENA V

NELZIR, ZINDA, *negros prisioneros, negros guerreros.*

NELZIR. Zinda, esposa.
ZINDA. Nelzir, llega a mis brazos,
consuela mi dolor.
NELZIR. ¡Oh Zinda amada!
Yo soy padre y esposo, y tus pesares
aumentan mi tormento. La esperanza
de vengarte y salvar un hijo amado
de la infame prisión en que se halla
hizo que destrozados mis contrarios
pereciesen de Angola en la campaña.
Ve aquí los miserables prisioneros
que la gloria publican de mis armas;
el triunfo fue más pronto que el ultraje.
Pero admírate, Zinda; si su saña
insultó[133] nuestras tierras, olvidando
de nuestros intereses la alianza,

[132] *Tiemble al furor...:* En el original, «tiemble el furor...», expresión que carece de sentido, a no ser que el verbo «temblar» tenga el sentido de «hacer temblar», lo que no parecen corroborar las fuentes consultadas.

[133] *Insultar:* «Acometer con violencia o improvisamente» (AUT). De acuerdo con los principios humanitarios que rigen en el reino de Zinda, Nelzir solamente se ha lanzado a la guerra para repeler una agresión de los angoleños, que, además, han roto la alianza que había entre los dos pueblos.

fue por la instigación, por la malicia
de Vinter; el malvado procuraba
con la guerra civil de estas regiones
gozar el fruto indigno de sus tramas.
¡Ah, cuánto se ha engañado! Si la tierra
de su seno guerreros abortara[134]
que impedir su castigo procurasen,
todos aniquilados por mi rabia
quedaran al nacer. Zinda, al combate.
No en estéril furor ni en amenazas
se pierda el tiempo; el triunfo conseguido
anuncia la victoria que me aguarda.

ZINDA. Al combate, Nelzir. De un hijo tierno
que gime en la opresión la voz nos llama;
volemos a librarlo, amado esposo,
y el amor paternal nos dé sus alas.

ESCENA VI

DICHOS, ALCAYPA.

ALCAYPA. Nelzir, Zinda, escuchad: del fuerte han
[hecho
señal de paz. He visto en sus murallas
el blanco lienzo[135], y con pequeña escolta
Vinter a nuestro campo se adelanta
para tratar contigo. Como tienes
prevenido que siempre de la plaza
se oigan los mensajeros, nuestras iras
suspendí hasta saber lo que nos mandas.

---

[134] *Abortar:* «Metafóricamente usan de esta voz los poetas cuando el mar, los montes u otras cosas no capaces de concebir arrojan de sí algo que contenían» (AUT).

[135] *Blanco lienzo:* Bandera blanca, signo de paz o tregua.

NELZIR. ¿Cómo, esposa, permites que el malvado
tenga un atrevimiento que degrada
tu grandeza? El mensaje abominable
pagará con la vida; corre, Alcaypa,
haz que le den la muerte mis soldados.
Pero no... que mi brazo...

ZINDA. Esposo, aguarda:
no cedas al furor. Quizá pretende
Vinter volverte el hijo que idolatras;
quizá, de su injusticia convencido,
teme nuestro poder, y su embajada
puede volver la paz a nuestro imperio.
En escucharlo, en fin, no pierdo nada.

NELZIR. Zinda, la propensión que manifiestas
a escuchar tus contrarios es la causa
de nuestro insulto, y puede serlo un tiempo
de nuestra esclavitud. Vinter ultraja
a todos mis vasallos; que perezca,
pues el osado, el vil tiene la audacia
de salir de sus muros.

ZINDA. ¡Qué! ¿Pretende
tu valor darle muerte con ventaja
violando los derechos respetables
de todas las naciones? No; su infamia
no autoriza tu acción. Nelzir, recuerda
que antes que esposo y padre eres monarca:
cumple con tu deber y no envilezcas
con un crimen la gloria de tu patria.

NELZIR. ¡Doloroso deber, deber terrible
que el castigo al malvado le retarda!
¡Oh Zinda! Tu virtud y tu heroísmo
triunfa de mi rencor; de la venganza
te abandono el cuidado: escucha a Vinter,
pero en tanto que oyeres su embajada
tu esposo animará de sus guerreros
el intrépido ardor, y en la campaña,

cuando salga el infame de este sitio,
nos hallará esperando la batalla.

(Se va.)

ZINDA. Harás que llegue Vinter, y a mi esposo
no desampares un momento, Alcaypa.

ALCAYPA. Ociosa prevención, cuando su brío
va a coronar de gloria nuestras armas.

(Se va llevando los prisioneros y parte de la guardia negra.)

ZINDA. En favor de la paz, de un hijo amado
y de la humanidad, mi tolerancia
escuchará al traidor; pero si insulta
de nuevo mi piedad, toda la saña
que en mi pecho se encierra reprimida,
dejará su maldad escarmentada.
La virtud de Pereyra, que en el tiempo
de concordia feliz y de alianza
se ha grabado en mi pecho, a esto me obliga:
yo la admiro y pretendo respetarla.

ESCENA VII

ZINDA, VINTER, *guerreros portugueses y negros.*
ZINDA *se sienta bajo el árbol.*

VINTER. Zinda, pues convencida justamente
del terrible peligro que amenaza
a tu imperio resuelves escucharme,
no dudes que la suerte de tu patria
será feliz. Pereyra ha perecido
al tiempo de llegar a estas comarcas,

pero Ángela su hija me la elegido
por esposo; quedó desamparada
y en mí solo confía; ella pretende
que renueve contigo la alianza
de Congo y Portugal; yo la deseo
y puedo concederla y afirmarla.
No lo dudes, no es Vinter tan tirano
como te lo figuras. Tu hijo...

ZINDA. Basta
de inútil artificio[136]. Si el estrago[137]
intentas prevenir que te prepara
mi poder ultrajado, haz que al momento
al príncipe me entreguen. De su infancia
¿con qué derecho, di, con qué motivo
dispone tu malicia?

VINTER. La temprana
muerte de nuestro jefe, que un veneno
ha causado, quizá por mi desgracia,
origina que Zélido tu hijo
detenido y honrado esté en la plaza
por mi orden.

ZINDA. ¿Pretendes acusarlo
del vil asesinato que tú causas?

VINTER. Déjame, Zinda, hablar. Nadie pudiera
pensar que su inocencia en una trama
tan horrible y crüel culpa tuviese,
pero de los esclavos que en su guardia
fueron con él al fuerte se sospecha.
Los portugueses irritados claman
por su castigo; sucesor me nombran
del difunto caudillo y de mí aguardan

---

[136] *Artificio:* «Metafóricamente se toma por fingimiento, cautela, astucia y maña en el obrar con destreza y disimuladamente» (AUT).

[137] *Estrago:* «Daño hecho en guerra, matanza de gente, destrucción de la campaña, del país o del ejército» (AUT).

la justicia; yo pude en el tumulto
asegurar del príncipe la infancia,
contener los espíritus rebeldes
y alejar una guerra siempre infausta
a Portugal y a Congo. En este estado,
tú del despecho y del furor guiada
pretendes asaltar la fortaleza
tus guerreros juntando temeraria.
Ellos perecerán al rayo ardiente
del cañón que corona las murallas,
pero mi compasión busca los medios
de evitar su exterminio. Asegurada
vivirás en tu reino, y de tu hijo
volverás a gozar las tiernas gracias
si para complacer los sediciosos
con tus grandes tesoros lo rescatas.

ZINDA. *(Se levanta.)* Cesa, malvado, y tiembla;
[yo he querido
conocer solamente en tus palabras
hasta dónde se extiende tu perfidia.
Tú del asesinato eres la causa;
sé tu avaricia y todas las traiciones
con que pretendes coronar tu infamia.
Los que te han elegido por caudillo,
seducidos sin duda por tus[138] tramas,
perecerán contigo, y el rescate
que se atreve a pedir tu vil audacia
por mi hijo será tu horrible muerte.
Huye de mi presencia; en tus murallas
enciérrate, cobarde. Alumbra el fuego
del rayo asolador con que amenazas,
que yo, oponiendo el pecho desarmado

---

[138] *Por tus tramas.* En el original «por sus tramas», corregido en la Fe de erratas.

a esa invención atroz y sanguinaria,
al frente de mis tropas vencedoras,
vibrando el arco y esgrimiendo el hacha,
abatiré las puertas y los muros
que te sirven de asilo, y empapada
en sangre y en furor, de polvo y fuego
cubierta, volaré donde ultrajada
gime por tus maldades la inocencia
y saciaré en tu vida mi venganza.

VINTER. No más humillación. Venid, guerreros.
Esa negra feroz de nuestras armas
sufrirá el exterminio: hoy es el día
de eternizar valientes nuestra fama.

(Se va con los portugueses.)

ZINDA. Guerreros, al combate; de mi esposo
sigamos el valor en la campaña.

(Se va con los negros.)

Acto segundo

ESCENA I

El teatro[139] *representa una galería del fuerte iluminada para celebrar la victoria de Vinter. Guerreros portugueses que colocan a los lados como trofeos las armas tomadas a los negros.*
VASCO, *después* ÁNGELA.

VASCO. Todos al general placer se entregan
que causa la victoria; esos trofeos,
ganados en el campo, el regocijo
aumentan y el honor de los guerreros.
Todos felices son; Vinter dichoso
celebrará de Zinda el vencimiento
siendo esposo feliz de Ángela bella;
Pereyra ha consentido este himeneo[140],
según ha dicho Vinter, y yo dudo...

(Mirando adentro.)

Pero ella viene. Amigos, de este puesto
os podéis retirar.

---

[139] *Teatro:* Es corriente emplear esta palabra para hablar de la escenografía o decorado.
[140] *Himeneo:* «Lo mismo que boda o casamiento» (AUT).

(Se van los portugueses.)

Puede que sepa
si cede por amor o por respeto.
ÁNGELA. *(Sale.)* Cual víctima adornada, que [previene[141]
al sacrificio el inocente cuello,
así yo, de estas galas mal vestida,
me preparo también a ser el precio
del común alborozo... Pero Vasco...
Decidme ¿a quién buscáis en este puesto?
VASCO. Señora, espero a Vinter.
ÁNGELA. Ha vencido.
VASCO. Más su fortuna ha sido que su esfuerzo.
La victoria sin duda en este día
se hubiera declarado por lo negros
si Zinda, más prudente que briosa,
a nuestros muros se acercara menos.
Quiso abatir las puertas del castillo;
Vinter, valido entonces del extremo
furor de Zinda, manda que la dejen
penetrar en la plaza; pocos fueron
los que entraron con ella, con que, al verse
cercada de enemigos, y que el riesgo
era evidente, arroja el arco y flechas
como inútiles armas, y esgrimiendo
el hacha cortadora hiere, mata
a cuantos a su vida se atrevieron.
En vano su valor en esta lucha
la multitud acosa, hasta que en medio
del combate, deshecha en mil pedazos,
el hacha le faltó, cayó en el suelo

[141] *Prevenir:* «Preparar, aparejar y disponer con anticipación las cosas necesarias para algún fin» (AUT).

y aprisionada fue; la nueva corre
desde la plaza al campo en breve tiempo;
Nelzir sabe la suerte de su esposa
y manda que suspendan sus guerreros
el choque sanguinario, temeroso
de que a Zinda ultrajase sin respeto
Vinter nuestro caudillo; por su orden
nuestras tropas cargadas de trofeos
celebran la victoria y vos, señora,
también celebraréis vuestro himeneo.

ÁNGELA. ¡Fatal y triste sino!

VASCO. ¡Pues qué! ¿Puede
para vos este enlace ser violento?

ÁNGELA. Vasco, mi situación es muy funesta
para que del amor logre mi pecho
los felices placeres; desconozco
abatida el semblante del contento.
Muerto mi hermano, ¡oh Dios!, mi padre ausente,
¿qué gozo para mí en el universo
habrá que me consuele? Mi honor solo
me obliga a consentir en los deseos
amorosos de Vinter, recelosa
de que pueda irritarlo mi desprecio,
y porque no atropelle mi decoro
a su poder y a mi desdicha cedo.

VASCO. ¿Pues qué? ¿Vos no lo amáis?... Estáis
[turbada.

ÁNGELA. Y bien: no lo amo. Proseguid, os ruego,
¿qué puedo hacer?

VASCO. Lo ignoro. *(Aparte.)* (No conviene
que Ángela entienda que su padre ha muerto,
según me ha dicho Vinter) *(A ella.)* Si existiera
en la colonia alguno, cuyo afecto
pudiera con su mano los tesoros
y el estado de Vinter ofreceros,
entonces vos...

ÁNGELA. Yo entonces, si dejaba
mi padre a mi albedrío sus derechos,
puede que amase, no de las riquezas
el brillante esplendor que yo detesto,
sino el valor y la virtud que fuesen
capaces de romper este himeneo.

VASCO. Yo soy solo un soldado...

ÁNGELA. Yo no aspiro
a empeñaros[142] a vos, ni lo pretendo:
Dios me protegerá.

(Mirando adentro.)

Vinter se acerca:
mi dolor se sepulte en el silencio.

ESCENA II

DICHOS, VINTER, ZINDA *desarmada. Guerreros portugueses.*

VINTER. Ángela hermosa, el triunfo de mis armas
rendido a vuestros pies amante ofrezco
porque me haga más digno de la gloria
que me espera de ser esposo vuestro.
Ved la soberbia Zinda, que altanera
pensó cobrar a su hijo por los medios
de la guerra, rendida, aprisionada
y pronta a ser esclava de los mesmos
que insultó su furor.

ZINDA. ¡Cuánto te engañas!

VINTER. ¿Aún tienes esperanzas?

---

[142] *Empeñar:* «Obligar, y en cierto modo precisar a uno a que haga alguna cosa» (AUT).

ZINDA. Sí; yo espero
no ser jamás esclava de los blancos,
y para conseguirlo tengo un medio
digno de mí y seguro. Vinter, sabe
que ni tu astucia ni tus iras temo.
Mi hijo Zélido y yo libres nacimos;
infelices, mas libres moriremos.

VINTER. En tanto que tu orgullo mis enojos
insulta vanamente, ya veremos
si vives libre o mueres prisionera.
Ángela, acepta el don que te presento
en esta esclava.

ÁNGELA. Vinter, ese nombre
no conviene a una reina; si merezco
algún favor de vos, dejad que a Zinda
según se debe trate mi respeto.

VINTER. Árbitra sois, señora, de su suerte,
y también del destino de los negros
que al lado suyo dentro de la plaza
fueron en el combate prisioneros:
en la torre del fuerte asegurados
están por mi mandato; pero cedo
a vuestro corazón piadoso y noble
el placer de aliviarlos de sus hierros.
Recibid esta prueba convincente
del amor y la fe con que os venero;
y en tanto que reparto los despojos
de esta feliz victoria a mis guerreros,
disponed vuestro afecto en favor mío
porque encienda su antorcha el himeneo.
(Aparte.) (Poco falta, fortuna, para el logro
de mi altiva ambición y mis deseos.)

(Se va con Vasco y los portugueses.)

ESCENA III

ZINDA, ÁNGELA.

ZINDA. Dime, ¿cuál es la suerte de mi hijo?
¿Qué hizo de él ese infame? ¿Podré verlo?
ÁNGELA. Y abrazarlo también: vive a mi lado
el príncipe tu hijo, y sin recelo
gozarás de su vista.
ZINDA. ¡Oh hijo mío!
Ángela, tus piedades agradezco,
y, pues queda a tu arbitrio que me traten
según mi dignidad, haz que al momento
hable con esos tristes que quedaron
por seguir a su reina prisioneros;
y si pudiese libertarse alguno
yo prevendré a mi esposo que los negros
que hizo en Angola esclavos no permita
se vendan a los viles europeos.
ÁNGELA. Ha tiempo que las leyes de la guerra
hacen de los esclavos el comercio,
y si tú las derogas, tus vasallos
harán sacrificar sus prisioneros.
ZINDA. No; yo voy a mandar que les den armas,
que perezcan con ellas combatiendo
a mis soldados, y que libres queden
si salen victoriosos.
ÁNGELA. De tu pecho
la diferencia admiro, y por servirte
ejecutar tus órdenes ofrezco.
ZINDA. Del nombre de Pereyra reconozco
la compasión en ti, pero no entiendo
por qué causa abatida a tu enemigo
tu mano entregas.

ÁNGELA. Zinda, yo la entrego
para salvar mi honor de una violencia.
No le queda ya en todo el universo
amparo a mi dolor si de un esposo
el partido honorífico desprecio.
ZINDA. ¿Y qué? ¿Resuelves dar tan dulce nombre
a un malvado, que cubre los excesos
de su vil avaricia con cautelas?
¿Entregarás tu mano a ese perverso
manchado con los crímenes atroces
que causan tu desgracia?
ÁNGELA. No comprendo
lo que me dices, Zinda.
ZINDA. ¿Pues qué? ¿Ignoras
que es su infame ambición la que ha dispuesto
la muerte de tu hermano?
ÁNGELA. ¡Oh Dios, qué escucho!
ZINDA. Sí, no lo dudes, Ángela: el veneno
que le quitó la vida, preparado
fue por orden de Vinter.
ÁNGELA. De ira tiemblo.
Zinda, ¿cómo lo sabes?
ZINDA. Por el mismo
esclavo que, el mandato vil cumpliendo,
el tósigo[143] dispuso y, fugitivo,
se refugió en mi propio campamento
huyendo de la muerte con que Vinter
se quiso asegurar de su silencio.
ÁNGELA. ¡Oh monstruo de crueldad! ¡Oh padre mío!
¿Cuál será tu dolor cuando los cielos
te descubran el vil a quien me entregas
y el horror de mi estado?

---

143 *Tósigo:* «Tómase regularmente por cualquier especie de veneno» (AUT).

ZINDA. Esos extremos[144]
reserva cautelosa a la venganza.
ÁNGELA. ¿Quién me la puede dar?
ZINDA. Yo te la ofrezco.
ÁNGELA. Zinda, ¿qué puedes tú rendida y presa?
Yo sin amparo alguno, di, ¿qué puedo
sino morir ¡oh Dios!, morir vil veces
antes que dar la mano a ese perverso?
ZINDA. No desesperes, Ángela, y escucha.
Si al estado en que estoy el furor ciego
me condujo, me quedan las astucias
para lograr vengarme del soberbio.
En vano ha pretendido de su crimen
hacer culpables los leales negros
que a mi hijo acompañaban en el fuerte,
en vano ha reducido a cautiverio
de Zélido la infancia; si mi rabia
no pudo conseguir el vencimiento
vendrá para salvar al hijo mío
Pereyra a confundir ese perverso.
ÁNGELA. Mi padre..., ¡oh Dios!..., ¿pues cómo..?
ZINDA. Mis piedades
la vida le conservan a despecho
del traidor, que intentaba darle muerte.
ÁNGELA. ¡Qué dices! Pero ¿vive?
ZINDA. Sí.
ÁNGELA. ¡Oh consuelo
dulce e inesperado! Deja, Zinda,
que a tus pies...
ZINDA. En mis brazos tus extremos
modera, y oye. Alcaypa, en el combate
que sostuvo a mi lado, prisionero

144 *Hacer extremos:* «Lamentarse, haciendo con ansia y despecho varios ademanes, y dando voces y quejas en demostración de sentimiento» (AUT).

quedó conmigo; pues su suerte pone
el tirano a tu arbitrio, harás que luego
te informe del destino de tu padre.
Solamente él lo sabe; los momentos
son preciosos.

ÁNGELA. Bien dices; a la torre
voy para hablar a Alcaypa. No comprendo
por qué habrá publicado el comandante
de la nave holandesa que el deseo
de mi padre es la unión abominable
que Vinter me propone y yo detesto.

ZINDA. Ese es otro traidor. El mismo Alcaypa
te informará de todo: ese secreto
no conviene que Vinter lo comprenda.
Disimula con él, y pues los medios
de calmar tu aflicción por mí consigues,
logre mi corazón otro consuelo
si tú dispones, Ángela, que abrace
a mi querido hijo.

ÁNGELA. Sí, al momento
lograrás tu esperanza.

(Mirando adentro.)

Pero Vasco...
No pudiera llegar a mejor tiempo.

ESCENA III

DICHAS, VASCO.

VASCO. Vinter vuelve, señora, hacia este sitio
a disponer su plácido himeneo.

ÁNGELA. Yo lo aguardo; tú, Vasco, a Zinda lleva
sin detención alguna a mi aposento

donde abrace a su hijo; haz que la traten
todos en el castillo con respeto
y espérame en la torre, adonde en breve
iré para aliviar los tristes negros.

VASCO. Seréis obedecida; Zinda, vamos.

ZINDA. Ángela, tu bondad paguen los cielos.
¡Ah!, volveré a estrechar un hijo amado,
infeliz como yo, contra mi seno.
Pero en tanto no olvides tus deberes,
Ángela; de cumplirlos llegó el tiempo.

(Se va con VASCO.)

ÁNGELA. Sí, yo los cumpliré; verá el tirano
que engaña mi conciencia el fin horrendo
de su execrable vida. ¡Oh padre mío!,
si sabes que me he visto en el extremo
de sufrir el amor de este malvado,
¡cuál será tu furor y sentimiento!

(Mirando adentro.)

Pero él llega; mis quejas suspendamos
y a su vista el dolor disimulemos.

ESCENA V

VINTER, ÁNGELA.

VINTER. Ángela hermosa, ya de la victoria
se repartió el despojo a mis guerreros
y la tranquilidad y el regocijo

reina entre los soldados; mis deseos
son solos los que mal recompensados
no han recibido del amor el premio.
Al esplendor del triunfo no le falta
más que el hermoso lazo de himeneo
que debe unirme a vos. Todo está pronto;
venid, señora, a coronar mi afecto.

ÁNGELA. Vinter, yo os ofrecí ser vuestra esposa
por mi suerte infeliz; mi hermano muerto
por la traición de un bárbaro asesino
me dejó sin amparo, mas mi pecho
consintió en este enlace si mi padre
daba su aprobación al amor vuestro.
Me habéis asegurado lo consiente
y anhela nuestra unión, pero yo espero
hablar al comandante de la nave
que hoy llegó a esta colonia, y si es tan cierto
como decís el gusto de mi padre,
obedeceré humilde sus preceptos.

VINTER. ¿Pues qué? ¿Dudáis de mí?...

ÁNGELA. No; yo os conozco
y mi esperanza conseguir deseo.

(Se va.)

VINTER. Su esperanza... ¿cuál es? En su discurso
sin duda que se oculta algún misterio.
¿Si sabrá que la muerte de su hermano
obra fue de mi astucia? No lo creo,
pues el esclavo cómplice en el crimen
desde entonces aquí jamás ha vuelto.
¡Ah! No pudo en su vida mi cautela
por siempre asegurarse del silencio.
Si acaso de la suerte de su padre
Ángela sospechosa... Mas ¿qué temo?...

No puede ser... El que lo conducía
en su nave a las costas de este imperio
es mi amigo leal; él su fortuna
espera de mi mano, y mis recelos
son vanos; pero importa a mi cautela
que Ángela no le hable cuando espero
que afirme mi poder su blanca mano.
Triste de ella si intenta con pretextos
alejar este enlace; ya oprimidos
con la prisión de Zinda están los negros,
y ya no es tan preciso ser amante
para ser poderoso; si el desprecio
de Ángela me insultare, que perezca
víctima de mi agravio y mis deseos.

ESCENA VI

VINTER, VASCO.

VASCO. Señor, Nelzir se acerca a nuestros muros
con un séquito débil de guerreros
desarmados; de paz dieron señales
y hablaros solicitan.

VINTER. *(Aparte.)* (Mis intentos
ayuda la fortuna.) *(A él.)* ¿Adónde se halla
Zinda?

VASCO. Con su hijo está en el aposento
de Ángela.

VINTER. Pues al punto a los dos lleva
al cubo de la torre con secreto,
donde, mientras Nelzir habla conmigo,
estén asegurados.

VASCO. Ya obedezco.

(Quiere irse y VINTER *lo detiene.)*

VINTER. Escucha. Si se opone a mis mandatos
Ángela... ¿adónde está?
VASCO. Viendo los negros
que en el combate al lado de su reina
dentro del fuerte hicimos prisioneros.
VINTER. Corre, Vasco, y si acaso sus piedades
quieren dar libertad a alguno de ellos,
que no se le permita.
VASCO. Pues vos mismo
a mi presencia ¿no le hicisteis dueño
de la suerte de todos?
VINTER. Sí, que entonces
complacerla rendido era mi objeto.
VASCO. Ángela, usando del favor que os debe,
hizo libre un esclavo.
VINTER. Ve al momento,
Vasco, a impedir que salga de estos muros;
y que llegue Nelzir, que aquí lo espero.
VASCO. Seréis obedecido.

(Se va.)

VINTER. La fortuna
en mi favor conspira. Llegó el tiempo
en que la ingrata Holanda por mi astucia
logre el dominio de este vasto imperio.
Tan heroico servicio, de la patria
alcanzará el perdón de mis excesos,
se elevará mi suerte y mi grandeza
y de Vinter el nombre será eterno.
Contraste a los altivos portugueses
la comerciante Holanda, que si llego
en África a fundar su poderío,
ni a mis contrarios ni al destino temo.

ESCENA VII

NELZIR, VINTER.

NELZIR. Jamás, Vinter, pensé que el odio mío
humillado se viera hasta el extremo
de proponerte paces, mas la suerte
opone su influencia a mis deseos,
y la prisión de un hijo y de una esposa
desarma mi altivez. Vinter, yo vengo
a pedirte que libres me los vuelvas,
y por salvar sus vidas te prometo
mis huestes alejar de estas murallas
y que amparen mis armas el comercio
de Portugal en Congo, conservando
con todo mi poder los privilegios
que concedió mi esposa a esta colonia
fundada por Pereyra, excluyendo[145]
de estas ricas y fértiles riberas
a las otras naciones de europeos.

VINTER. Nelzir, si el odio tuyo cede solo
a la necesidad, si tus esfuerzos
para mi destrucción por las dos vidas
de Zélido y de Zinda están suspensos,
no extrañarás que cauto me asegure
de tu ferocidad por otros medios.
Las ventajas, Nelzir, que me propones
no serán duraderas si consiento
en volverte las prendas que me pides
bajo las condiciones que has propuesto.
Apenas Zinda libre en sus estados
recobrase el dominio de su imperio

[145] En el original, «y excluyendo», corregido en la Fe de erratas.

cuando armada en el campo al lado tuyo
excitará el valor de sus guerreros
para lograr mi muerte y su venganza,
y del furor guiada y el despecho
arrasará estos muros, y aun tú mismo
ayudarás sus bárbaros proyectos.

NELZIR. ¡Qué propio de un traidor es por el suyo
juzgar astuto el corazón ajeno!

VINTER. No me insultes, o teme...

NELZIR. No amenaces,
que soy un soberano, aunque soy negro,
y tú... bien te conoces a ti mismo.
En fin, si los partidos que te ofrezco
no sacian tu maldad, resuelve pronto.
Di, ¿qué pretendes? O la guerra...

VINTER. Intento
asegurar la paz. Nelzir, descubre,
para que fomentar logre el comercio
y para rescatar tu hijo y esposa,
las ricas minas de este vasto reino.

NELZIR. Calla, malvado. Yo... ¿qué?, ¿yo podría
fundar la esclavitud en este imperio
por saciar tu avaricia? ¿Yo del oro
las minas descubrir a un europeo
infame y codicioso que, arrojado
de su propio país con vilipendio,
quiere, a costa de todos mis vasallos,
elevar su fortuna? No, perverso,
no lo conseguirás. Nacieron libres,
nuestro oscuro color no os da derecho
para ser los tiranos detestables
de nuestra libertad: en este suelo
la tierra nos prodiga los tesoros
que la inocencia mira con desprecio
porque la sencillez de nuestra vida
y de nuestras costumbres el objeto

es ser valientes, francos, virtuosos,
mas con los enemigos siempre fieros.
Aprenda tu ambición a contentarse
con la industria y las artes que dio el cielo
a la Europa en herencia, y no presumas
que ceda a tu demanda; no, primero
perezca Zinda, muera un hijo amado
y yo si sus dos vidas no liberto.

(Quiere irse.)

VINTER. Feroz, espera y mira.

(Señalando a ZINDA *y su hijo.)*

ESCENA VIII

DICHOS, VASCO, ZINDA, ZÉLIDO *rodeados de guardias.*

VINTER. *(A* NELZIR.) Este es el fruto
de tu barbarie.

NELZIR. ¡Oh dioses, qué estoy viendo!
Zinda, ¿adónde te llevan? Hijo mío,
¿adónde te conducen?

ZINDA. Los extremos
templa de tu dolor; aunque el tirano
nos mande aprisionar, jamás su intento
logrará esclavizarnos. Nelzir, niega
cuantos viles tratados el soberbio
se atreva a proponerte por rescate
de tu esposa y tu hijo: hay en mi pecho
odio, ferocidad, furor, constancia
para sufrir la muerte, si los cielos
no descargan un rayo que eternice
de su execrable vida el escarmiento.

VINTER. Llevadla de aquí pronto.

(A los guardias, que se la llevan.)

NELZIR. *(Queriendo seguirlos.)* Esposa, hijo...
(A VINTER.) Bárbaro, de mí tiembla; el fin
[horrendo
de tu maldad llegó; la horrible guerra
de ti me vengará; furioso vuelo
a exterminar aun la memoria odiosa
de que en Congo tus gentes existieron.

(Quiere irse.)

VINTER. *(A él.)* No podrás. Hola[146].

(A los guardias, que salen a esta voz.)

No dejéis que salga
Nelzir de este castillo, y si los negros
intentan asaltarlo, sobre el muro
a las agudas flechas quede expuesto.
NELZIR. ¡Qué escucho! ¿Así atropellas, alevoso,
de todas las naciones los derechos?
¿Desarmado me prendes?
VINTER. Tu persona
es mi seguridad, y haré lo mesmo[147]
con tu esposa y tu hijo.
NELZIR. La nobleza
de Zinda te ha librado de igual riesgo
cuando al nacer el sol fuiste a mi campo.

---

[146] *Hola:* «Modo vulgar de hablar usado para llamar a otro que es inferior» (AUT).

[147] *Mesmo.* En 1804 era un arcaísmo obligado por la rima.

VINTER. Pues ¿de qué te lamentas? Si yo intento
hacer lo mismo aquí que tú quisiste
se hiciera en mi perjuicio.

NELZIR. Tú primero
me aprisionaste un hijo.

VINTER. No perdamos
en discursos inútiles el tiempo.
Llevadlo a la prisión; resuelve en ella
descubrirme las minas que este imperio
encierra en su distrito, o ser esclavos
Zinda, Zélido y tú de mis preceptos.

(Se va.)

NELZIR. La pavorosa muerte no asombrara[148]
con su horrible semblante de mi pecho
la constancia como ese odioso nombre
postra mi corazón de rabia lleno.
¡Oh nombre de ignominia, que inventaron
los blancos en oprobio del derecho
de la naturaleza! ¡Oh afrentosa
esclavitud, del hombre vituperio!
Yo me horrorizo al contemplar tu imagen
y moriré mil veces si los cielos,
para evitar tan bárbaro destino,
no me ofrecen piadosos otro medio.

(Se va con los guardias.)

---

[148] *Asombrar:* «Atemorizar, espantar, infundir terror y miedo» (AUT).

Acto tercero

ESCENA I

El teatro representa lo interior de la torre del fuerte; a la derecha una claraboya, que se supone cae el foso; a la izquierda banco de piedra donde está recostado ZÉLIDO *dormido;* ZINDA *inmediata lo observa; puerta al foro.*

ZINDA. Feliz infancia, en cuya edad se ignoran
los males de la vida y los peligros.
¡Cómo el dulce reposo de tu estado
envidia mi dolor!, hijo querido,
hijo de mi desgracia, tú del sueño
gozas el blando halago, y yo suspiro,
tiemblo y me afano al contemplar tu suerte.
Cuando Vinter permite que el alivio
tenga de tus caricias, y a mi lado
te sepulta también es este sitio,
sin duda que le que queda la esperanza
de reducir mi vida y mis dominios
a una vil sujeción... Antes perezca
Zinda que llegar pueda a consentirlo.
¡Ah! ¡Quién dijera, cuando yo piadosa
permití que elevara este edificio
Pereyra en mis estados, que algún día
llegara a verme presa en su recinto!

(Empieza a amanecer.)

Pero la luz del alba ya parece
que alumbra los horrores de este sitio
por esa claraboya; de la noche,
de esta noche de llanto el lento giro
pareció interminable a mis angustias:
el sueño huyó de mí, los ojos míos
velaron, y entre sombras pavorosas
objetos de furor y duelo han visto.
Por todas partes desolado el campo
de este imperio infeliz, yo vi teñidos
de sangre sus hogares, y que el fuego,
aumentando el horror de este conflicto,
dejó abrasadas las sencillas chozas
y en cenizas los pueblos convertidos
en tanto que los viles europeos,
consumando tan bárbaro exterminio,
esclavos mis vasallos arrastraban
a su infame país, sin que los gritos
de tantos infelices conmoviesen
su corazón feroz. ¡Oh esposo mío!
¿Y será esta tu suerte? ¡Qué! ¿De Zinda
de Congo puede ser este el destino?
De Zélido... ¡Qué horror!

(Se acerca a su hijo, lo despierta y lo abraza.)

¡Oh tú!, inocente,
ven a calmar los bárbaros delirios
del amor maternal; despierta, llega
al seno de tu madre, amado hijo.

(Se sienta con él.)

ESCENA II

Dichos, ÁNGELA.

ÁNGELA. Zinda.
ZINDA. *(Levantándose.)* ¡Dioses! ¿Quién es? Pero [¡qué veo!
¿Eres tú, amiga? Di, ¿cómo has podido
penetrar en la torre?
ÁNGELA. Ya el tirano
concede a tus pesares este alivio
porque ha logrado el fin de su codicia.
ZINDA. ¿Quién la pudo saciar?
ÁNGELA. Tu esposo mismo.
ZINDA. ¡Mi esposo!
ÁNGELA. Sí: Nelzir, desesperado
al contemplar el tuyo y su peligro,
ha colmado de Vinter la esperanza,
aceptando a sus ruegos el partido
de descubrir las minas de este imperio
para que sus tesoros escondidos
consigan libertaros de la muerte
o de la esclavitud.
ZINDA. ¡Dioses! ¡Qué has dicho!
¡Nelzir vende su patria! ¿Es tan infame
que compra nuestras vidas? ¿Su cariño
es tan vil que en oprobio de sus pueblos
funda la esclavitud en sus dominios?
¡Ah traidor!... Ve a decirle...
ÁNGELA. Nada, Zinda,
le puedo ya decir; él ha salido
con Vinter y las guardias portuguesas
en la pasada noche del castillo.

ZINDA. ¿Y que no habrá remedio? ¿La violencia
formará del rigor el yugo impío
en mis estados? ¿De la vil codicia
europea han de ser mis extendidos
imperios el objeto sin que pueda
el valor de mis armas impedirlo?
Ángela, me estremezco; no es posible
que Vinter reconozca el dios benigno
que adoraba tu padre; la grandeza
de un ser eterno, sabio e infinito
como aquel que Pereyra me pintaba
y adoraba en secreto el pecho mío
no puede consentir la tiranía
de Vinter ni sus bárbaros designios.

ÁNGELA. No te engañas: de Vinter la creencia
a ese dios de bondad tiene ofendido
y niega los misterios más sagrados
de nuestra religión.

ZINDA. Con que es preciso
que llegue el escarmiento. Dime, ¿Alcaypa
no está ya en libertad?

ÁNGELA. De este castillo
ignoro si ha logrado la salida.
Vasco pudo estrobar nuestro designio
por mandato de Vinter, que irritado
sin duda de que cauta he diferido
su abominable enlace, no consiente
que estén ya los esclavos a mi arbitrio.
Mayor es mi inquietud que tu despecho;
temo el furor de Vinter, y el destino
me priva del amparo de mi padre
y aumenta cada instante mi peligro.
Pero yo vuelvo a ver si acaso Alcaypa
ha logrado salir de este recinto.

(Se va.)

ZINDA. No, nada es tan terrible como el fuego,
el furor que en mi pecho se ha encendido
al contemplar el triunfo del tirano.
¿No podré yo salir donde mi brío
estorbe la ignominia de mi patria?
¿Donde mi brazo logre el exterminio
del infame opresor?... Es imposible.
¡Qué execrable invención la de este sitio!
Hijo, ve aquí el albergue que los blancos
fundaron con intento de oprimirnos:
ódialos como yo, y odia a tu padre
que débil se ha humillado a esos impíos.

ESCENA III

NELZIR, *dichos.*

NELZIR. Zinda...
ZINDA. ¡Dioses!, él es. Cobarde negro,
traidor esposo, ¿es este el heroísmo
que Zinda te enseñó? ¿Cómo en ti cabe
un extremo tan vil? ¿Cómo atrevido
te presentas a mí, cuando humillado
por salvar a tu esposa y a tu hijo
complaces la codicia de los blancos,
descubriendo a un malvado los más ricos
tesoros de tu patria? Vete, infame,
de mi presencia, teme el furor mío:
yo detesto al que torpemente débil
su reino y sus vasallos ha vendido.
NELZIR. Yo te perdono el odio, amada esposa,
que juras a Nelzir: tienes motivos
de aborrecerme; ignoras las astucias
que la opresión crüel me ha sugerido.

ZINDA. ¡Astucias!... ¡Qué! ¿Las minas de este imperio
no has descubierto al bárbaro enemigo?

NELZIR. No; yo he burlado a Vinter. Oye, Zinda:
acuérdate que estaban escondidos
y bajo nuestras chozas sepultados
varios pedazos de oro que los ríos
de esta región arrastran en sus ondas;
pues esas son las minas que ha querido
descubrir mi cautela; en esta noche
a Vinter ofrecí llevarle a un sitio
donde de los tesoros de la tierra
saciara su ambición; los dos partimos
de guardias portugueses rodeados,
llegamos al paraje que te he dicho
y al resplandor de las humosas teas
los avarientos ojos de ese inicuo
los senos de la tierra penetraban
antes que el duro golpe de los picos.
Dura la excavación; desconfiado,
en mí fija la vista; yo me irrito
de su desconfianza, y los esfuerzos
de los soldados con mi ejemplo animo.
En fin, entre las piedras resplandece
el precioso metal, y embebecidos
Vinter y sus secuaces del hallazgo,
«Ya soy feliz —exclama—, ve —me dijo—,
corre al fuerte, Nelzir, cobra a tu esposa,
da libertad a Zélido; has cumplido
tu palabra; los bravos portugueses
te abrirán las prisiones del castillo
viéndote volver libre». Yo le dejo
en sus viles riquezas engreído
y vuelvo a recobrar mis caras prendas.
Vamos, Zélido, esposa, de este sitio
salgamos antes que el engaño alcance,
que, como yo os liberte, ya mi brío

dejará en estos muros señalado
con horrible escarmiento su castigo.

ZINDA. ¡Ah!, perdona, Nelzir, a mis desgracias
que un momento dudase de tu altivo
corazón generoso.

NELZIR. Los ultrajes
que de tu heroicidad he recibido
complacen a mi amor.

ZINDA. Ya reconozco
en ti a mi amado esposo. Abraza, hijo,
a tu padre, y aprende de su pecho
las ínclitas virtudes; el castigo
de Vinter llega: el rostro de Pereyra
acabará, Nelzir, de confundirlo.

NELZIR. Pues ¿qué? ¿Pereyra?...

ZINDA. Ha vuelto a nuestras costas.
Alcaypa en su morada lo ha escondido,
porque yo, recelando que extendieses
tu venganza a su vida...

(Ruido dentro.)

Mas ¿qué ruido
se escucha?

NELZIR. Acaso Vinter... Ven, esposa.

(Queriendo irse.)

ESCENA IV

Dichos, VINTER, *guardias.*

NELZIR. Traidores, esperad: vuestro artificio
no es bastante a libraros de mis iras.
Vuestro grosero engaño ha prevenido[149]
mi furor un momento, pero en vano
pensasteis evitar mi poderío.

VINTER. Nelzir, en el paraje subterráneo
que tú me has descubierto el desperdicio
de las minas se oculta, y no el origen
del precioso metal que necesito
para recompensar de esta colonia
y del fuerte los gastos excesivos.
¡Qué! ¿Pensabas pagar con esta astucia,
digna solo de un negro, los servicios
que de nuestro comercio los afanes
a este bárbaro reino le han traído?
No puede ser: si libertad deseas,
si has de sacar a Zinda y a tu hijo
libres de esta prisión, para el rescate
que descubras las minas es preciso.

NELZIR. Si no puede saciarse tu codicia
con ese que tú llamas desperdicio
y es tesoro que nunca tu vileza
imaginar pudiera conseguirlo,
de mí no esperes más: Zinda te ofrezca
si quiere otras ventajas.

VINTER. ¿Qué partido[150]
pudiera yo admitir cuando me insultas

[149] *Prevenir:* «Vale también estorbar o impedir alguna cosa» (AUT).

[150] *Partido:* «Se usa asimismo por trato, convenio o condiciones que se proponen para el ajuste de alguna cosa» (AUT).

sino el que te he propuesto? En él insisto.
Habla, Zinda, ¿qué piensas? ¿Qué resuelves?
O ser libre o morir está en tu arbitrio[151].

ZINDA. Vinter, si acaso el centro de la tierra
escondiese una mina que al abismo[152]
pudiera conducirte, mi fiereza
mostrara a tus maldades el camino.
Malvado, ¿llega a tanto tu osadía
que, por vernos esclavos y oprimidos
con la ley de la fuerza, a proponerme
un rescate tan vil te has atrevido?
¿No te lo dije ya? Tu sangre sola
es la que servirá de sacrificio
y de precio seguro que liberte
la inocencia de un yugo tan impío.
Si el fin de nuestras vidas apresuras,
en breve descubiertos tus delitos
por un dios de justicia, a quien ofrendes,
seguirá a nuestra muerte tu castigo.
No irrites su poder ni esperes nunca
que mi furor te ofrezca otro partido.

VINTER. Ni tú que mis agravios más tolere.
La muerte de los tres, soldados míos,
nos dé la posesión de las riquezas
que este imperio promete a nuestro brío.
En mi resolución veis el desprecio
que su insensato orgullo ha merecido
de Vinter: sí, sus locas amenazas,
sus atroces insultos repetidos
el rigor justifican que asegure
cuán en vano aterrarme han pretendido

---

[151] *Arbitrio:* «Vale también deliberación, elección, disposición y acto facultativo para resolver y obrar» (AUT)

[152] *Abismo:* «Se toma muchas veces por el infierno, por estar en lo más profundo de la tierra» (AUT).

y que afirma también vuestra fortuna
dándonos de estas costas el dominio.
Llevadlos a morir.

ESCENA V

Dichos, Ángela.

Ángela. Vinter, ¿qué es esto?
¿Adónde conducís, fieles amigos,
estos desventurados?
Vinter. A la muerte.
No os opongáis, señora, a mis designios;
no merece piedad de vuestro pecho
su vil obstinación: son ellos mismos
los que, ultrajando mi poder glorioso,
procuran perecer en el suplicio.
Ángela. Aunque ignoro el origen del agravio
que habéis de su desgracia recibido,
nunca será el rigor seguro medio
de lograr vuestros fines; yo os suplico
que perdonéis las vidas desdichadas
de Zinda, de Nelzir y de su hijo
y les deis libertad. Que no se diga
que por vuestro rigor gimen cautivos
los reyes de este imperio; estos soldados
serán con esta acción envilecidos
si acaso os obedecen, y algún día
detestarán en vos a su caudillo.
Vinter. Siempre os habéis, señora, a mis preceptos
y al bien que a esta colonia solicito
opuesto sin reparo, y yo imprudente
a todos vuestros ruegos he cedido
por respetar en vos de vuestro padre
la gloriosa memoria; ya desisto

de ejecutar en esos obstinados
el golpe justiciero, pero aspiro
a mi seguridad y a que consigan
fijar los portugueses su dominio
en las costas del África. Oye, Zinda:
tu esposo y tú sois libres, mas tu hijo
pasará a Portugal en esa nave
que está para partir. Yo determino
tener para postrar tu altanería
un garante seguro; si tu altivo
carácter no depone su fiereza
descubriendo las minas, ese niño
será esclavo en Europa. Ya he resuelto:
soldados, a la nave conducidlo.

(Se acercan los soldados a ZÉLIDO.)

ZINDA. *(A los soldados.)* Tened[153]... esclavo... nunca.
[No: perezca
antes una y mil veces. Si atrevidos
intentáis arrancarlo de mis brazos,
al foso desde aquí lo precipito.

(Tomándolo en brazos para arrojarlo por la ventana.)

VINTER. Feroz...
NELZIR. Esposa... Sí, que muera libre.

(ZÉLIDO *se abraza a su madre.)*

ZINDA. ¿Te enlazas a mi cuello? Hijo querido...
Tu inocencia se asombra de la muerte:
no conoces el bárbaro destino
de que mi amor te libra; tú no sabes

153 *Tened:* Tiene aquí el sentido tradicional de «deteneos».

lo que es la esclavitud de esos impíos.
No temas; el morir es un momento.
No aumentes de tu madre los martirios.

(ZÉLIDO *se abandona sobre la ventana.)*

NELZIR. Eso sí; que tus brazos no se opongan
a esa gloriosa muerte.

(Aparte, volviendo el rostro.)

Mal resisto
a la naturaleza.

ÁNGELA. ¿Puede, Vinter,
resistir vuestro pecho endurecido
tan terrible espectáculo?

VINTER. Señora,
su desgracia la causan ellos mismos.

ÁNGELA. Sin duda sois de bronce. A vuestras plantas...

(Se arrodilla.)

ZINDA. Ángela, no te postres a ese indigno,
verdugo de tu hermano y de tu padre.

(ÁNGELA *se levanta.)*

VINTER. ¡Qué escucho! ¿A qué esperáis, soldados
[míos?
Ejecutad mis órdenes.

ZINDA. Malvados,
dignos de obedecer a un asesino,
contra vosotros clamará la sangre
que por este tirano sacrifico.

ÁNGELA. Portugueses, oíd.

VINTER. El labio sella.
¿Cómo en obedecer estáis remisos?
¡Ah! que los tres perezcan.
VOCES DENTRO. Muera Vinter.
VINTER. Traidores... Pues ¿qué es esto?

ESCENA VI

Dichos, ALCAYPA, *guerreros negros.*

ALCAYPA. Tu castigo,
perverso. Nelzir, Zinda, vuestras armas
recibid de mi mano.

(Dándoselas.)

NELZIR. Esposa, hijo.

(Poniéndose al lado de ellos.)

ZINDA. Nelzir, a la venganza.
VINTER. Portugueses,
los traidores castigue vuestro brío.
ZINDA Mueran todos, esposo.
ÁNGELA. Zinda, escucha.
ALCAYPA. Apártate, mujer, que el odio mío,
sediento de la sangre de los blancos,
olvidará quién eres.
VINTER. *(A* ÁNGELA, *tomándola por el brazo.)*
Tú, que has sido
causa de esta traición, sé mi defensa.

(Amenazándola con un puñal.)

Zinda, quedará muerta en este sitio
Ángela por mi brazo si los negros
no abandonan las armas y el castillo.

ZINDA. *(A los negros.)* Esperad.
ALCAYPA. ¿Y qué importa
[que perezca
esa débil mujer? *(A* VINTER.*)* ¡Si hubieras visto,
Vinter, con qué placer he destrozado
a cuantos se opusieron atrevidos
al paso de Pereyra!
VINTER. Di, ¿pues dónde...?
VOCES DENTRO. ¡Pereyra viva!

ESCENA VII

Dichos, VASCO, PEREYRA, *portugueses con las espadas desnudas.*

ÁNGELA. ¡Oh cielos! Padre mío.
PEREYRA. Hija... Traidor, pues ¿cómo...?
VINTER. Si me insultas,
perecerá a mis iras.
VASCO. Del peligro
ya estáis libre, señora.

(Desarmando a VINTER *por la espalda; y los portugueses lo aseguran.* ÁNGELA *corre y abraza a su padre.)*

VINTER. ¡Tú me vendes!
VASCO. Yo en Pereyra respeto a mi caudillo
y pretendo borrar aun la memoria
de haberte por mi jefe obedecido.
NELZIR. Vasallos, a Pereyra y a su hija
nuestro rencor perdone. *(A* VINTER.*)* Mas tú,
[inicuo,
morirás a mis iras.
PEREYRA. Nelzir, oye.
Suspéndase el horror y el exterminio,
y de la humanidad y la clemencia
escuchad el lenguaje. Yo ofendido

estoy, Vinter, de ti; tú me has privado
del valeroso apoyo de mi hijo
y has intentado seducir astuto
de Ángela la inocencia.

VINTER. Yo he querido
ser su esposo, y en esto no te agravio.
La muerte de su hermano...

PEREYRA. Es de tu impío
corazón digna hazaña: yo no ignoro
cuáles son tus maldades; confundido
debiera estar tu orgullo en mi presencia.
Ángela por ti hubiera perecido
si el generoso Vasco no estorbase
tan horrible atentado.

VASCO. Solo aspiro
a que vos conozcáis que, si la astucia
de Vinter ha logrado seducirnos,
desengañados ya...

PEREYRA. No te disculpes.
Los bravos portugueses han podido
pensar que adelantase la colonia
eligiendo en mi ausencia por caudillo
a un traidor que ha cubierto sus maldades
con el velo sagaz del artificio.

ZINDA. Pues que ya lo conocen, que perezca.

LOS NEGROS. ¡Muera Vinter!

PEREYRA. Tened; oídme, amigos.
Vuestro justo rencor pide su muerte,
pero mi religión los enemigos
ordena perdonar, y un dios piadoso
el ejemplo me dio. Vinter, proscripto[154]
de tu patria llegaste a estas regiones
buscando tu fortuna fugitivo;

[154] *Proscripto:* «El así declarado por público malhechor» (AUT).

yo en ellas te amparé, y a tu desgracia
concedí de estos muros el asilo.
¿Cómo has recompensado mis bondades?
Tú lo sabes, crüel, mas mi heroísmo
mis privadas ofensas te perdona:
tu vergüenza te sirva de castigo.
Pero mi soberano las violencias
que tu ambición funesta ha cometido
contra estos infelices habitantes
ha de juzgar severo; son delitos
que no dejará impunes su justicia.
Un bajel está pronto; en él hoy mismo
partirás de estas costas, y en Lisboa
sufrirás el rigor de tu destino.

ZINDA. Vasallos, respetemos las virtudes
de este héroe portugués.

NELZIR. Yo las admiro.

ALCAYPA. Mejor será que Vinter destrozado
perezca a nuestros golpes.

PEREYRA. Impedirlo
le toca a mi nobleza: portugueses,
al bajel que he mandado conducidlo.

VINTER. Esta del crimen es la recompensa.
Mas, Pereyra, si obrares compasivo
con esos africanos, algún día
de tu vida serán los asesinos.

(Los portugueses se lo llevan.)

PEREYRA. ¡Ah!, bien conozco cuánto su coraje
ha llegado a irritar el despotismo:
al penetrar los muros de este alcázar
del odio vuestro el triste ejemplo he visto,
pues habéis destrozado mis guerreros
a pesar de mis ruegos y suspiros.
Yo de la paz de Portugal y Congo

las dulces esperanzas he perdido;
para siempre he resuelto abandonaros.
Ángela, portugueses, ya conmigo
en breve volveréis a vuestra patria;
quedarán estos muros demolidos
y sin temor vosotros de que nunca
vuelva nuestra nación a estos dominios.

LOS PORTUGUESES. ¡Viva Pereyra!

ZINDA. Escucha. Si la fuerza
jamás sobre nosotros ha podido
mantener sus derechos, las virtudes
nuestros pechos conquistan: el antiguo
tratado de alianza y de comercio
en nombre de mis pueblos ratifico
con Portugal, Pereyra; y si renuncias
al tráfico de esclavos, te permito
que de ese dios que adoras, los preceptos
enseñen en mi imperio sus ministros.

(A los negros.)

¿Lo consentís vosotros?

LOS NEGROS. Lo aprobamos.

PEREYRA. ¡Oh generosa Zinda!, en ti se ha visto
que la ferocidad cede y se rinde
a la santa virtud y al heroísmo.

Apéndices

Apéndice I

DOCUMENTOS REFERIDOS A LA PERSONA DE MARÍA ROSA DE GÁLVEZ

1) Certificado de adopción de María Rosa de Gálvez. (Málaga, 20 de junio de 1787).

Los señores don Antonio de Gálvez y Mariana Ramírez de Velasco su mujer en favor de doña María Antonia Rosalía de Gálvez.

Sea notorio a todos los que vieren esta pública escritura cómo nosotros don Antonio de Gálvez, Coronel de los Reales Ejércitos, Caballero pensionado de la Real Distinguida Orden española de Carlos III, y doña Mariana Ramírez de Velasco, su mujer, vecinos que somos de esta ciudad, precedida la licencia de marido a mujer prevenida por derecho que concedo yo, el referido don Antonio, a la expresada doña Mariana mi esposa para otorgar este instrumento en vía y aceptación de ella. Ambos de un acuerdo decimos que sin embargo de que desde el año pasado de mil setecientos cincuenta, en que contrajimos nuestro legítimo matrimonio, hemos estado y nos hallamos unidos en él no habiendo Dios servido darnos hijos algunos, causa por que habiéndonos hecho cargo de la crianza y educación de doña María Antonia Rosalía de Gálvez desde su infancia por constarnos ser hija de padres ilustres de distinguida nobleza, cuyo nombre no podemos manifestar por los motivos que los impiden, hallándonos movidos por el mucho amor y voluntad que en ella hemos puesto y que por sí misma se ha adquirido por su obediencia, amables prendas y otros justos respetos que la hacen acreedora a nuestro amor y reconocimiento; hemos determinado adoptarla y darle, como ya le damos, el tratamiento de hija y nuestro apellido y hacerla partícipe de nuestros bienes. En cuya inteligencia, para que así conste en este legítimo documento, por la presente, como más haya lugar en derecho, sabedores del que nos asiste de nuestra voluntad, otorgamos que recibimos por nuestra hija adoptiva a la referida doña María Antonia de Gálvez como si realmente fuese habida en nuestro matrimonio, y queremos que en esta clase pueda gozar y goce la referida todas las honras y prerrogativas que nos competen y que como tal sea tratada en todo el tiempo. Y con esta consideración, atento a que no tenemos hijos ni herederos forzosos a quienes se pueda perjudicar, estamos en ánimo de señalarle suficientes bienes con que ocurra su subsistencia, comodidad y decencia, no obstante que no la instituyamos por nuestra universal heredera, cuyo nombramiento ha de recaer en diversas personas según hemos acordado y resultará en nuestra última disposición, pues tenemos adquiridos para poder atender a uno y otro objeto, por la misericordia de Dios, crecidos bienes. Supuesto lo cual y que la enunciada María Antonia de Gálvez está en nuestro poder, entregada a nuestro dominio, sin tener otra alguna persona de quien dependa, y tendiendo al beneficio que se le sigue por este instrumento, se han excusado y omitido otras formalidades y la solemnidad de la intervención judicial pues en el presente caso no las conceptuamos necesarias; aun cuando lo fuesen queremos que se tengan por suplidas y que se observe y cumpla en escritura como si todas se hubiesen evacuado con la mayor solemnidad.

[...]

Y hallándome presente a lo que va expresado, yo, la dicha doña María Antonia Rosalía de Gálvez Ramírez de Velasco, vecina que soy de esta ciudad, que me hallo en la edad de dieciocho años, habiendo oído y entendido esta escritura, otorgo que la acepto y doy gracias a los dichos mis señores padres adoptivos por el favor y merced que me hacen y la buena educación con que me han criado, amor y cantidad [sic] con que siempre me han tratado, y en señal de mi reconocimiento y obediencia postrada de rodillas les beso las manos, de que da fe el infrascripto escribano.

En cuyo testimonio todos tres otorgamos el presente en la ciudad de Málaga en veinte días del mes de junio de mil setecientos ochenta y siete, y lo firmamos los que sabemos escribir, y porque no lo sé hacer yo, la dicha doña Mariana, lo firma por mí y a mi ruego un testigo de los que son presentes, el Sr. don Ramón Vicente y Monzón, canónigo dignidad de Arcediano de Ronda en esta Santa Iglesia, y el Sr. don Antonio José Rando, comisario del Santo Oficio, y don Julián Riaño, vecinos de esta ciudad, y yo el escribano que presente fui con los testigos. Doy fe conozco a los señores otorgantes. Antonio de Gálvez, Miguel Martínez de Valdivia, María de Gálvez, Ramón Vicente y Monzón.

(Transcrito por Julia Bordiga, 2003,
págs. 120-121.)

2) Reconciliación matrimonial entre José Cabrera y María Rosa de Gálvez. (Málaga, 2 de diciembre de 1796.)

Don José Cabrera y María Rosa de Gálvez dijeron que habiendo tenido entre sí varios disgustos y desavenencias peculiares a su matrimonio, las que han dado pábulo a que uno y otro hayan promovido varias quejas el uno contra el otro, así verbales como judiciales ante el señor gobernador y alcalde mayor de esta ciudad, como también al Rey y otros sus superiores tribunales; y que todo ello había atraído una total discordia entre los otorgantes, hallándose su matrimonio inquieto, desunido y sin aquella armonía que es correspondiente observarse entre ambos cónyuges; lo que notariado entre varias personas de autoridad, movidas estas por la quietud, sosiego, tranquilidad y perfecta unión de lo que relacionan, han mediado e intervenido en su sosiego y tranquilización, lo que conociendo los que dicen ser justo y útil, así de sus personas y sus bienes, como para evitar ruidosos pleitos, que en semejantes desavenencias se conmueven y originan, en grande agravio y perjuicio de los procederes y conducta de los otorgantes. Han tenido a bien reconciliarse, tranquilizarse, amistarse y reconvenirse, separándose de cuantas acciones y recursos contra sí hubieran intentado y formalizado hasta el presente, dimitiéndose y perdonándose uno a otro cuantos agravios se hayan inferido hasta hoy día, en cuyos términos están unidos y amistados, viviendo en tranquilidad y sosiego, como es conducente a todo buen matrimonio, tratándose con aquel cariño, amor y sinceridad que es conducente y se requiere. En cuya atención, para que se verifique continuar en la requerida forma y que llegue a noticia del señor gobernador y alcalde mayor de esta ciudad, a quien han dirigido sus quejas judiciales y extrajudiciales; para que estos, entendidos de todo, se sirvan sobreseer en cuantos procedimientos y acciones se hayan intentado por los otorgantes y pueden en todo tiempo que por el Rey, sus superiores tribunales, se les pida algún informe u otra diligencia alguna, en razón de las quejas o recursos que hubieran intentado, hacer presente esta transacción y avenimiento, tienen deliberado reducirlo a instrumento público, y por el tenor de la presente otorgan se desisten, quitan, apartan y separan de cuantas quejas, querellas y demandas hubieran dado e instaurado el uno contra el otro, y perdonan cuantos agravios, así de obra como de palabra, se hubieren inferido, para por este medio conseguir la tranquilidad, sosiego y perfecta unión de dicho matrimonio. Y para que todo se verifique dan por rotos, nulos, cancelados y de ningún valor ni efecto cuantos actos, representaciones, memoriales y papeles hubieren presentado para dichas acciones civiles y criminales que teníanintentadas.

(Transcrito por Julia Bordiga, 2003, págs. 134-135.)

3) Primer testamento de María Rosa de Gálvez (Madrid, 21 de septiembre de 1799).

En la villa de Madrid a veinte y uno de septiembre de mil Setecientos noventa y nueve. Ante mí el Escribano de S. M. y testigo, Doña María Rosa de Gálvez, natural y vecina de la Ciudad de Málaga y residente al presente en esta Corte hija adoptiva de Don Antonio de Gálvez ya difunto, Caballero que fue de la Real y distinguida orden Española de Carlos tercero y Coronel de los Reales Ejércitos de S. M., y de Doña Mariana Ramírez de Velasco también difunta que lo fueron de la villa de Macharaviaya, Diócesis de la misma Ciudad de Málaga; de Estado casada con don Josef Cabrera y Ramírez. Estando enferma en cama de la que su Divina Majestad ha sido servido darla, y no obstante ella en su sano y cabal juicio, memoria, y Entendimiento natural [...] Y temerosa de la muerte deuda que debe pagar todo viviente humano que es tan cierta como dudosa su hora, deseando estar prevenida para cuando esta llegue de disposición testamentaria y resolver con maduro acuerdo las cosas tocantes y concernientes a su última voluntad, y evitar Pleitos, dudas y diferencias en lo sucesivo hace y ordena su testamento última y postrimera voluntad en la forma y manera siguiente.

Lo primero, encomienda su Alma a Dios nuestro Señor que la crió y redimió con el infinito precio de Santísima

Sangre en el Sacrosanto Árbol de la Cruz, y su cuerpo manda a la tierra de cuyo elemento fue formado; el cual siendo cadáver es su voluntad se vista y amortaje con el Hábito de Religiosas Franciscas de Nuestra Señora de la Concepción y se la sepulte en la Bóveda de la Iglesia Parroquial de San Martín de esta Corte si falleciese en ella a el lado donde está depositado su citado Padre don Antonio de Gálvez, y si acaeciese en dicha Ciudad de Málaga se ejecute en la del Convento de San Francisco el Grande de la misma al lado de su difunta Madre doña Mariana Ramírez de Velasco, en la que igualmente se halla depositada dejando la forma y disposición de su Funeral y acompañamiento a su Entierro a elección, arbitrio y voluntad de sus testamentarios que adelante nombrará, para que esto lo ejecuten según tengan por más conveniente, encargándoles sea todo con la regularidad y moderación posible, que así es su expresa y deliberada voluntad.

También lo es que el día de su entierro siendo hora competente y si no al siguiente se diga y celebre por su Alma Misa cantada de cuerpo presente con vigilia y responso, pagando por todo sus testamentarios la Limosna y derechos acostumbrados.

Así bien es su voluntad se digan y celebren por su Alma e intención cien Misas rezadas con limosna de ocho reales vellón cada una, y sacada la cuarta parte correspondiente a la Parroquia, las restantes se manden celebrar por sus testamentarios en las Iglesias y Altares que tengan por conveniente encargándoles las hagan celebrar si fuese posible en el mismo día de su Entierro, y si restasen algunas en el siguiente, y demás sucesivamente hasta su complemento.

A los Santos Lugares de Jerusalén redención de cautivos Cristianos, Reales Hospitales general y Pasión de esta Corte, y demás obras Pías forzosas y acostumbradas, manda se dé a todas por una vez veinte reales vellón repartidos con igualdad con lo que las desiste, quita y aparta del derecho y acción que podían tener a sus bienes.

Manda por vía de Legado como más haya lugar doce mil reales vellón por una vez, a los Niños de la Inclusa de dicha Ciudad de Málaga, a fin de que los destinen en el decente ornato de sus Personas y demás necesario a la conservación de estas y que se considere más preciso y urgente, y les pide la encomienden a Dios Nuestro Señor en sus Oraciones y ejercicios de Religión.

También manda por vía de Legado y una vez seis mil reales vellón a los Pobres de la Cárcel del Pueblo donde falleciere, y si acaeciese en esta Corte, quiere se repartan por mitad entre los de ella, y los de villa que entregarán a sus respectivos tesoreros o Personas encargadas para suministrarles el alimento diario a fin de que lo invierta en este, y demás necesidades de los mismos que considere más urgentes y pide a todos la encomienden a Dios en sus Oraciones.

Así bien manda por vía de Legado como más haya lugar y una vez otros seis mil reales vellón a doña María Robles vecina de dicha Ciudad de Málaga en atención a los particulares servicios que la ha hecho y singulares favores que la reconoce su gratitud, y la pide así bien la Encomiende a Dios nuestro Señor en sus Oraciones.

Igualmente manda por vía de Legado y una vez mil reales de vellón, a doña Francisca Fernández, y doña María Montes su hija que actualmente tiene en su Compañía por lo bien que la asisten en la dolencia que padece, y espera lo continúen con el mismo celo, interin determina sobre ello la Majestad Divina a quien pide la Encomienden en sus oraciones.

Declara tiene contraídas varias deudas en esta Corte y dicha Ciudad de Málaga y constan todas ellas de Escrituras públicas y obligaciones privadas hechas, unas en concurrencia del enunciado don Josef Cabrera su Consorte, y otras por sí sola como habilitada que se halla por la Justicia de dicha Ciudad de Málaga, para la Administración régimen y gobierno de sus bienes, y consiguientemente con la aptitud y facultad necesaria a poder hacer y constituir dichas obligaciones con la responsabilidad de sus mismos bienes, mayormente habiendo sido como fueron indispensables estos empeños para atender a su manutención y subsistencia, y la de dicho su Marido; porque quiere que todas estas responsabilidades se paguen y solventen con la posible brevedad de sus bienes, sin dar lugar a repeticiones Judiciales por parte de sus acreedores, mediante a no ser justo tengan que hacer dispendios, sobre que se les realicen sus respectivas Cantidades, que así es su expresa y deliberada voluntad.

También declara tiene por hija Natural a doña María Josefa de la Pastora Irisarri y Gálvez, habida con Don Josef Irisarri Capitán de Fragata de la Real Armada, hallándose ambos solteros y sin impedimento Canónico a poder contraer Matrimonio, que no verificaron por otros motivos que lo impidieron; la cual se halla en la Edad de diez años poco más, o menos sin que su Matrimonio con el don Josef Cabrera tenga alguno, y compitiendo a la doña María Josefa la sucesión de sus bienes, nombra por tutor y Curador de persona y estos al Señor Frey Don Domingo Benito Quintana Conventual de Justicia de la Orden de San Juan, Abogado de los Reales Consejos de esta vecindad, relevado de Fianzas en atención a su carácter, circunstancias, integridad y recto modo de proceder; porque quiere que con la insinuada relevación se le discierna el cargo de tal; encargándole que verificado el fallecimiento de la otorgante recoja y se entregue de dicha Menor para su mejor educación y crianza, que espera de su cristiano proceder la de, como la mejor administración régimen y gobierno de sus bienes, que ejecutará por sí o medio de aquellas Personas que al intento dipute de su mayor confianza; sobre lo que deberá entender libremente; a cuyo fin le autoriza con el Poder y facultades que se requieran.

Y en atención a la corta Edad de la enunciada Doña María Josefa de la Pastora Irisarri y Gálvez, y su Sexo recomienda muy de veras esta a la Excelentísima Señora Marquesa de Sonora, esperando de su benevolencia la atenderá en cuanto la sea posible, y que en su favor y amparo halle la doña María Josefa Irisarri y Gálvez toda la protección necesaria, mirándola con el amor y cariño propio de su cristiano y recto modo de proceder, y que por lo mismo procurará en lo que penda de S.E. no se la perjudique en cosa alguna en los asuntos de intereses pendientes en la testamentaria de sus difuntos Padres Don Antonio de Gálvez, y doña Mariana Ramírez de Velasco; para cuya ventilación espera igualmente la otorgante procediera la misma Señora y Excelentísimo Señor Conde de Castroterreño su consorte, de acuerdo y conformidad con el enunciado Señor Frey don Domingo Benito Quintana, como Curador de dicha Menor guardando entre sí la mejor y más buena armonía, tanto en los asuntos de dicha testamentaria, como en los de Cuentas particulares con la Otorgante que tienen pendientes, sin dar lugar a desavenencias ni contiendas Judiciales, que precisamente cederían en perjuicio de unos y otra, por los crecidos dispendios que originan, además de la sindicación que causa cualquiera desunión, y particularmente entre Personas de circunstancias tan relevantes, como dichos Señores y las que concurren en el citado Señor Frey Don Domingo Benito Quintana; porque espera de aquellos y este se hayan de conducir en un todo con la unión y recíproca correspondencia que exige su sentado carácter y circunstancias.

Previene la Otorgante que si al tiempo de su fallecimiento se encontrase alguna Memoria Escrita o firmada de su puño, en la que se contengan algunas Mandas, Legados, ampliaciones, restricciones, Declaraciones o Prevenciones, relativas a su última voluntad quiere se tenga y estime por parte esencial de este testamento con el que se protocolice, y su contexto se observe inviolablemente, que así es su expresa voluntad.

Nombra por sus Albaceas y testamentarios a dicho Señor Frey don Domingo Benito Quintana, don Antonio

Neira, Don Bernardo González Álvarez y don Joaquín de Leyva vecinos de esta Corte, Agentes los dos segundos y tercero de Negocios de los Reales Consejos, y el cuarto Médico en ella, y a don Antonio Guevara vecino y Corredor del Número de dicha Ciudad de Málaga a todos cinco juntos, y a cada uno, de por sí *in solidum,* dándoles y confiriéndoles el Poder y facultad que se requiera para que verificado su fallecimiento entren en su Casa, y se apoderen de todos sus bienes y de los más efectivos vendidos en pública Almoneda o fuera de ella, cumplan y paguen lo contenido en este testamento y Memoria citada, caso de dejarla; cuyo cargo de tales Albaceas y testamentarios les dure todo el tiempo necesario, aunque sea pasado el prevenido por derecho; pues a este fin les prorroga hasta el competente.

Y después de cumplido y pagado lo contenido en este testamento y que contenga dicha Memoria, caso de dejarla en el remanente que quedare de todos sus bienes, derechos y acciones que tiene, y la puedan corresponder así en esta Corte, como fuera de ella, instituye y nombra por su única y universal Heredera de todos ellos a la expresada su hija doña María Josefa de la Pastora Irisarri y Gálvez mediante no tener ninguno de su Matrimonio para que los que fuesen los haya, goce, herede y disfrute libremente por siempre jamás con la bendición de Dios nuestro Señor y la pide la Encomiende a su Divina Majestad en sus Oraciones.

Y por el presente revoca anula, da por nulos, de ningún valor ni efecto otros cualesquier Testamentos, Poderes para hacerlos, Codicilos, y demás disposiciones testamentarias que antes de esta haya hecho y otorgado por escrito, de palabra, o en otra forma que ninguna quiere valga, ni haga fe Judicial, ni extrajudicialmente, salvo este testamento, y Memoria citada caso de dejarla, que quiere se tenga y estime por última y deliberada voluntad o en aquellas vía y forma que más haya lugar en derecho.

Etsi lo Dijo, Otorgó y firmó a quien Yo el Escribano doy fe conozco siendo testigos el Licenciado don Francisco

Sánchez, el Licenciado don Luis Ginés Fernández, don Juan Cruz Querejazu, don Manuel Martínez, y Francisco Simón residentes en esta Corte. = María Rosa de Gálvez = Ante mi, Lorenzo Menéndez García.

(Transcrito por Elisa Martín-Valdepeñas, 2017, págs. 17-22.)

4) Último testamento de María Rosa de Gálvez (Madrid, 30 de septiembre de 1806).

En la villa de Madrid a treinta de setiembre de mil ochocientos seis. Ante mí el infrascrito Escribano de Provincia y Comisiones de la Real Casa y Corte de S. M. y testigos que se expresarán, la señora doña María Rosa de Gálvez, natural de la ciudad de Málaga, hija adoptiva del Coronel don Antonio Gálvez y de doña María Ana Ramírez de Velasco, vecinos de la misma ciudad de Málaga (ya difuntos) de estado casada con José Cabrera Ramírez, Capitán de Milicias, y oficial agregado a la legación de S. M. en los Estados Unidos de América, dijo: se halla enferma en cama, pero con su sano juicio, cabal memoria, y entendimiento natural, y por lo mismo ha deliberado formalizar su última disposición testamentaria [...].

Primeramente encomienda dicha su alma a Dios, que la crió y redimió, y el cuerpo a la tierra, el cual hecho cadáver quiere se lo amortaje con el hábito que elijan y dispongan sus testamentarios que adelante nombrará, y lo mismo la forma de entierro y iglesia en que haya de dársela sepultura.

A las mandas forzosas de Jerusalén, redención de cautivos, santos hospitales General, Pasión y de San Juan de Dios de esta corte deja sesenta reales por iguales partes a todos, con lo que los separa del derecho que pudieran tener a sus bienes.

Manda se hagan celebrar por su alma cien misas rezadas, de las que sacada la cuarta parroquial, las demás se celebren en donde dispongan dichos sus testamentarios, con la limosna de seis reales cada una.

Manda a doña Francisca de Casas y doña María Joanico y Casa, su hija, en atención a la buena asistencia y servicios que le han hecho y espera los continúen, seis reales de vellón a cada una, diarios, durante los días de su vida, que se les suministrará por iguales partes, por el Señor heredero que nombrará, y pide la encomienden a Dios. Y así mismo las manda también por las mismas razones todas las ropas del uso de la otorgante y muebles y menaje de su casa, excepto las alhajas de plata, oro y pedrería, y los libros y papeles, entendiéndose que los seis reales diarios que deja asignados a cada una por su vida se han de entender sin sobrevivencia, de manera de que muerta la una, no ha de entrar la otra en el goce de los seis reales vitalicios, cuya contribución ha de cesar con su muerte respectiva.

Declara que tiene contra sí algunas deudas, de las cuales no puede hacer expresión individual en este acto, y quiere que se paguen puntualmente por el Sr. su heredero todas aquellas que consten de documentos legítimos, y todas las demás que también consten como ciertas, a sus testamentarios y heredero.

Declara también para descargo de su conciencia que por parte de don Antonio Escorza Fiesco y Quevedo, don Nicolás de Arias, don Diego de Rute, y otros amigos y paniaguados de estos ha padecido crueles persecuciones que la han afligido mucho en su persona, honor e intereses, y aunque les perdona y tiene perdonados de todo corazón, no puede menos de decir y declarar, para descargo de su conciencia y prevenir cualesquiera ardid o cautela de que intenten valerse para figurar obligaciones pecuniarias o de otra clase de parte de la otorgante, que ninguna obligación tiene constituida en ningún tiempo con los referidos Escorza, Arias, Rute, ni sus coligados, y que si alguna obligación o papel apareciese será supuesto, nulo, figurado, y cuando más, firmado contra su voluntad, solo por obedecer a dicho su marido don José Cabrera, a quien aquellos tenían enteramente dominado y engañado, y de consiguiente otorgado con violencia.

Declara así mismo que en el matrimonio con el citado su marido don José Cabrera y Ramírez no tiene en la actualidad hijo alguno, ni sucesión legítima que tenga derecho a sus bienes.

En la misma forma declara que por consecuencia de no tener hijos, ni sucesión legítima, y en virtud de lo dispuesto por los referidos señores sus padres en el testamento que de mancomún otorgaron en la ciudad de Málaga, a veintitrés de julio de mil setecientos ochenta y siete, ante el escribano de aquel número don Miguel Martínez de Valdivia, todos los bienes y haciendas que goza, y posee la señora otorgante, así en la villa de Puerto Real como en las ciudades de Málaga y Vélez, y la fueron adjudicados como legataria en la mitad de su caudal, en las particiones que se ejecutaron en el mes de mil setecientos noventa y tres, tocan y corresponden, verificado el fallecimiento de la otorgante sin sucesión, a la Exma. Sra. Doña María Josefa Gálvez y Valenzuela, Marquesa de Sonora, mujer legítima del Exmo. Sr. Conde de Castroterreño, vecinos de esta corte, a quien deben pasar en toda propiedad y posesión, como recíprocamente subrogada y sustituida por los referidos señores don Antonio de Gálvez y su mujer para en este caso.

Y en el remanente que quedare de todos sus bienes, derechos, acciones y futuras sucesiones que la pertenecen y puedan pertenecer a la otorgante por cualesquiera título, causa, razón o motivo, instituye y nombra por su único y universal heredero de todos ellos a dicho Exmo. Sr. don Prudencio de Guadalfajara, Conde de Castroterreño, a quien pide la encomiende a Dios. Y para cumplir y pagar cuanto deja dispuesto en este su testamento, nombra por sus albaceas y testamentarios al mismo Exmo. Sr. Conde de Castroterreño y al Lic. don Vicente de Chasco Abaytua, abogado del ilustre Colegio de esta Corte, a quienes y a cada uno *in solidum* da poder y facultad cuanto en derecho necesiten para que después de su fallecimiento desempeñen el cargo de tales testamentarios, y a este fin le prorroga el término legal del albacenazgo.

Y por el presente revoca, anula, da por ningún valor ni efecto, rotos, nulos y cancelados otros cualesquier testamentos, codicilos, poderes para hacerlos, y demás disposiciones testamentarias que antes de esta haya hecho y otorgado de palabra, por escrito o en otra forma pues ninguno quiere que valga ni haga fe judicial ni extrajudicialmente sino esta que ordena de su libre y espontánea voluntad, o en la vía y forma que más haya lugar en derecho. En cuyo testimonio así lo dijo, otorgó y firmó (a quien doy fe conozco) siendo testigos don Andrés Sáenz Durango, don Matías Pérez Vidal, don Faustino María Fernández, don José Ruiz y don Nemesio Perogil, vecinos y residentes en esta Corte. [...] María Rosa de Gálvez. Ante mí, Simón Ruiz.

(Transcrito por Julia Bordiga, 2003,
págs. 142-144.)

Apéndice II

DOCUMENTOS REFERIDOS A LA OBRA DE MARÍA ROSA DE GÁLVEZ

1) Crítica de *Ali-Bek* tragedia de María Rosa Gálvez, publicada sin firma en el *Memorial literario.* Obra representada los días 3 al de 10 agosto de 1801 en el coliseo del Príncipe.

Ali-Bek, tragedia original en cinco actos, por Doña María Rosa de Gálvez. Librería de Quiroga, calle de las Carretas, 3 reales..

Muchas veces se ha tratado la cuestión de si las mujeres son o no aptas para las ciencias, la cual viene a ser la misma que la de si nos igualan o nos son inferiores en talentos.

Como de este y otros puntos no menos interesantes se ha hablado largamente desde que se cultivan las letras, y desde que hay mujeres que se dan a ellas, el lector nos agradecerá que le evitemos el fastidio de repetir las varias opiniones que en pro y en contra ha producido semejante disputa; sin entrar, pues, en ella, y dejando al bello sexo el lugar que se merece, solo diremos que hay algunos hombres que creen que que la naturaleza les ha destinado para ocupaciones, si no incompatibles, a lo menos poco conformes con el cultivo de las letras, y así, aunque respetan como es debido a las mujeres sabias, solo estiman y prefieren a las que, contentándose con cumplir con sus obligaciones, buscan en el estudio la parte necesaria para realzar sus gracias naturales, sin hacer de él su única y principal ocupación.

Se quejan algunas señoras de que en general está muy descuidada la educación literaria de su sexo, y añaden que si tuviesen los mismos medios de instruirse que los hombres, se verían entre ellas Homeros y Platones. También hay personas que dudan de esto, fundándose en que de tantas mujeres como han cultivado las ciencias, son muy raras las que han llegado a sobresalir, quedándose las más en una modesta medianía.

En efecto, parece que han adelantado muy poco o nada en las ciencias abstractas, y en aquellas que piden talentos superiores, estudios profundos y trabajos consumados; y que solo se han distinguido en las que requieren viveza, sensibilidad, imaginación y gracia, como son la epístola, las novelas, los cuentos y las poesías de género ligero.

Bien sabido es que algunas señoras, sobre todo francesas, han cultivado la poesía dramática; pero también es cierto que sus composiciones ni aun han llegado a la clase de medianas. Madama de Grafigny, autora de las *Cartas peruanas,* ha dado a luz dos dramas intituladoas *Cenia* y *La hija de Arístides,* pero de estos dos dramas que pertenecen al género lacrimoso dice un célebre crítico que el primero vale muy poco, y el segundo no vale nada. También parece que la señora Riccoboni, actora del Teatro Italiano de París (actualmente ópera cómica), que ha publicado muchas y muy excelentes novelas, se ha ejercitado en el drama, aunque no con igual suceso. En el día se conoce una célebre actriz trágica, Mlle. Raucourt, la cual ha compuesto un drama en tres actos y en prosa, intitulado *Henriqueta,* pero se puede decir muy bien que esta señora se ha mostrado tan débil en la clase de autora como superior en la de actriz.

No hablaré aquí de Madama Favart, pues se cree que las operetas que se la atribuyen solo tienen de ella el nombre, debiéndose lo demás a la generosidad de su esposo, Mr. Favart, uno de los más fecundos y excelentes autores de la dramática-lírica.

El interés que nos inspiran las mujeres instruidas nos mueve a aconsejarlas que no tengan intimidad en el trato con los hombres sabios, principalmente si son hermosas, pues la malignidad que siempre es astuta y suspicaz, atribuye al instante a la pasión del galán lo que puede ser muy bien parto feliz del ingenio de la dama; habiendo de este modo algunos críticos mordaces tirado a obscurecer la gloria de Madama Riccoboni, y aun de la Señora Condesa de Genlis, fecundísima e infatigable autora de mil novelas *sentimentales.* Pero sea lo que fuere, todas estas damas y otras varias se habían contentado con componer en prosa lisa y llana sencillos dramas, género al parecer no difícil, como lo prueba la multitud de los que se publican todos los días; mas no conocemos alguna que haya tenido ánimo para calzarse el coturno trágico, gloria que parece estaba reservada a nuestra nación. Así pues, podemos alabar el ingenio natural, el entusiasmo y, sobre todo, la noble arrogancia de la autora de *Ali-Bek,* pues todo esto es necesario para componer una tragedia completamente original, en cinco actos, en versos corrientes, y en donde están guardadas las tres unidades.

Aunque con mucha brevedad expondremos aquí el argumento y juicio de esta tragedia, y no esperen nuestros lectores ver un examen riguroso de ella, según los principios del arte, porque a esta luz ¿quién sería el poeta que pudiera ocultar sus defectos? Y por otra parte ¿quién se atrevería a esgrimir la crítica contra el bello sexo, y a resistirse a tributarle el incienso de la lisonja?

Volvamos, pues a nuestra tragedia. Imaginemos una oveja tímida e inocente cercada de tigres feroces que rugen, se embisten, se hieren y despedazan con furor, y tendremos una idea de Amalia, que es la heroína del drama, de Ali-Bek, Hassam, Mahomad y comparsa. Batallas sangrientas y exterminadoras, puñales y venenos a cada paso, traiciones y más traiciones, esta es toda la acción de la tragedia.

Ali-Bek es un rebelde que por el bien y la felicidad de Egipto le riega de sangre y cubre de horror; pasa casi todo el tiempo de la tragedia en disputar consigo mismo si tomará o no un veneno, y en tanto que se decide se lo regala a su médido. Morad es un buen musulmán, héroe de profesión, noble y valeroso hasta el extremo, que por su parte pelea, mata, asola y destruye, todo con la buena intención de dar muerte *brazo a brazo* a Ali-Bek y quitarle a su mujer, de quien desde su niñez está locamente enamorado. Los demás personajes son tan malvados que estos pueden pasar por buenos en su comparación. Hassam es el monstruo más horrendo que hasta ahora se ha conocido; ha renegado de la ley de Cristo, ha vendido a su hija al honrado Ali-Bek, y habiendo aprendido la medicina, se entretiene en envenenar a cuantos se le acercan; es verdad que ejecuta todas estas buenas cosas por evitar mayores males, y que experimenta en su interior ciertos escrúpulos, sin interrumpir por eso el curso de sus maldades.

Mahomad es un mameluco tan malo y tan infame que todos le aborrecen y a todos aborrece; unos le halagan y otros le injurian, pero todos tiran a darle muerte y él tira a acabar con todos. En fin, Ismael, último personaje de la tragedia, es un pobre diablo que no se mete con nadie, habla lo menos que puede, temiendo siempre, a lo que entiendo, las resultas de tan deshecha borrasca.

Algunos espíritus tímidos, espantados de tan sangrienta y atroz carnicería, clamarán contra el plan y disposición del drama como horroroso e inverosímil, pero los que están bien instruidos en la historia moderna del Egipto, lo hallarán muy conforme a ella y muy exactamente pintadas las costumbres de aquellas gentes, por lo cual la autora sin duda merece elogio, pues ha observado el precepto de Horacio *famam sequere,* etc.

(Memorial literario o Biblioteca periódica de ciencias, literatura y artes, 10 (enero de 1802), págs. 10-13. Autores: Joaquín Ezquerra y Pedro María Olive.)

2) Censura de Santos Díez González a las *Obras poéticas* de M. Rosa Gálvez (1803)

Señor Director:

He examinado las adjuntas obras dramáticas de D.ª María Rosa de Gálvez, que de orden del Consejo se ha servido V.S. remitir a mi examen; y por lo que hace al Drama en un acto, intitulado *Sapho,* y al de en tres actos, intitulado *La Negra Zinda,* y a la Tragedia en cinco actos, intitulada *La Delirante,* no hallo reparo en que se permita su impresion, así porque son un fruto no despreciable del ingenio de una muger, como porque son unas obras examinadas y aprobadas por el Vicario eclesiastico, Ynquisidor ordinario de la villa de Madrid y su partido. Pero faltando esta circunstancia á la Tragedia intitulada *Amnon,* en cinco actos, de argumento sagrado, y al monólogo intitulado el *Saul,* igualmente de argumento sagrado, cuyo examen no es menos correspondiente que el de las otras referidas al Vicario e Ynquisidor ordinario, especialmente quando se trata de una muger que sin ser de aquellas matronas romanas discípulas del máximo Doctor de la Yglesia, San Gerónimo, escribe sobre asuntos tan delicados de la Historia Sagrada, soy de parecer que se remitan al examen de dicho Vicario eclesiastico, como asimismo las dos Tragedias intituladas la *Florinda,* en tres actos, y *Blanca de Rossi,* en cinco, por contenerse en ellas algunas cosas que no son impropias del examen del Vicario eclesiastico. Este es mi dictamen, salvo otro mejor.-Dios guarde a V.S. muchos años.-

Estudios Reales de Madrid, 30 de agosto de 1803

3) Carta dirigida al rey Carlos IV pidiendo que la Imprenta Real se encargue de la publicación de las *Obras poéticas* (1803).

Señor:

Doña María Rosa de Gálvez, mujer legítima de don José Cabrera, Agregado a la Secretaría del Ministerio de los Estados Unidos de América, a L.R.P. de V.M. con el más profundo respeto expone: que ha compuesto tres tomos de poesía, entre ellos dos de tragedias originales, para cuya impresión tiene ya las correspondientes licencias. En estado se halla imposibilitada de dar a luz dichas obras, por no tener con qué costear los gastos de edición, y defraudada, por consecuencia, de la compensación a que no deja de ser acreedora su aplicación. A esto puede agregarse el deseo de hacer público un trabajo que en ninguna otra mujer, ni en nación alguna tiene ejemplar, puesto que las más celebradas francesas solo se han limitado a traducir, o cuando más han dado a luz alguna composición dramática; mas ninguna ha presentado una colección de tragedias originales como la exponente. Y como no tenga otro medio de conseguirlo que el de lograr de la piedad de V.M. se digne mandar en la Real Imprenta que impriman las mencionadas *Obras poéticas,* aun cuando después solo allí se vendan; y que por otra parte no se arriesga la cantidad que para esto adelante la Imprenta Real, pues puede reembolsarse de lo primero que produzca la impresión, quedando lo restante a favor de la exponente. Por tanto, a V.M. rendidamente suplica se sirva por un efecto de su notoria clemencia, y para que no perezcan en el olvido unas composiciones que han costado infinitos desvelos a la suplicante, dar la orden conveniente a la Real Imprenta para que bajo la inmediata corrección de la misma autora, imprima los expresados tres tomos de poesías originales, sin exigir por ahora su costo de la exponente, sino reintegrándose después del producto de la misma obra, de lo que se gaste, y dejando el resto a beneficio de la autora. Gracia que espera de la Real bondad de V. M., cuya importante vida prospere Dios dilatados años.

Madrid, y noviembre veinte y uno de mil ochocientos tres.

(Transcrito por Manuel Serrano y Sanz, 1903, pág. 449.)

4) Crítica de Manuel José Quintana a las *Obras Poéticas* de María Rosa de Gálvez. *Variedades de Ciencias, Literatura y Artes,* 1805.

LITERATURA: *Obras poéticas de Doña María Rosa Gálvez de Cabrera: tres tomos en octavo. Madrid en la Imprenta Real, año de 1804.*

EXTRACTO[155]

La cuestión de si las mujeres deben o no dedicarse a las letras nos ha parecido siempre, de más de maliciosa, en algún modo superflua. Los ejemplos son tan raros, y tienen ellas tantas otras ocupaciones a que atender más agradables y más análogas a su naturaleza y sus costumbres que no es de temer que el contagio cunda nunca hasta el punto de que falten a las atenciones domésticas a que se hallan destinadas, y de que los hombres tengan que partir con ellas el imperio de la reputación literaria. No se ha manifestado bien hasta ahora qué tenga de perjudicial ni de ridículo el que algunas pocas den al cultivo de su razón y de su espíritu las horas que otras muchas gastan en disipaciones frívo-

155 *Extracto:* Este es el nombre que Quintana dio a su reseña de las *Obras poéticas* de María Rosa de Gálvez, lo que invita a suponer que había escrito o se disponía a escribir una crítica mucho más amplia que, al menos por lo que sabemos, nunca vio la luz.

las; y por último, la lista numerosa de las mujeres ilustres que se han distinguido, no solo en las artes y las letras, sino también en las ciencias, responde victoriosamente a los que les niegan abiertamente la posibilidad de sobresalir y les cierran el camino de la gloria.

Tales consideraciones se nos han ocurrido muchas veces al tiempo de leer los tres tomos de poesías que anunciamos ahora al público. Aun cuando no manifestasen más que una aplicación singular, unos conocimientos nada comunes y un modo de pensar noble y elevado, ya harían mucho honor a su autora; pero el caso es que, además de estas prendas recomendables, ofrecen, y en no pocos parajes, señales de un talento distinguido.

La autora confiesa ingenuamente en la advertencia del primer tomo *que no es su ánimo entrar en competencias literarias con los que corren por poetas entre nosotros: y reconoce la diferencia que hay entre unos talentos mejorados por el estudio y una imaginación guiada solo por la naturaleza.* Mas esta confesión parecerá excesivamente modesta a los que volviendo la hoja se encuentren con la oda a la campaña de Portugal y lean en ella estos rasgos que cualquier poeta, por muy preciado que estuviese de su habilidad, adoptaría gustosamente por suyos.

¿A quién aprestas, sanguinario Marte,
el carro del terror? ¿A quién Belona,
tus armas invencibles destinando,
previenes la corona
de laurel inmortal? ¿Será que hollando
los enemigos del hispano suelo
sus guerreros convoque a la campaña,
y que al clarín belígero sonando,
el héroe de la España
para domar al Luso belicoso
marche a su frente impávido y brioso?
. . . .

Sonó la trompa, y a su ronco estruendo
la tierra gime, y ruge el Oceano.

. . . .

Demos reposo a la afligida tierra
y la paz arranquemos a la guerra.

. . . .

Así cuando del cielo la hermosura
el hórrido nublado va empañando
y el rayo anuncia el pavoroso trueno
al orbe amenazando,
suele romper su ennegrecido seno
del puro norte el soplo impetuoso
y lanzándole al sud, brilla sereno
el sol majestuoso,
reflejando su luz los horizontes
el hondo valle a los soberbios montes.

. . . .

Benigno el cielo
de las divinas artes,
vuelve a la España el plácido consuelo.
Paz y salud repiten los ancianos,
los jóvenes, las tímidas doncellas;
Paz y salud al oprimido suelo
mi voz canta con ellas,
y alborozado el genio que me inspira
acentos de placer presta a mi lira.

Es cierto que no todas las composiciones están escritas en este tono, y que lo que más luce en ellas es un estilo claro y puro, y una versificación fácil y fluida. Estas dotes, unidas a imágenes agradables y a pensamientos, si no siempre fuertes y escogidos, por los menos generalmente dulces, recomiendan las poesías líricas de esta colección.

Pero la mayor parte de ella se compone de obras dramáticas, y principalmente de tragedias originales. Al frente de estas hay un discreto prólogo donde se manifiesta la posición poco favorable en que se halla hoy cualquier escritor que se dedica a este género. Son grandes, sin duda alguna, y más de lo que se piensa, las dificultades que tiene que vencer el poeta que actualmente se pone a escribir tragedias; pero su enumeración no es de este lugar ni nos corresponde a nosotros. Penetrados debidamente de la entidad y fuerza de estos obstáculos, diremos que las obras dramáticas de nuestra poetisa manifiestan en ella una osadía poco común, una actividad incansable, ingenio para inventar y concebir y facilidad para ejecutar.

Después de reconocer y anunciar estas buenas prendas, sería en nuestra opinión una severidad importuna empeñarse en manifestar uno por uno los defectos y descuidos que pueden hallarse en estas composiciones. Ya en primer lugar es un inconveniente para juzgarlas atinadamente la circunstancia de no haberse representado. Las obras dramáticas tienen mucho de cuadros de perspectiva: si no se las pone en su punta de vista, que es la escena, no se pueden calcular ni su interés ni su efecto; y tal juicio ya en bien ya en mal parece concluyente en un estudio que después desaparece en el teatro. Ellas por otra parte son producciones de una dama, y esta anuncia expresamente que no aspira a las perfecciones que pueden poner en sus obras los ingenios que añaden al talento natural una instrucción que su sexo y sus circunstancias particulares la niegan. ¿Y nosotros nos permitiríamos la pedantería grosera de citarla ante el tribunal de Aristóteles, de Luzán y de Blair, y denunciarla rigurosamente por las faltas cometidas contra las leyes que ellos han dictado?

Solo nos contentaremos con manifestar que el estilo de las tragedias no tiene bastante color, que algunos de los asuntos que ha escogido no se presentan como muy interesantes, y que su facilidad en componer, induciéndola a producir mayor número de obras, ha perjudicado a la perfección particular de cada una. Varias escenas del *Amnón,* y el acto segundo de *La delirante,* manifestando su ingenio y capacidad, hacen sentir que no haya empleado exclusivamente en estas dos obras toda la aplicación y el trabajo que ha esparcido en las demás.

De todos modos nuestra literatura, que entre las mujeres que se habían dedicado a componer versos no contaba sino escritoras de coplas, puede desde ahora darse el parabién de tener un talento que al interés que llama hacia sí su sexo, reúne el mérito de haber producido un buen número de rasgos verdaderamente poéticos, que no solo le harán respetable mientras viva, sino que pasarán su nombre a la posteridad.

M. J. Q.

(*Variedades de ciencias, literatura y artes.*
Tomo 4.º, 1805, págs. 159-164.)

Colección Letras Hispánicas

Últimos títulos publicados

882 *Teatro completo,* Ana Caro de Mallén.
Edición de Juana Escabias.
883 *Poesías,* Leandro Fernández de Moratín.
Edición de Juan Antonio Molina Foix.
884 *La sombra,* Benito Pérez Galdós.
Edición de Jesús Pérez-Magallón.
885 *Galíndez,* Manuel Vázquez Montalbán.
Edición de José Colmeiro.
886 *Me he cruzado con un hombre que pasaba (Antología de poesía y prosa),* Joan Salvat-Papasseit.
Edición de Jordi Virallonga.
887 *El carnero,* Juan Rodríguez Freyle.
Edición de Ángel Esteban y Yannelys Aparicio.
888 *Los miedos,* Eduardo Blanco-Amor.
Edición de Emilio Peral Vega.
889 *El último lector,* Ricardo Piglia.
Edición de Ricardo Baixeras Borrell.
890 *El Jarama,* Rafael Sánchez Ferlosio.
Edición de Mario Crespo López.
891 *Brevísima relación de la destruición de las Indias,* Bartolomé de las Casas.
Edición de José Miguel Martínez Torrejón.
892 *Poesía de los siglos xvi y xvii.*
Edición de Pedro Ruiz Pérez.
893 *Mamita Yunai,* Carlos Luis Fallas.
Edición de Jorge Urrutia.
894 *Tres tragedias,* María Rosa de Gálvez.
Edición de Fernando Doménech Rico.
895 *Nos diferencia el cuerpo (Antología 1968-2022),* Antonio Carvajal.
Edición de Francisco Silvera.

De próxima aparición

Gertrudis. KRTU, J. V. Foix.
Edición de Enric Bou.
Poesía y prosa, José María Eguren.
Edición de Gema Areta Marigó.